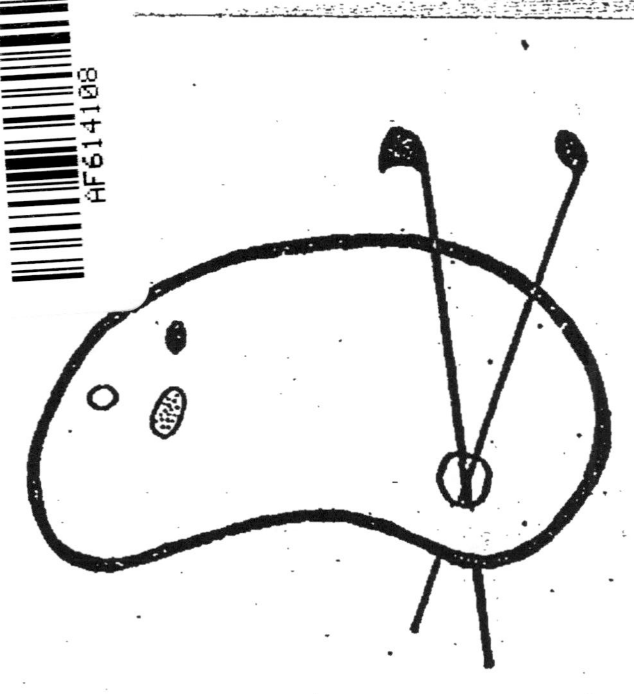

DEBUT D'UNE SERIE DE DOCUMENTS
EN COULEUR

Couverture inférieure manquante

BIBLIOTHÈQUE SOCIOLOGIQUE INTERNATIONALE
publiée sous la direction de M. RENÉ WORMS,
Secrétaire Général de l'Institut International de Sociologie.
VII

PRINCIPES
DE
SOCIOLOGIE

PAR

Franklin H. GIDDINGS

PROFESSEUR DE SOCIOLOGIE A L'UNIVERSITÉ DE COLOMBIE (NEW-YORK)
MEMBRE DE L'INSTITUT INTERNATIONAL DE SOCIOLOGIE

Ouvrage traduit de l'anglais et précédé d'une préface
par le Vte COMBES DE LESTRADE,
membre de l'Institut International de Sociologie.

PARIS
V. GIARD & E. BRIÈRE
LIBRAIRES-ÉDITEURS
16, rue Soufflot, 16

1897

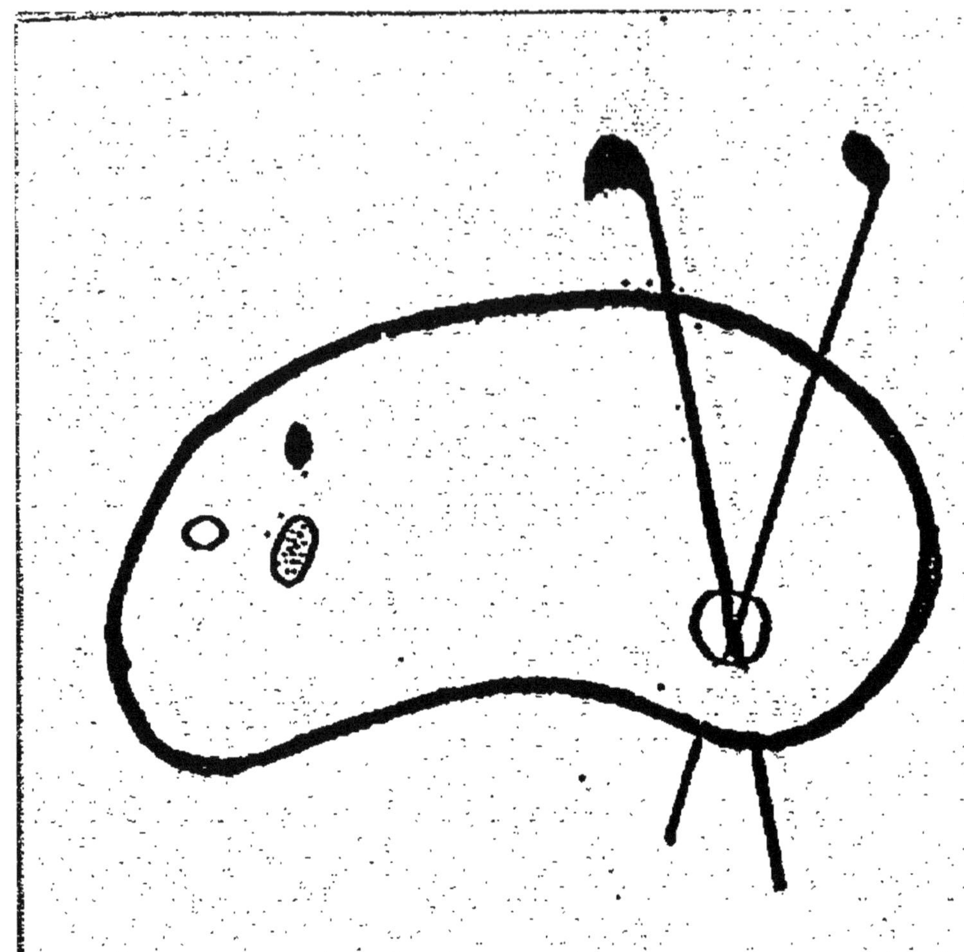

FIN D'UNE SERIE DE DOCUMENTS
EN COULEUR

PRINCIPES

DE

SOCIOLOGIE

BIBLIOTHÈQUE SOCIOLOGIQUE INTERNATIONALE
publiée sous la direction de M. RENÉ WORMS,
Secrétaire Général de l'Institut International de Sociologie.

VII

PRINCIPES
DE
SOCIOLOGIE

PAR

Franklin H. GIDDINGS

PROFESSEUR DE SOCIOLOGIE A L'UNIVERSITÉ DE COLOMBIE (NEW-YORK)
MEMBRE DE L'INSTITUT INTERNATIONAL DE SOCIOLOGIE

Ouvrage traduit de l'anglais et précédé d'une préface
par le Vte COMBES DE LESTRADE,
membre de l'Institut International de Sociologie.

PARIS
V. GIARD & E. BRIERE
LIBRAIRES-ÉDITEURS
16, rue Soufflot, 16

1897

PRÉFACE

A Monsieur.....

Vous êtes, mon cher ami, un des esprits les plus ouverts à toutes les sciences. Celles dont vous n'avez pas fait l'objet d'études spéciales n'en ont pas moins votre déférence, votre respect, voudrais-je dire. La Sociologie fait seule exception. Vous ne lui faites pas même la grâce d'ignorer son existence. Vous la connaissez, mais pour la railler.

L'idée de vous convertir n'a pas été étrangère à mon entreprise de traduire le livre de mon collègue, le professeur Giddings. Comme, malgré votre sévérité pour notre science, vous êtes de la meilleure foi du monde, vous vous rendrez à l'évidence : Il faut bien qu'il y ait une Sociologie, puisqu'il y a des sociologues de la valeur de M. Giddings. Ebranlé dans vos convictions, vous lirez peut-être ce volume et, dans ce cas, vous serez convaincu. Votre conversion me paiera de ma peine ; vous serez une recrue précieuse pour la Sociologie, moins encore parce que vous pourrez être son introducteur à notre Parlement que parce que, comme le dit si bien M. Giddings, son avenir dépend du nombre d'esprits de haute valeur qui défricheront son domaine.

I

Vous serez convaincu, disais-je, de quoi ? D'abord qu'il y a une Sociologie. Une science existe qui a un domaine bien à elle que n'envahissent pas les autres sciences et qui respecte celui des autres sciences. Qu'elle ait avec elles des rapports multiples, cela est évident mais cela n'enlève rien à sa personnalité, si j'ose dire, pas plus que les innombrables rapports d'affaires d'une grande maison de commerce ne diminuent pas l'individualité de cette maison. Ou, si vous voulez une comparaison moins vulgaire, comme les rapports de la physique avec la mécanique, la chimie, et les sciences exactes n'empêchent pas la physique d'être bien une science. Les sociétés sont des entités, tout au moins. Sans même recourir à l'histoire, nous les voyons évoluer dans la brève durée de notre existence. Cela suffit pour que des études spécialisées sur les diverses formes d'évolution des sociétés puissent se grouper en un corps de science, qui sera la Sociologie. Et je vous ferai un aveu, c'est que je n'ai jamais bien pu comprendre en quoi elle méritait la raillerie plus que l'archéologie ou l'entomologie par exemple. Je me suis évertué à chercher en quoi elle pouvait être ridicule et je n'ai trouvé que deux raisons.

L'une, certainement, n'est guère sensible au gros de nos détracteurs : « Socio » vient du latin et « logie » du grec. Mais c'est surtout à nous que cette hérésie linguistique est importune, nos adversaires disant de ces deux radicaux :

« Qu'ils s'accordent entre eux ou se gourment, qu'importe ! »

L'autre est si légère qu'à peine j'ose l'écrire. Nous sommes des sociologues et une fâcheuse assonance avec « pédagogues » nous fait partager le ridicule immérité de ce dernier terme. Nous aurions un moyen d'y échapper. Il suffirait de nous appeler des « sociologistes ». Nous le pourrions, étant si jeunes que notre nom n'est pas consacré par la tradition. Je ne le conseillerai jamais, et pour deux raisons : L'une que ce serait une sorte de petite capitulation, l'autre que nous perdrions ainsi une analogie, de simple forme, hélas ! avec des gens qui sont bien près d'être la classe la plus précieuse de savants : les pédagogues. Nous serions tous si fiers qu'on s'y méprît et qu'un peu du mérite des pédagogues rejaillît sur nous, au risque d'exciter les mêmes sourires ! Et j'ai tort de dire que l'analogie n'est que dans la forme. Notre science vise un but, non pas semblable, mais d'une portée presque égale. La pédagogie étudie le moyen de faire participer l'enfant, avec le moindre effort, aux trésors de connaissance ramassés par les âges précédents. La sociologie recherche la voie par laquelle les sociétés arriveront le plus aisément à un degré supérieur d'évolution.

La tâche est grande. Convenez que nous y travaillons humblement. Nous n'encombrons pas les journaux de nos faits et gestes. Une fois par an environ, l'Institut International de Sociologie se réunit et le public lit alors la meilleure des réclames, les noms de nos maîtres : Sir John Lubbock, dont l'activité seule peut égaler le savoir, duquel on ne peut dire que ce que les Toscans disent de Machiavel : *Tanto nomini nullum par elogium;* M. Schaeffle, dont tous les penseurs de langue allemande sont fiers; le professeur Espinas, M. Alfred Fouillée, ces deux grands philosophes qui redonnent à la France cette primauté en philosophie qu'elle s'était laissé enlever; Gabriel Tarde, qui a eu le bonheur de découvrir une des trois lois qui déterminent et guident l'évolution de l'homme et des sociétés, et d'inscrire ainsi son nom au-dessous de ceux de Lamarck et de Darwin sur le bronze impérissable qui les transmettra aux siècles futurs; Gumplowicz, l'auteur de la *Lutte des Races;* Maxime Kovalewsky, qui a rendu à la vie les sociétés primitives de la Russie méridionale; Novicow, dont l'esprit a su briser toutes les barrières, qui a fait pénétrer la sociologie dans des milieux étonnés de l'y voir, mais qui la fêtaient, séduits de la parure étincelante que lui donnait la verve du savant Russe. Je les cite au hasard de ma mémoire.

Evidemment, on ne nous raille plus alors, mais on ne nous comprend pas davantage. Un ministre français, — ce devait être sous l'Empire, — décorait pour ses œuvres politiques un poète qui avait chanté les Grèves... de l'Océan. Pareille confusion se produit souvent à notre égard, sauf qu'on ne nous décore pas. La sociologie est la science de la société, disons-nous. On se demande laquelle, et une dame s'informait auprès de moi si, du moins, nous nous occupions de la « bonne société ».

Si elle lit l'ouvrage de Giddings, elle sera rassurée. Nous nous occupons du « meilleur monde », mais aussi des autres. Toutes les « sociétés », au sens le plus strict du mot, même composées de deux personnes, rentrent dans notre domaine. Les « coteries » n'échappent pas à nos investigations. Les associations commerciales appellent notre intérêt, et vous voyez dès lors l'erreur profonde de ceux qui croient que la sociologie est un rameau de la politique qui voudrait faire reconnaître son autonomie.

II

Je vous disais que, malgré toute ma bonne volonté, je n'avais pu découvrir le côté risible de la sociologie. Mon Dieu ! tout prête à rire. Seulement, il y a le rire spirituel et... l'autre. Que, quelquefois, nous fassions sourire les gens d'esprit eux-mêmes, j'en conviens, et c'est notre faute.

Quelques-uns d'entre nous, et non les moins illustres, ont créé la sociologie biologique. On désigne, par ce terme un peu barbare, la thèse qui fait de la société un organisme, un être. Vous saisissez, n'est-ce pas? L'homme est un agrégat de cellules et n'en est pas moins une individualité. De même, la société est un agrégat d'hommes, ce qui ne l'empêche pas d'être une personnalité.

Ce qui est remarquable, et simultanément un peu

risible, ce sont les ingénieux arguments dont s'appuie cette thèse. Presque tous sont des comparaisons, trouvées avec infiniment d'adresse, qui séduisent, qui éblouissent, mais qui ne convainquent pas une génération à laquelle on a prouvé par des analogies du même genre que Napoléon n'a jamais existé. En faisant des chemins de fer les artères du corps social, on se sert d'une métaphore mais rien de plus, sans compter qu'on s'expose à doter le super-organisme d'autant de cœurs qu'il y a de gares centrales. La comparaison du fil de télégraphe et des nerfs transmetteurs ne peut aller jusqu'à l'identification, sans laisser croire que nos grands-pères faisaient partie d'un corps infirme. Assimiler les fonctions correctionnelles de la société avec les fonctions évacuatrices de notre corps, c'est oublier que le malfaiteur que nous déportons est un membre de l'agrégat absolument comme ses juges, alors que les matières expulsées ne font pas partie de notre organisme.

Mais que ces rapprochements soient ou non exacts, peu importe, à mon humble avis. Il est évident et reconnu que la société est un organisme, si elle en est un, tout spécial, très différent des autres organismes. Comment choisir entre ceux qui s'appuient sur les différences et ceux qui insistent sur les ressemblances? N'est-ce pas un tournoi académique où la palme restera en suspens? N'y a-t-il pas un grand inconvénient à cette théorie? Le voici :

L'évolution suivait une ligne directe. On aurait pu la dessiner, très approximativement, à la façon d'un arbre généalogique, issu du protaplasma et fleurissant dans les espèces actuelles. Avec la théorie organique, tout doit être changé. A côté de l'évolution individuelle, il faut retracer celle de la société : il est inadmissible qu'alors que tous les êtres, jusqu'à l'homme inclusivement, dérivent d'un type antérieur modifié, le subséquent de 'homme soit un être multiple comme la société. Celle-ne peut venir que d'une autre société. Les types ancestraux de la société humaine ne sont pas l'homme, les grands singes, les fourmis, mais les sociétés d'hommes primitifs, de singes, de fourmis, etc.

Voilà pourquoi cette hypothèse, qu'on ne saurait ni prouver ni réfuter absolument, nous paraît plus nuisible qu'utile. Ce n'est et ne peut être qu'une méthode d'études. Elle nous semble compliquer la tâche plutôt que la faciliter.

D'ailleurs si cette théorie est soutenue par des hommes comme Spencer, Fouillée, Novicow, René Worms, etc., elle est combattue par d'illustres savants et, chose curieuse, par certains de ceux qui sont des maîtres en science naturelle.

Vous voyez donc qu'on a tort de nous railler collectivement en nous accusant de chercher à médicamenter le corps social comme on drogue le corps humain. Ce n'est le fait que de quelques-uns d'entre nous.

III

Mais à quoi sert la Sociologie ? Ne servit-elle qu'à savoir, ce serait déjà quelque chose. Il existe des sciences nombreuses, très respectées, très solidement établies qui n'ont pas d'autre utilité que celle-là, la plus haute. Mais ce n'est pas parmi elles que se range la Sociologie. Elle a une utilité aussi immédiate que peut l'avoir une science. L'art de la navigation existait bien avant que la science astronomique vint le perfectionner. On bâtissait des maisons avant que la géométrie ne fût inventée. On gouvernait les hommes et les hommes se gouvernaient bien avant qu'on ne parlât de la sociologie. Mais comme personne ne nie que la connaissance des lois astronomiques ne donne au navigateur une sécurité qu'il n'avait pas avant elle, que la géométrie permet à l'ingénieur d'économiser son temps en efforts et d'atteindre un résultat plus sûr, comment prétendre que la politique ne sera pas éclairée par la sociologie, qui lui dira la nature des agrégats qu'elle doit conduire, des forces qu'elle doit employer?

Certes, dans tel cas donné, la Sociologie ne dictera pas le parti à prendre. Cela, c'est le rôle de l'art et non pas celui de la science. Mais elle fournira à l'homme d'État les éléments de sa décision, comme l'anatomie et la physiologie fournissent à l'homme de l'art médical les éléments de la thérapeutique.

Au stade d'évolution que nous avons atteint, la coefficience du facteur volitif s'accroit sans cesse, et, par suite, l'importance de la Sociologie. L'évolution ultérieure s'accomplira, bien entendu, en vertu des lois naturelles: la sélection, la survivance, l'initiative, l'inertie, mais, de plus, sera modifiée par la volition sociale. Si ces deux genres de forces sont d'accord, l'évolution sera stable. S'ils divergent, l'évolution ne s'accomplira qu'avec peine et sera provisoire. Pour qu'ils soient d'accord, les forces naturelles étant immuables, que faut-il ? Que la volition ne les contrarie pas et, par conséquent, que l'esprit social les connaisse et le reconnaisse. C'est la Sociologie qui doit y pourvoir.

IV

Ne croyez pas que là se borne son utilité. Elle en a une encore plus immédiate. Sans énoncer de dogmatiques ordonnances, par cela seul que les lois naturelles qu'elle montre ont des corollaires, elle apporte des enseignements. Je ne vous en citerai que deux.

Le premier, c'est que l'inégalité est la condition essentielle de tout progrès social. Le second, c'est que l'homme n'est arrivé au degré d'évolution dont il est fier que par la société. Sans celle-ci, non seulement il n'y aurait pas de progression, mais il y aurait régression immédiate. Trouvez-vous que ce soit là une vérité de peu d'importance ? Elle nous fournit le moyen de repousser, de combattre les anarchistes, non pas pour notre propre intérêt, non pas pour celui de nos descendants, non pas même au nom de la patrie, mais au nom de l'humanité tout entière, de cette humanité créée par l'organisation sociale et qui, redescendant la montagne péniblement gravie, retomberait à l'animalité si on laissait fructifier les germes bestiaux qu'elle contient, sous forme d'anarchistes.

Enfin, mon cher ami, le meilleur des arguments, c'est encore la preuve par le fait. Un des hommes les plus célèbres d'Angleterre écrivait en septembre 1895 : « Désormais, aucune étude politique ou sociale ne peut être entreprise sans l'aide de la Sociologie. » C'est si vrai que nous pouvons défier tout écrivain d'entreprendre un ouvrage de droit politique sans recourir à nos études. Comment définir l'État, par exemple, le différencier de la nation, sans entrer dans notre domaine ? Or, les études politiques sont loin d'être abandonnées et ce sont les sociologues qui fourniront les bases de ces études.

Sous mes yeux, j'ai la meilleure preuve de la nécessité de la Sociologie, de sa différenciation des autres sciences. Le royaume d'Italie a l'unité du droit civil et du droit constitutionnel. Pourtant, en Sicile, la composition et la constitution sociales diffèrent absolument de ce qu'elles sont en Piémont, par exemple. La famille y est différente, l'endogamie parfaite, la conscience nationale y cède le pas à la conscience municipale. Le clan y subsiste sous un nom différent. L'esprit de classe est un facteur de la vie sociale. Toutes ces choses sont importantes, ont une influence économique et politique, méritent d'être étudiées. Comment appellerez-vous la science qui les étudiera ?

La Sociologie, cette science qui nous apprend à connaître la société qui nous a créés, qui nous enseigne nos devoirs envers elle et qui nous en montre la sanction si impérieuse, qu'elle est, dans son impartialité doctrinale, le plus efficient des codes de morale !

Voilà pourquoi Giddings a écrit son livre, pourquoi je l'ai traduit, pourquoi nous souhaitons qu'il ait beaucoup de lecteurs.

COMBES DE LESTRADE.

Donnafugata (Sicile), le 21 juillet 1896.

LIVRE PREMIER

Les Eléments de la Théorie moderne

CHAPITRE PREMIER

L'Idée sociologique

Outre le mode de large groupement qui est appelé la distribution géographique, un groupement plus étroit réunit les animaux en bandes, en troupeaux et les populations humaines en hordes, clans, tribus et nations. Ce groupement naturel des individus conscients est la base physique des phénomènes sociaux. La société, au sens originaire du mot, est la réciprocité, l'association et tous les faits sociaux sont de nature psychique. Mais la vie mentale dans l'individu ne dépend pas plus de l'arrangement physique du cerveau et des cellules nerveuses que l'intercourse sociale et l'effort mutuel ne dépendent du groupement physique de la population. Aussi, c'est en respectant parfaitement la nature des choses qu'on a appelé « société » la collectivité des individus, réunis ou organisés pour la poursuite d'un but commun. Enfin, de ces idées concrètes, nous déduisons la notion abstraite de la société comme union, organisation, somme des relations qui relient les individus.

En combinant ces idées, nous voyons que notre concept

de la société est déjà quelque peu complexe. Il resterait cependant incomplet si nous négligions de tenir compte du rapport mutuel où sont les formes temporaires et permanentes de l'association, le libre consentement et le pouvoir coactif, les unions artificielles et les communautés continues, les tribus, les villes et les nations, au sein desquelles se produisent les phénomènes secondaires de l'association.

La distinction entre la société « naturelle » et la société « politique » a une importance capitale dans les sciences politiques. Les définitions que donne Bentham de ces formes de société, dans son *Fragment sur le Gouvernement*, sont parfaites : « lorsqu'un nombre de personnes (que nous appellerons : sujets), dit-il, sont supposées avoir l'habitude d'obéir à une autre personne, ou à une assemblée d'autres personnes, d'une catégorie connue et certaine (que nous appellerons : gouvernants), ces personnes réunies (sujets et gouvernants) sont en état de société politique. » « Quand un nombre de personnes ont l'habitude de commercer ensemble, tout en n'ayant pas l'habitude d'obéissance mentionnée ci-dessus, elles sont en état de société naturelle » (1).

La différence est purement dans le degré, comme Bentham va nous le montrer. « Il en est, de ces deux sociétés, comme de la lumière et de l'obscurité. Si distinctes que soient ces deux idées dès qu'on les nomme, les deux choses n'ont aucune frontière qui les sépare. » Tôt ou tard, de la vie commune, naissent les formes de gouvernement et d'obéissance. L'association, par d'imperceptibles étapes, devient une relation définie et stable. L'organisation, à son tour, ajoute de la précision et de la stabilité au groupe social ; la vie psychique et sa base physique évoluent de concert.

Ainsi notre idée de la société devient celle d'un phéno-

(1) Chap. I., par. X et XI.

mène naturel vaste et complexe, la conception d'un fait cosmique, merveilleux et fascinant. Nous voyons que c'est la définir bien étroitement que d'assimiler la société à un simple agrégat, à la simple réunion d'individus poursuivant un but commun. Dans l'acception large et scientifique de son nom, une société est un groupe d'êtres conscients en proie à un développement incessant, dans lequel l'agrégat aboutit à des relations définies que le cours du temps transforme en une complexe et durable organisation.

C'est une de nos plus récentes acquisitions que l'exacte connaissance de la société ainsi comprise. Si ce n'est le mystère de la vie elle-même, rien, dans la nature, n'a aussi profondément intéressé l'imagination humaine que la société. Avec rien, si ce n'est la vie, l'imagination ne s'est donné aussi libre carrière. Il n'est pas d'image fantastique, de croyance absurde, de spéculation mystique qu'on n'ait fait entrer dans la description et la philosophie de la société.

Les premiers essais d'observation scientifique, de classification des faits sociaux et de leur vraie généralisation se retrouvent dans la « République » et les « Lois » de Platon, et dans la « Politique » d'Aristote, mais ce ne sont que des essais. A la vérité, ces œuvres interprètent la société dans son intégralité, telle qu'elle était organisée dans la cité ou dans l'État, tandis que sous l'Empire romain, au Moyen Age, pendant la Renaissance du savoir, toutes les études scientifiques des phénomènes sociaux ne sont que fragmentaires. Les unes sont économiques, les autres juridiques, celles-ci ecclésiastiques, celles-là politiques. Aucune ne tâche de décrire l'association et l'organisation sociale dans leur complexité ; aucune n'essaye de comprendre le tout vital et concret. Ce n'est que de notre siècle que les méthodes scientifiques ont été appliquées à ce but. Mais elles ont été récompensées, aussi bien dans l'étude de la société que dans tout ordre de recherches, par une large moisson qui est venue s'ajouter au patrimoine de la vérité. Nous possédons déjà une somme toujours grandissante de connaissances exactes, raisonnées, sur les relations sociales. Ce n'est pas trop dire que d'affirmer que nous possédons, enfin, une sociologie qui peut se définir comme la description systématique et l'explication de la société envisagée comme un tout. Elle est la science générale des phénomènes sociaux.

Le mot « sociologie » a été, pour la première fois, employé par Auguste Comte, dans son cours de philosophie positive, comme le nom d'une science sociale d'ensemble, fraction d'une philosophie positive ou vérifiable, et ce fut Comte qui, le premier, vit clairement la nécessité de dégager les éléments de cette science de tous les matériaux, de toutes les idées et méthodes sans valeur et qui réunit, en une conception unique, tous les éléments vraiment nécessaires. Platon et Aristote n'avaient jamais séparé la politique de l'éthique, ni la science politique de l'art politique. Dans les controverses du XVIIIe siècle, la science politique avait été, de propos délibéré, confondue avec l'esprit révolutionnaire. Ni Hobbes, ni Montesquieu, ni les économistes, n'avaient étudié la société sous tous ses aspects et malgré l'influence de Hume, auquel Comte est redevable de toutes les vérités contenues dans ses notions de causation, les explications sociales étaient encore, en un large degré, théologiques et métaphysiques (1).

Ce fut Comte, alors, qui jeta le premier la lumière rationaliste sur cette confusion, qui affirma que la société doit être envisagée comme indivisible et organique, et qui chercha, par suite, à fonder une science des phénomènes sociaux dans leur intégrité coordonnée, une science posi-

(1) V. Hux'ey, « *Lay sermons, adresses and Reviews* » : the scientific aspects of Positivismus.

tive dans ses méthodes, basée sur une large observation des faits et, en tant que science, séparée définitivement de l'art politique et des théories révolutionnaires. La sociologie, telle qu'il la comprenait, devait être exactement équivalente à la physique sociale, puisque son but devait être la découverte de la nature, des causes naturelles et des lois naturelles de la société et l'expulsion des domaines de l'histoire, de la politique, de l'économie de toute métaphysique, du surnaturel, déjà bannis de l'astronomie et de la chimie. Comte croyait qu'en suivant la méthode positive, la sociologie pouvait devenir, dans une mesure assez vaste, une science de prévisions, qui jalonnerait la route du progrès.

Depuis Comte, la sociologie a reçu son plus grand développement des hommes qui ont senti toute la force d'une impulsion qui a pour jamais révolutionné la pensée scientifique. L'explication évolutionniste du monde naturel a pénétré dans toutes les branches du savoir. La loi de sélection naturelle, la conception de la vie comme un processus d'adaptation de l'organisme au milieu sont devenues l'âme de la biologie et de la psychologie d'aujourd'hui. La philosophie évolutionniste devait fatalement embrasser les phénomènes sociaux de la vie humaine. La science qui a suivi la vie depuis le protoplasma jusqu'à l'homme ne pouvait se limiter à l'explication de sa constitution interne. Elle devait rechercher ses relations externes, ses groupements ethniques, les sociétés naturelles, dans les phénomènes qu'elles présentent et surtout si cela n'est pas le résultat de l'évolution universelle. Aussi, nous trouvons, non pas seulement dans les premiers écrits de M. Herbert Spencer, mais dans ceux de Darwin et du professeur Haeckel, l'hypothèse d'une explication évolutionniste des relations sociales. Ce n'est pas encore de la sociologie, car celle-ci veut d'autres facteurs issus par induction directe des phénomènes sociaux. Mais cela suffit à montrer où seront posés les fondements de la nouvelle science ; à démontrer que le sociologue doit être non seulement historien, économiste, statisticien, mais encore biologiste et psychologue (1). Grâce au travail des penseurs évolutionnistes, la sociologie moderne s'est construite sur la charpente évolutionniste. Elle est une interprétation de la société humaine par la causation naturelle. Elle se refuse à voir l'humanité en dehors du processus universel et formant une loi pour elle-même. La sociologie est une tentative d'explication de l'origine, la croissance, la structure et l'activité des sociétés par l'opération des causes physiques, vitales et psychiques agissant de concert dans le cours de l'évolution.

Il est à peine nécessaire de rappeler que le pas le plus important fait dans cette voie l'a été par le système de philosophie synthétique de M. Spencer. Dans ce grand ouvrage, les principes de sociologie sont déduits des principes de biologie et de psychologie. Le développement social y est considéré comme une évolution super-organique. Il forme un processus dans lequel tous les phénomènes organiques et psychiques de la vie humaine sont combinés dans de plus larges formes dont la complexité est cependant réglée. La conception de la société comme un organisme est plus définie chez M. Spencer que chez A. Comte. Selon M. Spencer, la société est un organisme, non pas seulement par une fantastique analogie, comme dans le « Léviathan » de Hobbes, mais en réalité, non seulement moralement, mais physiologiquement, car, dans sa constitution, il y a une division du travail qui franchit l'individu et comprend les groupes et les organisations : un système d'alimentation, réalisé par les groupes industriels ; un système de distribution, qui nécessite les activités commerciales ; un

(1) Ce qui ne veut pas dire qu'il doive faire de la sociologie une mosaïque des principes biologiques, psychologiques, économiques et historiques, au risque de fausser entièrement la conception et la méthode de la science.

système régulateur qui met en jeu les facteurs politiques et religieux. M. Spencer fait de grands efforts pour montrer que les progrès éthiques et le bonheur de l'humanité dépendent de l'organisation fonctionnelle de la société, mais il ne développe pas comme nous le voudrions la pensée de Platon qui trouvait dans la division sociale du travail la base et le vrai modèle de la vie éthique et préparait ainsi le chemin à une conception de la société comme moyen de perfectionner la personnalité humaine.

Si M. Spencer ne réussit pas entièrement sur ce point, il laisse peu à désirer par la parfaite précision avec laquelle il relie l'organisation sociale à l'universel processus physique. Beaucoup des écrivains qui ont jugé les doctrines sociologiques de M. Spencer avaient négligé de s'instruire des principes dont il avait tiré ses conclusions. Ils avaient cherché son système de sociologie dans ceux de ses livres qui portent un titre sociologique alors que, en fait, les théorèmes fondamentaux de sa pensée sociologique sont épars dans la seconde moitié du livre appelé « Premiers Principes » et demandent quelque travail à qui veut les réunir. Ces théorèmes, une fois groupés, sont une interprétation des changements sociaux par les lois de la persistance des forces, de la direction et du rythme du mouvement, de l'intégration de la matière et de la différenciation de la forme, par tout ce qui constitue la formule bien connue de M. Spencer sur l'évolution universelle. La société, comme le monde matériel et les organismes vivants, est soumise à l'intégration et à la différenciation. Elle passe de l'homogénéité et de la non organisation à l'hétérogénéité et à l'organisation. La cause dernière de tous ces changements c'est l'équilibre universel de l'énergie. Comte a employé le terme « Statique sociale », dans une acception purement rhétorique, comme une désignation de l'ordre social, et celui de « Dynamique sociale » comme un équivalent du progrès. M. Spencer, d'esprit plus scientifique, adopte des notions physiques plus précises. La statique sociale est, selon lui, le résultat de l'équilibre des forces sociales. L'équilibre parfait n'est, en fait, jamais atteint par suite des changements engendrés par l'équilibration d'énergie entre la société et son milieu. Actuellement, cependant, les tendances statiques et cinétiques sont balancées et le résultat, pour la société comme pour le système solaire, comme pour le corps vivant, est un équilibre mouvant.

Tout cela, évidemment, est une explication physique des formes et des métamorphoses sociales. La sociologie Spencérienne, en général, qu'elle soit formulée par M. Spencer ou par les écrivains qui subissent son influence, est surtout une philosophie physique de la société, en dépit du large emploi qu'ils font de données biologiques ou psychologiques.

Néanmoins, cette interprétation physique n'est pas toute la sociologie évolutionniste. Non seulement, en effet, la sociologie insiste pour proclamer la reconnaissance de l'unité qui joint toutes les phases de la société qu'étudient les sciences sociales spéciales, mais elle affirme aussi qu'une logique fondamentale réunit les explications des phénomènes sociaux, qu'elles soient objectives ou physiques, subjectives ou volitionnelles. Ces deux explications ont été en conflit l'une avec l'autre, en philosophie économique ou politique, pendant bien des siècles.

Après les « Politiques » d'Aristote, Bodin, Montesquieu, les physiocrates ont développé leurs explications objectives de la race, du sol, du climat, de l'hérédité, des conditions historiques. Grotius, Hobbes, Locke, Hume, Bentham, Berkeley, Kant et Hegel ont donné une interprétation subjective de la nature humaine, de l'utilité, des impératifs éthiques et des idéaux. Mais jamais les deux systèmes ne s'étaient trouvés absolument face à face. Les limites de la pensée que n'avait jamais franchies aucune tentative d'investigation sur l'unité de la société elle-même, n'avaient jamais été dépassées par aucune tentative scientifique tendant à l'unité d'interprétation (1). Burke, dans ses incomparables écrits politiques, et presque sans le savoir, est celui qui a le plus approché de cette unité; mais ce n'est que dans la sociologie systématique que nous trouvons une reconnaissance précise de la volition sociale et de l'évolution physique avec un effort conscient pour leur réconciliation scientifique.

De même que l'interprétation objective, presque rudimentaire dans la philosophie de Comte, a offert un rapide développement chez les auteurs récents, de même l'interprétation subjective s'est développée quoique dans une mesure malheureusement trop restreinte. Comte croyait que des hommes d'État scientifiquement élevés pourraient réorganiser la société et guider ses progrès. Dans la philosophie de M. Spencer, cette idée est devenue à peu près négative. L'homme d'État ne peut pas améliorer la société par son talent, mais il peut la rendre infiniment pire. Pour M. Lester F. Ward (2), l'idée est redevenue positive. La société, selon lui, peut convertir le processus naturel de l'évolution en un processus artificiel. Elle peut, à son gré, devenir « téléologiquement » progressive. Dans les ouvrages très travaillés de Lilienfeld (3), A. Schaeffle (4), G. De Greef (5), dont les habitudes d'esprit sont naturalistes, mais dont les études ont nécessité un examen patient des revendications socialistes, nous trouvons une reconnaissance précise du vouloir social. Enfin, dans l'essai critique de M. Alfred Fouillée (6), il y a une revue détaillée des relations historiques de l'idéalisme

(1) Les Hégéliens pourront protester au nom de leur maître. Pour ma part, je ne pense pas que la connaissance qu'avait Hégel des sciences physiques fût suffisante pour être prise en considération.

(2) *Dynamic sociology* et *The psychic Factors of Civilisation.*

(3) *Gedanken über die Socialwissenschaft der Zukunft.*

(4) *Bau und Leben des socialen Kœrpers.*

(5) *Introduction à la Sociologie.*

(6) *La Science Sociale Contemporaine.*

et du naturalisme en philosophie sociale et une brillante tentative pour démontrer l'identité des phénomènes physiques et volitifs que M. Fouillée conçoit comme des phases dans le cours de l'évolution par les « idées-forces ».

Un bref examen de ces ouvrages, cependant, montre que l'explication qu'ils donnent de la volition sociale n'est pas élaborée avec cette précision scientifique qui caractérise celle qu'ils apportent de la loi physique. En fait, la méthode suivie par quelques-uns des plus éminents pionniers de la sociologie est entachée d'une grave erreur qui a jeté sur leur science un injuste discrédit. L'explication objective a systématiquement été écartée après avoir été réduite à sa plus simple expression par la formule de l'évolution physique, mais l'explication subjective n'a pas été placée au rang des phénomènes sociaux. On ne l'a pas davantage réduite à la valeur d'un simple principe, caractérisant l'individu conscient comme un être social et déterminant toutes ses relations sociales en tant qu'elles proviennent de sa volonté. Au lieu d'essayer de trouver ce principe, d'en déduire toutes les conséquences, de grouper autour de lui les conditions et circonstances dont il y aurait à tenir compte, on a fait une pénible tentative pour énumérer tous les motifs qui influent sur l'homme dans ses multiples relations et dans la satisfaction de tous ses besoins, comme si tous ces motifs avaient une importance en sociologie (1). Le résultat n'a pas été ce savoir raisonné qui constitue la science.

Cette méthode est remarquable à deux points de vue. Elle renverse celle qui a été effectivement employée dans

(1) Small et Vincent ont été jusqu'à dire : « La sociologie, dans sa partie historique et analytique, ou la sociologie descriptive, est l'organisation de toute la science positive de l'homme et de la société fournie par les sciences ou sous-sciences aujourd'hui désignées comme : biologie, anthropologie, psychologie, ethnologie, démographie, histoire, sciences politiques, économiques et éthiques. » — *Introduction to the Study of Society*, p. 62.

l'interprétation physique de la société. Elle ne respecte pas davantage celle qui a abouti à l'interprétation subjective en politique, et surtout en économie. L'économie politique a construit sa doctrine par l'abstraction. En prenant la forme d'une pure théorie de l'utilité, la science économique a récemment reçu un notable développement. L'analyse abstraite entreprise par Cournot, Jevons, Léon Walras et continuée par les économistes d'Autriche, d'Amérique, a montré que les phénomènes du motif et du choix économiques, et, par suite, les activités et les relations que détermine le choix, peuvent être déterminées non seulement scientifiquement, qualitativement parlant, mais même mathématiquement. Si la sociologie veut aboutir à la précision scientifique, elle doit suivre cet exemple probant de la valeur d'une méthode cohérente. On doit reconnaître qu'une grosse part de l'œuvre sociologique ne peut se défendre contre la critique scientifique de ceux qui nient la possibilité d'une science générale de la société. La sociologie, jugée d'après cela, a visé à expliquer la société comme un tout, alors qu'elle échouait à réaliser l'unité de méthode. Elle a donné l'impression que la science sociale est catholique mais n'est pas cohérente, qu'elle ne peut dépeindre la société dans son entier qu'en en énumérant les fractions et qu'elle devait nécessairement être impuissante à démontrer l'unité sous-jacente.

On pourrait croire que la sociologie s'exonérerait de ces critiques en abandonnant à d'autres sciences toute explication subjective et en se confinant dans la recherche de l'explication objective ; mais, ce faisant, elle perdrait tout droit à l'unité des phénomènes sociaux. Le processus volitif est absolument essentiel. Si l'unité n'y existe pas, elle n'est nulle part dans la société; l'unité apparente est une circonstance de la base physique. En somme, la vraie sociologie doit combiner les interprétations objective et subjective. Elle doit réduire chacune d'elles à sa plus simple expression et doit tracer logiquement les principes fondamentaux de chacune à travers le réseau des relations sociales. Elle doit alors les unir, non pas par un lien artificiel, mais avec logique, comme des doctrines complémentaires, et montrer comment elles se combinent à chaque période.

De ce que des sociologues de talent ne sont pas arrivés à accomplir cette tâche ardue, il ne résulte pas une condamnation pour la sociologie elle-même. Celle-ci ne doit renoncer à être une vraie science que si ses critiques prouvent qu'elle ne peut être édifiée selon les principes strictement scientifiques ou qu'elle ne témoigne d'aucune tendance à se développer suivant un plan strictement scientifique. Aux hommes de science, l'argument tiré de l'impossibilité semblera lui-même impossible et doit être rejeté sans examen. Les œuvres des jeunes savants prouvent à l'évidence la tendance actuelle de la sociologie à chercher l'unité de l'interprétation subjective. Ils recherchent partout la caractéristique des phénomènes sociaux qui les sépare des phénomènes d'un autre ordre (1).

Lorsque cette question sera résolue, le postulatum sociologique sera près d'être atteint, car la fixation d'une caractéristique en est une voie. Si nous trouvons la caractéristique générale et la voie principale, nous aurons trouvé le principe d'interprétation.

C'est à l'idée économique qu'il faut attribuer, en grande partie, l'expansion de cette notion que l'aide mutuelle et la division du travail sont les marques distinctives de la société. En fait, cependant, l'aide mutuelle et la division du travail s'observent aussi bien dans les cellules et les organes des organismes vitaux que parmi les membres d'une société, tandis que l'intercourse sociale n'offre souvent aucune trace de coopération. Tant que les esprits scientifiques n'avaient pas rompu avec cette croyance

(1) « Avant tout, il convient de s'entendre sur le caractère propre et distinctif des phénomènes sociaux. » Tarde, *La Logique sociale*, p. V.

erronée que les différences sociales pouvaient provenir de faits organiques ou économiques, aucun vrai progrès ne pouvait s'accomplir. Ils l'ont fait par suite des travaux de quelques savants. Le professeur Gumplowicz (1) a essayé de démontrer que les vrais phénomènes sociaux sont les conflits, les mélanges et les assimilations de groupes ethniques hétérogènes. M. Novicow (2), généralisant davantage, estime que l'évolution sociale est, avant tout, une modification progressive du conflit par alliance, au cours de laquelle le conflit lui-même se transforme et devient non plus une lutte physique, mais une lutte intellectuelle. Le professeur De Greef (3) prenant la question sous un jour très différent, place la caractéristique des faits sociaux dans le contrat et mesure les progrès sociaux au terrain que gagne le libre consentement sur l'autorité coactive. M. Gabriel Tarde, dans une étude originale et séduisante, qui a laissé son empreinte durable sur les idées psychologiques et sociologiques, voit le premier fait social dans l'imitation, précédant l'aide mutuelle, la division des travaux et le contrat (4). Le professeur Emile Durkheim, très opposé aux conclusions de M. Tarde, essaye de prouver (5) que le processus social essentiel et, par conséquent, le phénomène social parfait, est la soumission de tout esprit individuel à des modes d'action, de pensée et de sentiment qui lui sont extérieurs (6).

(1) *Der Rassenkampf* et *Grundriss der Sociologie*.

(2) *Les Luttes entre les Sociétés humaines*.

(3) *Introduction à la Sociologie*.

(4) *Les Lois de l'Imitation*.

(5) *La Division du Travail Social. Les Règles de la Méthode Sociologique*.

(6) Dans cette revue rapide des plus importantes publications récentes en Sociologie, nous ne saurions omettre les premiers travaux que vient de publier la Bibliothèque Sociologique Internationale, notamment : *Organisme et Société* de M. René Worms, *la Pathologie Sociale* de M. de Lilienfeld, et *Conscience et Volonté Sociales* de M. Novicow. Mais ces livres ayant vu le jour après l'apparition de

De tous ces écrivains, ce sont évidemment M. Tarde et le professeur Durkheim qui ont approché le plus près la définition de la nature propre du phénomène social et l'établissement du premier principe sociologique. Ils ne sont pas arrivés à se comprendre l'un l'autre, mais il est aisé de s'apercevoir, en les lisant tous les deux, que chacun regarde un aspect différent de phénomènes étroitement unis ; le professeur Durkheim envisage l'impression de beaucoup d'esprits sur un seul ; M. Tarde, la réponse imitative de beaucoup à l'invention suggestive d'un seul. Si ces phénomènes ne sont pas absolument fondamentaux, il ne s'en faut de guère. Cela est peut-être plus vrai, cependant, de l'imitation. Les phénomènes de tout ordre, comme le dit M. Tarde, ne sont connus que parce qu'ils se répètent. En physique, nous étudions les répétitions sous les formes ondulatoires et vibratoires ; en biologie, sous la forme de l'hérédité ou de la transmission de la vie et des particularités à travers les cellules ; en sociologie, sous celle de l'imitation ou de la transmission des sentiments et des idées d'individu à individu, de groupe à groupe, de génération à génération.

Une raison décisive, cependant, nous contraint à rejeter à la fois les généralisations finales de M. Tarde et de M. Durkheim. Ni l'un ni l'autre n'a nettement aperçu le fait social, pour si près qu'ils s'en soient approchés. Leurs formules sont trop compréhensives. Il se produit une impression d'un esprit sur un autre, ou sur d'autres, qui n'aboutit et ne peut aboutir à l'association. Il peut survenir une imitation qui ne contienne rien de la société. Le serpent impressionne l'oiseau et le tue, mais sans but ni résultat social. Le fait social élémentaire peut bien être en étroites relations avec l'impression et l'imitation, mais n'est ni l'une ni l'autre. Nous devons le chercher dans un

l'édition anglaise de nos *Principes de Sociologie*, nous n'avons pu en profiter autant qu'il eût été souhaitable.

phénomène inséparable de la société actuelle et de rien autre.

Nous avons suffisamment exposé le but et le caractère scientifique de la sociologie, à son début et maintenant : c'est une science qui essaye de concevoir la société dans son unité et tâche de l'expliquer par des causes et une loi cosmique. Pour y parvenir, elle doit employer une interprétation subjective par des faits de conscience et une interprétation objective par un principe physique. Ces deux interprétations doivent être conciliables et doivent être coordonnées ensemble. Les processus subjectif et objectif doivent apparaître comme inséparables, chacun étant toujours soumis à l'autre (1).

Quels que puissent être les progrès futurs des sciences physiques — qui en ont tant fait dans le siècle qui s'achève — il est sûr que, pour les sciences, le travail accompli n'est qu'un gage de celui qui le sera. La sociologie a été (avouons-le) surtout une réunion d'expériences scientifiques, mais la réalisation de ses possibilités logiques est plus proche que lorsque M. Spencer écrivait le chapitre sur le besoin que nous en avons. Il y a, en vérité, toute raison de croire que le temps est arrivé où ces principes, soigneusement formulés et vérifiés, pourront se grouper en une véritable théorie.

Aucun nouveau principe d'interprétation objective n'est nécessaire. Le processus physique, aussi bien en société que dans le monde des étoiles, est celui d'une évolution de forme à travers l'équilibration de l'énergie. Beaucoup de travail cependant reste à faire avant que les ramifica-

(1) Ceci ne doit pas être entendu comme une doctrine de dualisme philosophique. L'idéaliste résoudra le processus physique en fonction de la pensée ; le matérialiste, s'il le peut, résoudra le processus subjectif en fonction de l'énergie. Pour la science, l'un et l'autre sont de simples modes de découvrir la vérité. Psychologiquement, il n'y a que des formes antithétiques de perception.

tions de ce processus au milieu de nos relations humaines soient pleinement comprises.

Mais, dans l'interprétation subjective, il faudra, comme nous l'avons déjà dit, partir de ce nouveau point de départ vainement cherché, mais qui ne saurait se dérober plus longtemps à l'investigation minutieuse. La sociologie doit suivre la juste voie par la même raison qui, suivant M. Spencer, doit maintenir l'humanité dans le vrai chemin, parce qu'elle a essayé tous les moyens de s'égarer. Puisque le contrat et l'alliance sont des phénomènes plus spéciaux que l'association et la société, et l'imitation et l'impression des phénomènes plus généraux, nous devons chercher la donnée psychique, le mobile ou principe de la société, dans le seul phénomène qui soit intermédiaire. Par conséquent, le postulat sociologique ne peut être que celui-ci : le fait subjectif, élémentaire et original dans la société, est la *conscience de l'espèce*. J'entends par ces mots un état de conscience dans lequel chaque être, à quelque degré qu'il soit sur l'échelle vitale, reconnait tout autre être conscient comme de la même espèce que lui. Une telle conscience peut être un effet de l'imitation ou de l'impression, mais elle n'est pas le seul que produisent ces deux facteurs. Elle peut causer le contrat et l'alliance, mais elle cause d'autres choses. Elle est, par conséquent, plus générale que l'impression et l'imitation, qui le sont moins que l'association. Elle agit comme guide dans bien ces voies, et toute la route que nous pouvons appeler sociale est tracée par elle. Bref, elle répond à toute l'exigence sociologique ; elle est coïncidente avec la société virtuelle et avec rien autre.

Dans sa plus large acception, la conscience de l'espèce sépare l'animé de l'inanimé. Dans le large règne de l'animé, elle délimite les espèces et les races. Parmi les races, la conscience de l'espèce soutient les groupements ethniques et politiques, elle est la base des distinctions de classe, des innombrables formes d'alliance, des règles d'intercourse, des détails de la politique. Notre façon d'être envers ceux que nous sentons nous ressembler davantage diffère instinctivement et rationnellement de celle que nous adoptons avec ceux que nous jugeons plus différents de nous.

De plus, c'est la conscience de l'espèce, et rien autre, qui distingue la conduite sociale, comme telle, de la conduite ou purement économique, ou purement politique, ou purement religieuse ; car c'est précisément la conscience de l'espèce qui, à notre époque, intervient sans cesse dans les opérations, parfaites en théorie, des mobiles économiques, politiques ou religieux. L'ouvrier qui, dans la poursuite de son intérêt économique, voudrait avoir le plus haut salaire possible, se joint à une grève qu'il ne comprend pas ou qu'il désapprouve plutôt que de se séparer de ses camarades. Pour un semblable motif, l'industriel qui doute fort de l'utilité de la protection pour son industrie, ne laisse pas de contribuer de son écot à la campagne protectionniste. Le propriétaire du Sud qui croyait à la victoire de l'Union ne s'en rendait pas moins solidaire des confédérés, parce qu'il se sentait citoyen du Sud, étranger au Nord. Le libéralisme des croyances vient des efforts des hommes qui ne sauraient accepter plus longtemps les interprétations traditionnelles, mais qui désirent vivement maintenir des associations dont la rupture leur serait cruelle.

En un mot, c'est autour de la conscience de l'espèce comme principe déterminant que se groupent tous les autres mobiles dans l'évolution du choix social, de la volition sociale, de la politique sociale. Par suite, étudier l'œuvre de la conscience de l'espèce à travers toutes ses manifestations sociales, c'est élaborer une interprétation subjective complète de la société.

Tels sont, respectivement, les postulats objectif et subjectif de la Sociologie. Ils doivent combiner les modes de la force externe et le mobile interne qui alternent dans toute évolution sociale. La théorie de leurs réactions, que la sociologie a pour but de formuler et de démontrer, doit évidemment rester longtemps imparfaite sur de nombreux points de détail. J'oserai dire qu'elle prendra probablement la forme que voici à grands traits.

Les agrégats sociaux sont formés, d'abord, par les conditions extérieures, telles que les ressources alimentaires, la température, le contact ou le conflit avec des individus ou des choses ; et par suite de l'action sélective de toutes les forces incidentes les agrégats sont formés, en général, d'unités semblables. Jusque-là le processus est physique.

Mais alors, au sein de l'agrégat, une conscience de l'espèce apparait chez les individus semblables et aboutit à l'association. Celle-ci, à son tour, commence à réagir favorablement sur les plaisirs et sur la longévité des individus. Les individus s'en aperçoivent et nous voyons poindre le processus volitif. Plus tard, des individus associés cherchent, de propos délibéré, à étendre, à perfectionner leurs relations sociales. Les choix individuels et sociaux deviennent d'importants facteurs de la causation sociale. Parmi les nombreuses relations et activités qu'amène le hasard, quelques-unes semblent, à la conscience, agréables et désirables, d'autres au contraire semblent en antagonisme. Les individus associés choisissent certaines relations pour les fortifier et les conserver, d'autres pour les supprimer. Dans tout ce processus, l'association, le choix social, la volition sociale sont déterminés par la conscience de l'esprit.

A ce moment, le processus physique reparait. Les choix ont des conséquences diverses. Jugés largement, par leurs conséquences sur la vigueur, le développement et le bien-être de la communauté, les choix peuvent être ignorants, imprudents, nuisibles ou éclairés, sages, bienfaisants. La solution naturelle trouve ici un champ d'action à peu près illimité. Dans la lutte pour l'existence, les choix, comme les individus, peuvent ou non survivre. Les choix, ainsi que les activités et les relations qui en résultent, qui sont en somme nuisibles, finissent, soit par suite de l'extinction des individus, soit par la disparition de sociétés entières.

Ainsi le cycle de causation sociale commence et finit dans le processus physique. Entre le commencement et l'aboutissemement se place le processus volitif de sélection artificielle ou de choix conscient déterminé par la conscience de l'espèce, mais ce n'est en aucune façon une substitution du processus artificiel au naturel, comme le prétend M. Ward. C'est simplement une énorme multiplication de variations sur lesquels agit, finalement, la sélection naturelle.

Le sociologue a deux, trois questions principales à étudier. Il doit, d'abord, tenter de découvrir les conditions qui déterminent la simple agrégation. Ensuite, essayer de déterminer la loi qui gouverne les choix sociaux, c'est-à-dire, la loi du processus subjectif. Enfin, il doit tâcher de fixer la loi qui préside à la sélection naturelle et à la survivance des choix, la loi, en un mot, du processus objectif.

CHAPITRE II

Le Domaine de la Sociologie.

Telle étant l'idée sociologique, son expansion comme science dépendra surtout de la vérité qu'elle contient. Des conditions limitatrices lui sont imposées, cependant, par la division du travail déjà établie dans toute recherche scientifique. Une science vivante, disposant du concours d'investigateurs pratiques, doit être soit un peu plus, soit un peu moins, qu'une part organique du système de savoir d'un philosophe. Comte a inventé le mot « Sociologie » et a édifié une théorie sociologique parce qu'il a compris que la philosophie positive serait bien incomplète si elle restait sans un corps de science humaine qui vint compléter la biologie. M. Spencer, disposant du résultat du demi-siècle le plus fécond en découvertes, a adopté le mot, reconstruit la doctrine, parce qu'il a compris qu'une explication complète de l'évolution universelle doit expliquer l'origine et la structure des sociétés humaines tout autant que la genèse des espèces et l'intégration des étoiles. Mais, à présent, une question est posée : Quelle est la part de cette doctrine qui appartient à une science quelconque ? Une philosophie sociale, de l'importance de celle de Comte ou de Spencer, devait, à son aurore, déterminer son domaine en précisant sa relation avec les autres branches de savoir ; d'abord avec la psychologie, ensuite avec ces sciences plus spéciales qui se sont partagé l'étude d'une notable portion des phénomènes sociaux observables. Nous ne pouvons pas affirmer, sans une analyse ultérieure que l'interprétation de la société n'est pas une part de la psychologie ou qu'elle est la fonction d'une sociologie simple et largement compréhensive. C'est aux psychologues que sont dues beaucoup des plus précieuses études sociologiques et les sciences sociales de détail n'ont pas été toutes dénuées du caractère positif.

Au point de vue de l'interprétation subjective des phénomènes sociaux, le domaine de la sociologie est aisément délimité. Du premier principe posé dans le chapitre précédent, il résulte clairement que la sociologie, même cachée sous la psychologie, en diffère nettement. La psychologie étudie la genèse des divers états de conscience. La sociologie étudie les phénomènes dérivant d'un état en particulier, qui est la conscience de l'espèce. De même, la subordination à la sociologie des sciences sociales de détail est une autre conclusion nécessaire de notre premier principe. La conscience de l'espèce implique intégration et différenciation ; quelquefois ses formes différenciées sont en conflit entre elles, d'autres fois avec des formes parentes. Elles apparaissent souvent, alors, comme des mobiles absolument distincts de la conscience de l'espèce, quoique, en fait, elles en dérivent. De plus, ainsi déguisées, elles peuvent se combiner avec des mobiles issus directement des relations de l'individu avec la nature physique. Le motif économique fournit un bon exemple : Le désir de la richesse provient des besoins physiques, mais il est puissamment fortifié par la conscience de l'espèce sous forme d'un désir énergique de rivaliser avec ses semblables, de les dominer, de les gouverner. Ces désirs complexes, où la conscience de l'espèce apparait comme un facteur réel, quoique déguisé et modifié, sont les postulats des sciences sociales spéciales, comme l'économie politique ou la science de l'État. Ces sciences spéciales sont, par suite, subordonnées à la sociologie.

Ce ne sont là que des conclusions *a priori*. Correspondent-elles aux distinctions qui ont été établies par l'ex-

3

périence scientifique? La prétention de la sociologie au rang de science-maîtresse de la société est assez importante pour justifier un patient examen de la question. Nous justifierons ces conclusions *a priori* en recherchant la différenciation actuelle de la pensée scientifique.

Il faut d'abord examiner les relations de la sociologie avec la psychologie. Quoi qu'elle soit d'ailleurs, la société est un phénomène d'association consciente et le champ de la sociologie ne sera certainement pas délimité tant que nous ignorerons si, dans la nature des choses telle que l'interprètent les psychologues, il n'y a aucune raison pour classer les phénomènes psychologiques de la société à part de ceux qui concernent les individus.

Suivant les idées acceptées, la biologie et la psychologie étudient la vie influencée par le milieu. En biologie, nous étudions une adaptation des modifications physiques d'un organisme à des relations extérieures comparativement peu nombreuses, simples et constantes. En psychologie, nous étudions une adaptation des changements conscients d'un organisme à des relations extérieures largement étendues dans le temps et dans l'espace et d'une infinie complexité.

Parmi les changements constants, ceux qui entrent dans les phénomènes que nous appelons sociaux sont, sans contredit, plus complexes et plus spéciaux que les autres. Peut-être pour un temps, au premier éveil de la conscience, son milieu est physique, organique, mais non social. Toujours, certainement, une grande part du monde extérieur auquel la conscience doit s'adapter est physique et organique plutôt que social. De plus, alors que les conditions sociales sont complexes et variables, les conditions physiques sont comparativement simples et sont constantes. Elles sont aussi universelles. C'est par le contact avec elles qui s'établissent des associations d'idées permanentes et que l'esprit arrive à des notions des lois cosmiques.

La psychologie, dès lors, qu'elle comprenne ou non une étude des relations sociales, est, sans nul doute, mêlée à la genèse et aux combinaisons des éléments de l'esprit. Comment les sensations deviennent perceptions; comment les perceptions se combinent en imagination et pensée; comment la pensée, le sentiment, le désir se joignent dans ce merveilleux composé, la conscience que l'individu a de lui-même, tels sont les problèmes que la psychologie doit tout au moins se poser et, si elle le peut, résoudre.

Mais les phénomènes d'association consciente ne finissent pas dès qu'apparait l'esprit individuel. Ils sont alors simplement engendrés. Les esprits individuels, comme unités, deviennent les éléments de cette association, beaucoup plus étendue, beaucoup plus développée, d'animal à animal, d'homme à homme, de groupe à groupe qui crée les diverses relations de la vie sociale.

La démarcation naturelle qui se révèle ici est aussi évidente que celle qui sépare les phénomènes biologiques et psychologiques. S'il est naturel que la psychologie et la biologie soient deux sciences distinctes, il ne l'est pas moins de séparer la psychologie de la sociologie, en restreignant la première à une étude des phénomènes de l'esprit individuel et en assignant à la seconde l'investigation des phénomènes, plus spéciaux et plus complexes, des esprits en association avec d'autres. Si on en juge ainsi, la psychologie, traitant de phénomènes plus généraux au total que le phénomène social, doit être considérée comme une science précédant la sociologie. La psychologie est la science des associations d'idées. La sociologie est la science des associations d'esprits.

D'autres considérations définissent encore mieux cette différenciation. L'association d'esprits crée des formes et des relations extérieures. Les esprits réagissent sur leurs propres modes d'association et l'association, ainsi caractérisée par des modes définis et se conformant aux formes organisées, devient pour chaque individu un milieu social, placé entre la conscience et la nature extérieure. Il en résulte que l'adaptation directe de la vie mentale va vers la société. L'adaptation à un monde plus large est indirecte et à travers la société. La société devient une partie spéciale et très importante du « domaine extérieur ». Très vite et plus rapidement qu'aucune autre fraction de l'ambiant, elle crée un « domaine intérieur », qui lui est favorable dans les individus agrégés. Elle crée la sympathie et la nature morale, l'aptitude au plaisir, le pouvoir d'abstraction. La faculté de parler, les dons de l'esprit, à leur tour, agissent sur la société. Consciente du fait que leurs relations sociales sont leur plus important moyen de défense, d'aide, de plaisir et de progrès, les individus tâchent de les conserver et de les accroître. La société devient consciemment aimée et, dans une mesure croissante, le produit d'un plan conscient. Des idées et des sentiments, naissent des formes d'association formellement délibérées. Ainsi, de plus en plus, les activités et les relations sociales en viennent à être des produits extérieurs du domaine intérieur.

Ici se place la raison la plus forte de la large distinction qui, dans l'intérêt de l'investigation scientifique et de la classification des sciences, doit être faite entre une étude des phénomènes conscients purement psychologiques et une qui est purement sociologique. Dans la biologie et la psychologie, les phénomènes survenant dans un organisme sont considérés comme des effets en relation avec le milieu connu des causes. On a vu que, dans les phénomènes sociaux, les activités de l'organisme agissent comme causes. Elles ont créé une merveilleuse structure de parentés extérieures, modifié la faune, la flore, la surface de la terre dans tout ce qui les entoure. L'adaptation progressive entre les relations extérieures et intérieures est devenue réciproque.

La psychologie est donc la science des éléments et de la

genèse des phénomènes mentaux, tels que les déterminent les rapports organiques et sociaux. La sociologie est la science des phénomènes mentaux dans leurs complications et réactions plus grandes, et de l'évolution constructive d'un milieu social à travers lequel l'adaptation de la vie et de ses conditions devient mutuelle.

Dans leurs rapports philosophiques, par suite, la biologie, la psychologie, la sociologie, sont des sciences correspondant à des phénomènes gradués. La biologie est la science générale de la vie, mais elle apporte à la psychologie une étude de la plus large adaptation de l'organisme, dans l'espace et dans le temps, à travers l'évolution de l'esprit. La psychologie est la science générale de l'esprit, mais, à son tour, elle dote la sociologie de ses études sur l'action réciproque des esprits, et de l'adaptation réciproque de la vie et de son milieu.

Si nous voulons maintenant examiner les relations de la sociologie avec les sciences sociales spéciales, nous devons établir une distinction un peu subtile et peut-être pour cela trop souvent négligée. Les phénomènes peuvent être envisagés soit comme des *différenciés* de phénomènes plus généraux qu'eux-mêmes, soit comme des *différenciations* entre ces phénomènes plus généraux. Dans le premier cas, la variation est assez grande pour que la dissemblance du phénomène dérivé et du phénomène type devienne plus apparente que leur ressemblance. Dans le second, la différenciation est réelle, mais n'atteint pas de variation extrême. La ressemblance reste plus évidente que la différence. Par conséquent, nous pourrions dire que les phénomènes psychologiques sont différenciés des phénomènes biologiques, mais que les processus physiologiques et morphologiques sont des différenciations d'un processus biologique. De même, nous trouvons que les phénomènes sociologiques sont différenciés des phénomènes psychologiques, mais que les processus émotionnel et rationnel sont de simples différenciations du processus psychologique général. Enfin, les phénomènes économiques, politiques et culturaux ne sont que des différenciations des phénomènes sociaux; aucun d'eux ne s'éloigne tellement des phases générales de l'association que nous puissions les considérer comme différenciés des phénomènes sociaux.

Maintenant, si une classe de phénomènes est différenciée d'une autre classe, il ne sera guère possible, s'il l'est, de mettre en doute l'utilité d'assigner chacune de ces classes à une science distincte. La biologie et la psychologie, la psychologie et la sociologie sont aisément distinguées ; mais, lorsque des phénomènes qui sont de simples différenciations d'un processus général sont répartis parmi plusieurs sciences spéciales, la question se pose aussitôt de savoir s'il reste quelque chose de la science générale ou, dans le cas où les sciences particulières ont été développées d'abord, si l'on peut tenter de construire une science générale de tous les phénomènes dans leur unité.

Cette question a beaucoup occupé les sociologues. Elle contient l'entier problème des rapports de la sociologie et des sciences sociales spéciales et synthétise le doute de ceux qui n'admettent la nécessité, et même la possibilité, d'aucune autre sociologie que celle qui git dans la collection des sciences sociales. C'est pourquoi il est nécessaire de l'examiner soigneusement dans toute étude du domaine de la sociologie.

Un groupe d'études, connues collectivement sous le nom de sciences politiques, comprend l'économie politique, la philosophie du droit et la théorie de l'État. Un autre groupe réunit l'archéologie, la philologie comparée et l'étude comparative des religions. La sociologie étudie-t-elle autre chose ? En apparence, elle ne le pourrait pas, puisque ces sciences embrassent, ou à peu près, l'universalité des phénomènes sociaux. Si le programme d'études est le même, la sociologie réunit-elle ces diverses branches du savoir ? Si elle les réunit, est-elle autre chose qu'un nom collectif pour la somme des sciences sociales ? Admettant qu'elle soit autre chose, rejette-t-elle les principes théoriques des sciences spéciales, leur en substitue-t-elle d'autres, les adopte-t-elle en les coordonnant ?

Suivant la conception Spencérienne, l'économie politique, la jurisprudence, la théorie de l'État, et les autres branches du savoir pareilles à la philologie comparée, sont des parts différenciées de la sociologie et sont, par suite, suffisamment distinctes comme sciences coordonnées. Pour Auguste Comte, ce ne sont aucunement des sciences. L'opinion de Comte sur l'économie politique est trop connue pour qu'il soit besoin de la citer. Il considérait la vie de la société comme indivisible et croyait que la vraie science ne pouvait l'étudier que comme un tout. C'est l'avis de Spencer qui se rencontre dans les discussions modernes, accompagné, le plus souvent, par l'affirmation que les hommes d'étude ne trouvent de sérieuse utilité que dans les subdivisions de la sociologie, c'est-à-dire dans les sciences sociales spécialisées. Considérée comme un ensemble dont les parties sont ces sciences définitivement constituées et déjà parvenues à un tel développement que l'étudiant le plus courageux peut à peine essayer de s'en approprier une seule dans toute sa vie, la sociologie est un sujet trop vaste pour répondre à un but pratique. On pourrait lui appliquer l'épigramme que Schopenhauer décochait à l'histoire en l'appelant « certainement un savoir rationnel, mais non une science ».

Cependant, le mot « sociologie » ne peut pas être supprimé. A peine un écrivain a-t-il reconnu qu'il ne peut ranger sous cette étiquette l'ensemble du savoir social, qu'il essaye de découvrir une substance pour ce substantif. Aussi, il arrive que chaque philosophe social crée une sociologie suivant sa propre spécialité. Pour l'économiste, la sociologie est une nébuleuse économie politique pour des problèmes ou des faits en désaccord avec les formules orthodoxes. Pour l'aliéniste ou l'anthropologiste criminel, elle est une pathologie sociale. L'ethnologiste y voit une subdivision de sa propre science, qui ajoute à la description des traits ethniques une description de l'organisation sociale. Aux yeux de la mythologie comparée ou des folkloristes, c'est une étude de l'évolution de la culture.

Ce n'est pas ainsi que se crée une science vivante. Elle provient d'un germe distinct. Elle devient chaque dix ans plus nettement individualisée. Elle se crée un domaine nettement circonscrit. Ses problèmes sont absolument divers de ceux que cherchent à résoudre les autres sortes de recherches.

Ces restrictions ont été aperçues surtout par d'autres que les sociologues. Une controverse suggestive entre deux éminents professeurs de l'Université de Bruxelles a mis la question sous la plus vive lumière. Le prof. Guillaume De Greef, dans la préface de la première partie de son *Introduction à la Sociologie*, écrite en 1886, plaidait chaleureusement pour la création de chaires et même de facultés de sociologie qui enseignassent selon une certaine classification des phénomènes sociaux auxquels le prof. De Greef attachait une grande importance. Cette classification est du genre compréhensif. Elle embrasse tout depuis la production du blé et du vin jusqu'aux disputes académiques de l'Institut de France. A l'ouverture de l'Université, le 15 octobre 1888, le recteur, M. Van der Rest, prit la sociologie pour thème du discours inaugural et fit l'examen critique de ses relations avec les sciences sociales spéciales. La sociologie fut traitée de « science mal déterminée, qui n'offre aucune ligne de démarcation avec les sciences morales et politiques et touche une infinité de questions qui, toutes, sont comprises dans le programme des chaires actuelles ».

L'opinion personnelle du recteur se résumait comme il suit : « Je n'accepte le mot que comme le nom d'un concept de l'esprit humain. Si on accepte la signification qui lui a été donnée, la sociologie serait la science des phénomènes sociaux. Mais je voudrais ajouter que, dès qu'on quitte le domaine de l'abstraction, la science ainsi définie ne peut se comprendre que par une des deux voies suivantes : ou elle aura pour objet l'étude des hommes réunis en société, envisageant tous les faits qu'offre la vie sociale, dégageant leurs lois et rattachant l'état présent avec le futur et le passé, et dans ce cas la science ne peut pas être établie et ne sera que l'ensemble de nos sciences morales et politiques liées dans une unité chimérique ; ou elle consistera seulement en des aperçus généraux sur le progrès social, et il ne me parait pas possible de découvrir ce qui sépare la sociologie d'une science beaucoup plus vieille, la philosophie de l'histoire. »

Nous ne pouvons admettre cette conclusion de M. Van der Rest qu'une sociologie concrète doit être ou l'ensemble des sciences morales et politiques ou une philosophie de l'histoire ; mais nous reconnaissons avec lui que si elle reste confuse, mal déterminée, elle ne peut entrer dans le programme des Universités. La sociologie ne peut pas être enseignée comme un « corpus » des sciences sociales ou comme une masse chaotique de faits sans relations entre eux et glanés dans d'autres sciences.

La clarté de la pensée, l'usage judicieux des mots feront sortir l'ordre de la confusion et mettront la sociologie à sa vraie place, sur un terrain bien à elle. La sociologie est une science sociale générale ; mais une science générale n'est pas nécessairement un groupe de sciences. Sans doute, son nom sera encore employé pour désigner brièvement la collectivité des sciences sociales. De plus, dans une philosophie synthétique comme celle de M. Spencer, il peut servir à l'explication de l'évolution sociale sur les larges bases de la vérité abstraite. Mais la sociologie du sociologue agissant ou celle de l'Université sera un corps de science, défini et concret, qui puisse être exposé dans la salle de cours et étudié dans les collèges. Ces dernières conditions sont essentielles pour la vie de notre science, car, lorsque la sociologie aura, dans le programme universitaire, une place égale à celle qu'y occupe l'économie politique par exemple, ses revendications scientifiques seront au-dessus de toute controverse. Ce ne sera possible que lorsque les esprits cultivés auront appris à avoir de la sociologie une idée aussi précise, aussi concrète que celle qu'ils ont des autres sciences. Le mot doit rappeler immédiatement à l'esprit une classe spéciale de phénomènes et un groupe défini de problèmes coordonnés.

Que ces idées distinctes et concrètes en viennent, un jour, à remplacer les vagues notions actuelles, cela est hors de doute raisonnable. En suivant une logique serrée, guidée par l'histoire des autres sciences, la sociologie peut fixer définitivement les frontières qui la séparent des sciences sociales spéciales. Lorsque les phénomènes appartenant à une classe unique et relevant par suite d'une seule science sont si nombreux et si compliqués que nul investigateur ne peut espérer les étudier tous, ils se divisent entre plusieurs sciences particulières, mais il n'en demeure pas moins possible de concevoir une science générale des phénomènes dans leur intégralité, comme une classe, à la seule condition que la science générale garde les attributs communs à toutes ses sous-classes et ne reçoive aucun de ceux qui leur sont particuliers. Ces attributs communs sont élémentaires. Les principes généraux sont fondamentaux. Une science générale est donc une science d'éléments et de premiers principes.

La biologie générale nous offre le plus utile des exemples. Le mot « biologie », que Lamarck a employé le premier, a été adopté par Comte qui a proposé celui de « sociologie » et s'est servi des deux pour des raisons identiques. Il croyait à une science de la vie comme un tout, à une science de la société comme un tout. Mais « biologie » et « sociologie » ne furent adoptés qu'après M. Spencer. A l'exception des plus jeunes, tous les hommes de science peuvent se rappeler l'époque où les catalogues commencent à parler de biologie. Ni le mot ni l'idée ne furent reconnus sans combat. Qu'y avait-il dans la biologie générale, disaient les adversaires, qui ne fût déjà dans l'histoire naturelle, dans la botanique, dans la zoologie, dans l'anatomie ou dans la physiologie ? Les biologistes répondaient que les phénomènes essentiels de la vie — la structure cellulaire, la nutrition et la déperdition, la croissance et la reproduction, l'adaptation au milieu et la sélection naturelle — sont communs à la plante et à l'animal ; que la structure et la fonction sont incompréhensibles si on les divise ; que l'homme d'études n'aura de son sujet qu'une idée fausse s'il n'arrive à voir les phénomènes vitaux dans leur unité aussi bien que dans leurs phases spéciales. Il doit étudier, certainement, la botanique et la zoologie ; mais il doit se baser sur la biologie générale, science des phénomènes essentiels et universels de la vie sous ses formes multiples. Leur avis se généralisa par la seule force de sa vérité et du bon sens. La biologie générale devint science de laboratoire, agissante, édifiée et conduite sur les bases des sciences biologiques plus spéciales.

La question, en ce qui touche la sociologie, est absolument pareille et peut être résolue de façon identique. Quel est le côté de la vie sociale qui ne soit déjà étudié dans une, ou plusieurs, des sciences économiques, historiques, politiques ? Aucun, peut-être ; mais, selon le sociologue, là n'est pas la question. La société est-elle un tout ? L'activité sociale est-elle continue ? Y a-t-il certains faits essentiels, certaines causes, certaines lois qui se retrouvent dans les communautés de toute espèce, de tous les temps, sur lesquels s'appuient les formes sociales plus spéciales et qu'elles impliquent ? Si nous sommes autorisés à répondre affirmativement, il s'ensuit que ces vérités universelles doivent être enseignées. Enseigner l'ethnologie, la philosophie de l'histoire, l'économie politique et la théorie de l'État à des hommes qui n'ont pas appris ces premiers principes de sociologie, c'est vouloir enseigner l'astronomie et la thermodynamique à des hommes qui ignorent la loi Newtonienne du mouvement. Une analyse des caractéristiques générales des phénomènes sociaux et l'énonciation des lois générales de l'évolution sociale doivent former la base des études spéciales dans tous les départements de la science sociale.

Aussi, pendant que la sociologie, dans la plus large acception de ce mot, est la science d'ensemble de la société s'étendant dans l'entier domaine des sciences sociales spéciales, elle peut être définie, dans un sens plus étroit et en vue des études universitaires et de l'exposition générale, la science des éléments et des premiers principes sociaux. La vie intellectuelle a ses limites ainsi que tout vrai travail scientifique. Aussi le sociologue doit se borner à étudier à fond les phénomènes élémentaires et génériques de son vaste sujet et abandonner les formes infinies de combinaisons à d'autres chercheurs. De plus, la sociologie est la science sociale d'ensemble, seulement parce qu'elle est la science fondamentale. Loin de n'être que la somme des sciences sociales, elle en serait plutôt la base commune. Ses principes de grande portée sont les *postulata* des sciences spéciales et, comme tels, coordonnent le corps entier des généralisations sociales et les réunissent en un large tout scientifique. Indifférente aux divers aspects et groupements des phénomènes sociaux, la sociologie fondamentale est l'intermédiaire entre les sciences organiques d'une part et les sciences historiques et politiques de l'autre. La sociologie est différenciée de la psychologie. Celle-ci est différenciée de la biologie. Les sciences sociales spéciales sont différenciées de la sociologie.

Mais, n'avons-nous pas oublié une possibilité importante ? Ne peut-il pas se faire que la science sociale fondamentale, en admettant qu'il y en ait une, ne soit pas une science nouvelle mais tout simplement une de ces sciences déjà anciennes que nous avons appelées sciences spéciales, la politique, par exemple, ou l'économie politique?

La science sociale fondamentale, quelle qu'elle soit, ne peut pas admettre une explication scientifique qui ne soit que la réduction à de plus simples termes. Si l'économie politique ou la théorie de l'État ou toute autre science sociale se base sur des théorèmes qui sont des déductions de vérités sociales plus élémentaires, aucune de ces sciences n'a droit à une préséance logique. Que ses interprétations soient objectives ou subjectives dans leur forme, la science sociale ultime doit réduire son programme à l'étude des phénomènes sociaux primaires, ou aux mobiles sociaux primitifs.

Donc, en ce qui concerne l'interprétation objective, ni l'économie, ni la politique, ne peuvent prétendre remonter jusqu'aux faits primaires dans l'ordre social. Les deux sciences acceptent sans explication le phénomène de l'association humaine.

A la vérité, les œuvres de système sur l'économie ont d'habitude discuté la théorie Malthusienne de la population, l'hypothèse de la diminution de la rente, et ont, par suite, énoncé quelques explications partielles de l'interdépendance de la population et du milieu. Mais ces discussions ne sont pas uniquement du domaine vraiment économique. La plupart des écrivains ont, depuis longtemps, reconnu que ce sont de simples données dont l'étude scientifique appartient à la sociologie. De plus, même en les faisant entrer dans l'économie, elles n'expliquent pas l'association. La population peut s'accroître suivant une loi quelconque, et, par suite de l'inégalité des rendements du sol, l'augmentation peut être distribuée inégalement, mais il ne s'ensuit pas nécessairement que les humains s'associent. L'économie admet cela, car dans toutes les autres discussions — sur la coopération et la division du travail, sur l'association et la concurrence, sur l'échange et la distribution — elle se base sur l'existence d'un milieu social. Les avantages dérivant des formes économiques d'association agissent favorablement sur l'association en général, mais elles ne sont pas la première cause de l'association. Ils n'ont pu exister avant que l'association elle-même ne fût établie.

De même, en science politique, il y a eu, depuis Aristote, de longues études des origines des communautés humaines, simples élaborations, le plus souvent, de la théorie patriarcale. Mais le plus grand progrès qu'ait fait depuis quelque temps la science politique a été de découvrir que son domaine ne comprend pas l'investigation de la société, que la démarcation est aisée. Dans son important ouvrage *Science politique et Droit constitutionnel comparé*, le professeur Burgess a, non seulement distingué avec netteté le gouvernement de l'État, mais, pour la première fois en philosophie politique, il a montré la distinction entre l'état inorganique et l'état organisé. « Une population parlant un même langage, dotée d'idées sur les principes fondamentaux du bien et du mal, résidant sur un territoire séparé des autres par de hautes montagnes, de larges cours d'eau, d'importantes différences climatériques, » tel est l'état primitif de la constitution. Il « nous offre la base naturelle d'un vrai et durable établissement politique ». Il est le « *berceau* des constitutions et des révolutions. » La science politique étudie l'état organique et montre de quelle façon il transforme ses volontés en actes du gouvernement. Elle recherche comment se crée l'état organique, comment il se moule sur l'état inorganique, mais elle ne peut aller au delà. L'état inorganique ou, comme nous l'avons appelé ailleurs, la société naturelle, constitue pour la politique, comme pour l'économie, une donnée. L'étude détaillée de ses origines et de son évolution rentre dans le domaine de la sociologie.

Si nous passons maintenant aux interprétations subjectives, ou à l'explication des phénomènes sociaux en fonction du mobile, nous voyons que, ici aussi, les sciences sociales spéciales adoptent des prémisses certaines qu'un examen plus approfondi nous montre être des vérités sociologiques, ni simples, ni élémentaires.

Commençons, comme tout à l'heure, par l'économie politique. Les économistes ont, récemment, étudié plus soigneusement la nature des prémisses de leurs théories. Ils ne se bornent plus à donner pour objet à leur science la richesse matérielle. La nomenclature psychologique, qui s'est tracé un chemin si rapide dans les discussions courantes d'économie, a une haute signification et annonce un changement complet de perspective. Les phénomènes purement mentaux des besoins et de leur satisfaction sont mis en lumière. Ce n'est plus la production des commodités matérielles qui tient la première place dans l'exposition ; on a reconnu que les lois absolues du choix économique gouvernent l'intérêt mécanique de la production et de l'échange. Il y a longtemps que le président Walker voyait dans la consommation la dynamique de la richesse et nous commençons à comprendre toute la signification de ce terme. Les désirs, très certainement, sont les moteurs du monde économique. C'est selon leur nombre, leurs intensités, leurs formes que s'orientent les activités humaines, les innombrables phases de l'industrie et du commerce.

Mais, dès lors, que dire de l'origine des désirs eux-mêmes ? Quelles conditions ont amené leur évolution, depuis les besoins rudimentaires d'une existence purement animale que partageraient les sauvages avec les babouins et les gorilles, jusqu'à ceux du « bon gorille », comme disait Renan, de l'homme d'instincts raffinés et de goûts élégants ? Ce sont d'intéressantes questions, mais auxquelles l'économiste n'est pas tenu de répondre. Il prend les désirs comme il les trouve, sauf, et dans la limite où il le trouve utile, à étudier les phases dynamiques de son sujet, à observer les réactions de la vie économique même sur les désirs. En général, ces désirs sont pour lui les prémisses d'un schéma déductif et rien de plus.

Qu'advient-il avec la théorie de l'État? La science politique, aussi, prend ses bases dans les faits de la nature humaine. Les forces motrices de la vie politique, comme celles de la vie économique, sont les désirs des hommes, mais ils ne sont plus les désirs de satisfactions qui peuvent, d'ordinaire, revêtir une forme matérielle. Ce sont des désirs massés et généralisés, des désirs ressentis simultanément, d'une façon continue, par des milliers, des millions d'hommes, qu'ils amènent simultanément à une action concertée. Ce sont des désirs de ce que nous pourrions appeler l'esprit social, pour le distinguer de l'esprit individuel, et ils visent surtout des choses idéales telles que le pouvoir, la renommée, des conditions de liberté ou de paix. Transformés en vouloirs, ils deviennent le phénomène de la souveraineté, le pouvoir coactif de l'État. La science sociale décrit ces forces gigantesques de l'esprit social et étudie leur action ; mais elle ne s'occupe pas davantage de leur genèse que l'économie politique ne s'occupe de celle du désir individuel. Elle présuppose pour chaque nation un caractère national et est satisfaite si la constitution politique de l'État peut être déduite scientifiquement du caractère présupposé. Elle s'empare du fait de la souveraineté, édifie sur lui et ne recherche pas comment la souveraineté en vint à être ce que l'ont faite Hobbes, Locke et Rousseau. Elle prend sa course du point de départ que se fixait Aristote, lorsqu'il écrivait : « L'homme est un animal sociable. »

Il existe un groupe de sciences qui ont rapport avec les diverses phases spéciales de l'esprit social. Leur base est la philologie comparée que Renan, discourant en 1848 de l'avenir de la science, avec une parfaite clairvoyance définissait élégamment « la science exacte des choses intellectuelles ». Sur elle, ont été édifiées les sciences de la mythologie comparée, de la religion comparée, et les matériaux sont déjà accumulés pour une science de l'art comparé. Toutes ces sciences, comme l'économie et la politique, ont pour postulats, sinon toujours exprimés, du moins sous-entendus, les désirs humains, car les aspirations ne sont que des désirs fortifiés par la croyance, et haussés jusqu'à l'idéal. Cependant, à l'inverse de l'économie et de la politique, ces sciences ont affaire, dans une certaine mesure, avec la genèse des états mentaux qu'elles prennent pour postulats. Mais elles les étudient seulement dans des phases très spéciales et dans un but scientifique étroit. Elles n'ont aucune occasion de s'occuper du large problème de l'évolution et de la causation ultime des désirs.

Il est donc évident qu'aucune des sciences sociales reconnues ne recherche les origines des mobiles auxquels on attribue tout ce qui a lieu dans la vie sociale de l'humanité. Cependant leur origine n'est pas dissimulée. La causation n'a pas été analysée parce qu'on a estimé qu'une chose aussi simple n'avait pas besoin d'explication. L'association, le groupement, la coopération ont fait, du gorille sauvage, le « bon gorille », l'ont mené à justifier les mots de Bacon : « Il y a, dans la nature de l'homme, une inclination secrète, une tendance vers l'amour d'autrui. Si elles ne sont pas employées dans l'amour d'une ou de quelques personnes, elles se répandent sur un grand nombre, rendent les hommes humains et charitables comme les religieux le prouvent quelquefois » ou, pour parler sans figure — car ce n'est pas autre chose, puisque l'ancêtre humain a dû être une sorte d'abeille sociable et pas du tout un gorille — c'est le frottement mutuel de natures frustes qui a fait les natures raffinées. C'est l'infinie multiplication des sensations, des expériences, des suggestions, dues au groupement prolongé et intime des hordes humaines dans ces milieux favorables où la population peut devenir relativement dense, qui a créé l'esprit humain, qui l'a rempli des innombrables besoins qui entraînent l'effort incessant, l'investigation infatigable de l'inconnu. La première, la plus grande découverte de la sociologie a été que « l'homme aiguise l'homme comme le fer aiguise le fer ».

Si ce qui précède est logique et vrai en fait, aucune des sciences sociales particulières n'est la science primaire de la société, qu'elle adopte l'interprétation subjective ou l'interprétation objective.

Il reste, cependant, à considérer si cette conclusion peut s'étendre aux rapports de la sociologie avec certaines sciences abstraites qui, tout en n'étant pas vraiment des sciences sociales, ont, néanmoins, affaire avec des phénomènes non seulement physiques, mais aussi sociaux par leur caractère.

La sociologie n'est pas une science abstraite, quoiqu'elle se serve de l'abstraction comme toute vraie science, en distinguant les phénomènes qu'elle étudie des phénomènes d'un autre ordre, aussi bien qu'en scrutant les forces ou les motifs particuliers qui différencient les phénomènes de cette classe et des autres. Une science abstraite est celle qui suit l'action d'un principe ou d'une force motrice à travers toutes ses manifestations et se borne là. Une science concrète est celle qui fait d'abord tout ce que fait une science abstraite, et, de plus, étudie les voies dans lesquelles les manifestations de la force ou du motif particulier qu'elle a découvert sont combinées avec les manifestations des autres forces ou motifs pour créer les groupements concrets du monde réel. Tel est, exactement, le but de la sociologie. Comme la biologie et la psychologie, elle s'occupe des groupements concrets des phénomènes. Les premiers principes de l'évolution sociale qu'elle formule, sont des vérités concrètes. Elle est une étude descriptive, historique et explicative de la société, envisagée comme une réalité absolument concrète. De façon identique, les sciences sociales spéciales, comme différenciation de la sociologie, sont des études concrètes.

Admettant que l'économie politique telle qu'elle est d'ordinaire définie et enseignée est une science sociale spéciale, qui est logiquement différenciée de la sociologie, on peut objecter que nous avons maintenant une économie pure ou abstraite qui comprend les théories de l'utilité subjective, le prix subjectif et la valeur subjective et qui, loin d'être une part, une branche de la sociologie, est logiquement antérieure à toutes ses branches.

Une autre objection vient d'un autre côté et provient de ce que l'éthique abstraite, considérée comme une science du droit idéal, est une analyse des mobiles sociaux et, par suite, antérieure à la sociologie.

Ces objections sont non seulement plausibles en elles-mêmes, mais elles semblent trouver un appui dans la nécessité reconnue de l'interprétation subjective dans l'ensemble des sciences sociales. Si les choix ne sont pas capricieux, ne sont-ils pas soumis aux considérations d'utilité et de droit ? Par suite, l'utilité subjective et les idées de droit ne sont-elles pas logiquement antérieures à la société ? N'y eût-il pas de société, l'individu vivant en contact avec la nature en jouirait-il moins de l'utilité subjective chaque fois qu'il mange ses aliments ou jouit du soleil ? Ne peut-il pas avoir la notion du bien et du mal ? Dès lors, les théories de l'utilité et du droit ne précèdent-elles pas la sociologie ?

Sans entrer ici dans une discussion sur la théorie des choix, nous pouvons concéder d'ores et déjà que les simples débuts de l'utilité sont des phénomènes psychiques antérieurs à la société, mais nous maintenons que tous les développements subséquents de l'utilité présupposent des relations sociales.

Dans la théorie moderne de l'utilité subjective, telle que la formulent Bentham, Gossen, Jevons et les économistes qui les ont suivis, une distinction est faite entre l'utilité initiale et l'utilité marginale (1). Par « utilité initiale », ils entendent la satisfaction due à la consommation d'une chose de première nécessité comme, par exemple, la jouissance qu'un simple verre d'eau procure à un homme altéré. Par utilité marginale, ils entendent la satisfaction dérivant d'un achèvement, comme celle du dernier demi-verre d'eau, de la dernière bouchée d'aliments. Cette distinction a été considérée comme purement analytique et abstraite, n'ayant de valeur que pour la théorie économique. En fait, elle est concrète et historique et a une importance capitale en sociologie.

Il n'est besoin d'aucun argument pour démontrer qu'une conscience rudimentaire des utilités initiales précède les relations sociales. Des créatures vivantes, capables de se reconnaître l'une l'autre, peuvent distinguer les matières alimentaires et par conséquent apprécier les utilités initiales.

Il n'en est pas de même pour les utilités finales, et pour le prouver, nous devons d'abord exposer une erreur de définition. Il y a eu, dans la plus récente littérature économique, une tendance à employer l'expression « utilité subjective », comme si elle signifiait simplement un sentiment agréable, quoique léger, et rien au delà. S'ils n'abandonnent pas cette habitude, les économistes se trouveront aux prises avec d'inextricables difficultés. L'élément-plaisir peut n'entrer qu'en proportion infinitésimale dans l'utilité subjective. Il faut qu'il soit d'une amplitude suffisante pour avoir une importance et pour admettre des distinctions appréciables de plus et de moins. En outre, le plaisir n'est pas l'élément unique. L'utilité subjective est un sentiment agréable se combinant avec la notion que le plaisir dérive d'une condition extérieure, c'est-à-dire d'une utilité objective. *C'est le plaisir attribué* à une cause ex-

(1) Jevons emploie le mot « final » ; « marginal » est employé en Amérique.

térieure. Si ce facteur intellectuel en est exclu, toute la théorie de l'utilité, construite avec tant de peine, tombe en ruines, car la théorie a toujours admis tacitement, comme prémisse mineure, que les divers états du sentiment sont accompagnés par une notion quelconque des changements en quantité ou en qualité, des conditions externes auxquelles répondent les états du sentiment. L'utilité initiale, par conséquent, est un plaisir appréciable consciemment attribué à l'activité initiale ou marginale d'une cause externe. En outre de la différence entre un sentiment initial et final, seulement comme sentiment, l'utilité finale implique une perception de la différence entre l'action initiale et finale de la même cause.

Si cette critique est admise, la question de l'utilité finale et de l'évolution sociale devient aussi claire que celle de l'antériorité de l'utilité initiale. S'il est sûr qu'une notion embryonnaire de l'utilité initiale est antérieure à l'association, il ne l'est pas moins que l'association précède toute distinction entre les causations initiale et finale, et, par suite, la conscience d'une utilité finale. Trois considérations le démontrent. D'abord, les commencements psychiques de l'association se trouvent dans les formes les plus basses de la vie animale, alors que la perception de l'utilité marginale ne s'observe que dans les organismes supérieurs. Ensuite, et comme explication partielle de ces faits observés, nous savons que l'association multiplie les expériences conscientes; si elle a joué, dans l'évolution mentale, le rôle que lui assigne ce volume, elle a été un agent capital dans la différenciation et l'accroissement des sentiments agréables, et dans le développement de l'intelligence qui perçoit le rapport entre les états du sentiment et leurs conditions objectives. Enfin, et comme plus complète explication, la survivance de la vie animale, dans la lutte pour l'existence, dépend ou d'une grande fertilité, ou de l'aide mutuelle inhérente à l'association, ou des ressources de l'esprit. La grande fertilité est l'adversaire de l'évolution mentale et celle-ci se produit aux dépens de la grande fertilité. C'est l'association qui a assuré la survivance pendant cette transition de la survivance physiologique à la survivance psychologique. Sans elle, la vie consciente ne serait jamais arrivée à ce stade de développement où la perception des utilités finales est possible.

Le coût subjectif est un phénomène mental plus complexe encore que l'utilité marginale, puisqu'il implique la perception d'une double série de rapports, d'abord ceux qui constituent l'utilité sujective elle-même et, de plus, le rapport existant entre l'utilité subjective et l'effort, ou entre l'utilité subjective et tout autre mode de labeur.

Encore plus complexe est la valeur subjective, dont l'assimilation avec le plaisir a été plus absurde encore que celle qui voulait identifier l'utilité subjective et le simple plaisir.

Nous ne pouvons donner ici qu'un rapide exposé du sujet. Lorsqu'il existe une variété dans les utilités objectives, et qu'une série de choix se présentent à la conscience individuelle, il survient une comparaison des utilités entre elles et avec leur coût respectif. Les utilités et le coût sont imaginés avant qu'ils ne soient expérimentés et divers jugements sont portés sur eux. En particulier, les utilités effectives sont pesées et nous entendons par ces mots la capacité relative de satisfaire à diverses conditions du besoin. L'utilité effective d'une tonne de charbon n'est pas la même en juillet ou en février. Pour les estimations comparatives des utilités effectives, nous nous servons du terme « évaluations ». La valeur subjective est une estimation d'une utilité effective qui est encore future. Elle résulte d'une comparaison d'utilités et de coûts différents. Evidemment, ces opérations mentales ne sont pas simples, elles ne peuvent être faites par des créatures ne devant rien à l'association, s'il en existe de telles. La valeur subjective n'apparait que dans la société.

La conclusion réduite aux termes les plus simples est

donc que, depuis le commencement, les sentiments agréables ou pénibles à l'intérieur, et l'association à l'extérieur, ont été liés d'un lien indissoluble. L'utilité initiale est antérieure à l'association, mais l'association a précédé l'utilité marginale, le coût subjectif, la valeur subjective. L'interprétation subjective de la société en fonction de ces dernières conceptions ne peut nous ramener aux fondations ou aux origines sociales. L'évolution sociale est antérieure à tout raffinement de l'utilité. Lorsque, au cours de cette évolution, apparaissent ces raffinements, ils entrent comme des facteurs nouveaux dans le mécanisme et deviennent antécédents à beaucoup de développements sociaux plus compliqués.

Revenant maintenant à la question précédente, il est évident, je pense, que, aussi loin que le permet un examen des séries de phénomènes, une science d'économie abstraite ne peut être considérée comme précédant la sociologie.

Un argument semblable montrerait que l'éthique abstraite ne précède pas la sociologie comme un tout, quoique certaines portions de la sociologie présupposent des théories d'éthique. Que les notions du bien et du mal commencent, ou non, à apparaitre avant qu'aucune relation sociale se soit établie, leur développement est un résultat de l'association.

Même si ces relations de série entre les phénomènes sociaux, éthiques, économiques, ne pouvaient être montrées en détail, il y a, dans l'évolution du savoir, une série psychologique qui ne peut être méconnue, et qui détermine absolument les rapports de l'économie et de l'éthique abstraite avec la sociologie concrète. Les sciences abstraites ne se sont pas développées dans le vide intellectuel. Toute science abstraite présuppose une science concrète.

Cette vérité évidente et familière a été ignorée par les écrivains qui ont fait précéder la sociologie par l'économie et l'éthique. Cela s'explique par une apparente difficulté. Si tout principe abstrait présuppose la matière descriptive et historique d'une science concrète, et si les parties explicatives d'une science concrète présupposent des principes abstraits, l'unité de chaque science n'est-elle pas détruite? Si certaines parties de l'économie présupposent certaines fractions de la sociologie, et réciproquement, avons-nous une économie et une sociologie? Si les principes des mathématiques dérivent de l'astronomie et si l'astronomie présuppose les mathématiques, l'astronomie et les mathématiques sont-elles des sciences?

Une pareille confusion résulte fréquemment d'essais de préciser des relations complexes comme si elles étaient simples. C'est ce qui a été fait dans la classification des sciences.

La classification bien connue d'Auguste Comte dispose toutes les sciences en série. Il croyait que le savoir va du général au spécial, de l'abstrait au concret, du simple au complexe. Par suite, il mettait les mathématiques au commencement de sa hiérarchie et ensuite, dans l'ordre désigné, l'astronomie, la physique terrestre (y compris la chimie), la biologie (comprenant la psychologie physiologique) et la sociologie.

M. Spencer a démontré, avec une abondance d'exemples historiques, qu'aucun arrangement purement linéaire ne peut représenter l'évolution du savoir. Les nouvelles sciences apportent sans cesse leur tribut aux plus anciennes.

Un savoir nouveau élargit tout le savoir et ce n'est pas moins vrai des rapports du savoir concret au savoir abstrait que de celui du concret au concret, de l'abstrait à l'abstrait. L'esprit va du concret à l'abstrait, mais il applique aussitôt ses généralisations à une interprétation plus profonde des phénomènes concrets.

M. Spencer a montré, également, l'erreur cachée dans le mot « général » qui a amené Comte à confondre le général et l'abstrait. « Abstraction signifie indépendance des incidents des cas particuliers ; généralité signifie manifestation en de nombreux cas. » Le lecteur verra aisément que le mot « spécial » a, lui aussi, plus d'une acception. Le spécial peut être le cas particulier, l'inusuel ou l'exceptionnel, le cas minuscule ou détaillé. Evidemment, lorsqu'on nous dit que le savoir va du général au spécial, nous devons demander de quel général à quel spécial. Certainement, nous ne savons pas l'abstrait avant le concret. Nous ne connaissons pas la manifestation dans des cas nombreux avant de connaitre la manifestation en un seul cas. Nous savons ce qui est usuel avant de savoir ce qui est exceptionnel et nous avons une idée des lignes d'ensemble avant de nous familiariser avec les détails.

En bloc, le savoir va de la connaissance de phénomènes relativement simples et partout observables à l'intelligence de phénomènes compliqués et relativement rares. Mais, dans cette marche, la description concrète et la formule abstraite s'enchevêtrent sans cesse et nous ne pouvons mettre en série les sciences concrètes et les sciences abstraites.

M. Spencer fait un groupe distinct pour les sciences abstraites, un second pour les sciences abstracto-concrètes, un troisième pour les sciences concrètes. Les sciences abstraites, la logique et les mathématiques, exposent des relations. Les sciences abstracto-concrètes, physique et chimie, exposent des propriétés. Les sciences concrètes, astronomie, géologie, biologie, physiologie et sociologie, traitent des agrégats.

La portion superflue et troublante de cette classification est le groupe abstracto-concret. Un exposé des propriétés ou des forces est aussi bien une science abstraite qu'un exposé des relations. Dans toute science nous devons faire de deux choses l'une. Nous pouvons fixer l'attribution sur un groupe actuel de relations de propriétés ou de forces constituant un agrégat parfaitement concret et essayer de le comprendre et de l'expliquer comme un tout. C'est la méthode de la science concrète. Ou nous pouvons nous attacher à une relation, une propriété, une force, ou à un groupe de relations, de propriétés ou de forces et le suivre à travers tous les agrégats dans lesquels il se trouve. C'est la méthode des sciences abstraites. Mais aucune de ces deux méthodes n'est complètement possible sans l'autre. L'abstraction présuppose le savoir concret, mais l'abstraction obtenue doit se reverser sur le savoir concret comme principe organisateur avant que nous puissions comprendre un agrégat quelconque.

Il est donc mieux de considérer une science comme abstraite si elle s'occupe surtout des relations des propriétés et des forces et seulement accidentellement des agrégats. La physique terrestre et moléculaire est une science abstraite. Une science est concrète si son but principal est d'expliquer les agrégats, en tant qu'agrégats, même si elle s'occupe aussi des forces et des propriétés, même si elle emploie les méthodes de l'abstraction. La chimie est dans son ensemble une science concrète.

Ainsi, au lieu d'une série linéaire de sciences, nous trouvons deux ordres distincts de sciences, tellement liés l'un à l'autre que leurs intersections sont nombreuses dans toutes les branches du savoir.

Si nous plaçons les sciences concrètes suivant la ligne *oy* et les sciences abstraites suivant la ligne *ox* perpendiculaire à *oy*, nous verrons leurs relations.

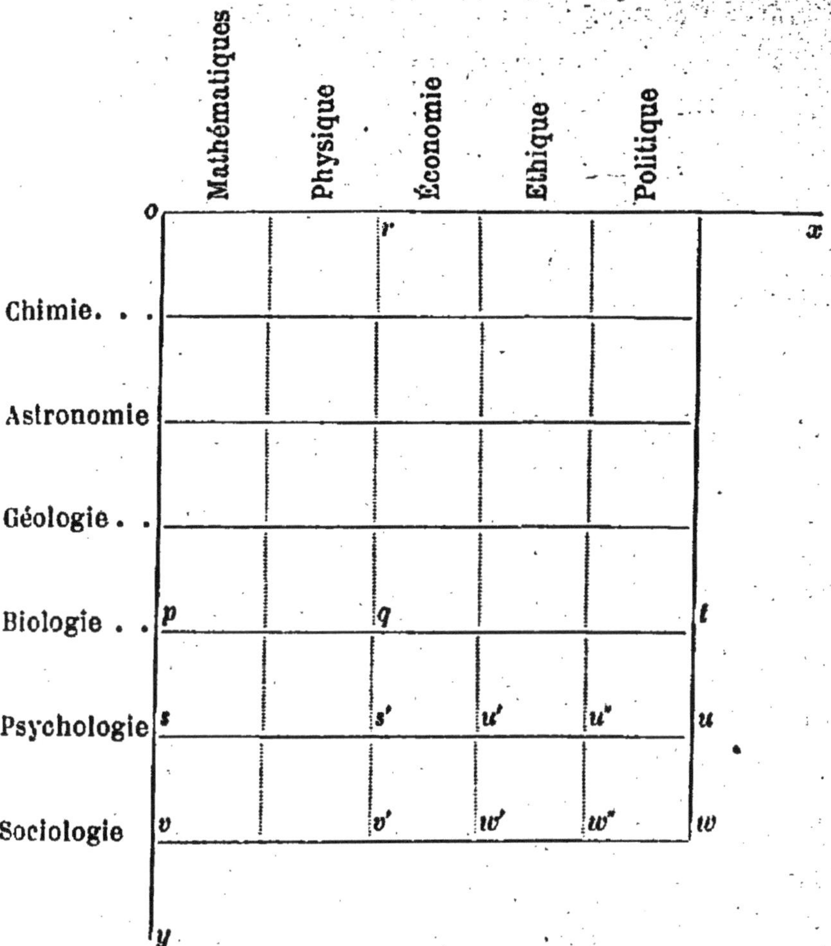

Les sciences concrètes, ou y, sont descriptives, historiques, inductives. Les sciences abstraites, ou x, sont hypothétiques et déductives. Les concrètes ne deviennent explicatives que lorsqu'elles se croisent avec les abstraites. D'un autre côté, les sciences abstraites ne sont pas des abstractions de rien du tout. Elles sont des abstractions des phénomènes concrets. Elles présupposent, c'est-à-dire, elles admettent comme première, la portion historique et descriptive des sciences concrètes.

Le champ des sciences physiques est donc *o p q r*. De leur côté descriptif, elles sont dénommées chimie, astronomie, géologie et biologie suivant leur sujet concret. Du côté explicatif, elles se divisent en mathématiques et physiques. Les domaines de la psychologie et de la sociologie sont $p\,s\,u\,t$ et $s\,v\,w\,u$. Du côté descriptif, elles présupposent les sciences physiques concrètes. Au point de vue explicatif, elles sont mathématiques, physiques, économiques, éthiques ; chacune des sciences abstraites apporte des principes d'interprétation à la psychologie concrète et à la sociologie concrète.

Historiquement, les sciences concrètes sont plus anciennes que les abstraites. L'abstrait dérive du concret : $o\,x$ a dévié de $o\,y$. Ainsi, les mathématiques et la physique dérivent par abstraction des sciences naturelles concrètes. L'économie pure et l'éthique abstraite viennent des sciences concrètes psychiques et sociales : par exemple, l'économique de l'économie politique concrète.

Si le schéma de classification ci-dessus est scientifique, il est absolument permis de dire que les théories de l'économie et de l'éthique pure présupposent certaines fractions de la sociologie descriptive, alors que les portions explicatives de la sociologie se basent sur les théories de l'économie pure et du droit idéal. En se reportant à la figure, le lecteur verra une section du champ de la sociologie, $s'v'w'u'$, qui est aussi du domaine de l'Économie pure. Des études concrètes de cette section, dérivent nos théories économiques abstraites. Ces théories une fois formulées, nous pouvons passer à l'étude d'une autre partie du domaine sociologique, la partie éthique $u'w'w''u''$. Nous y trouvons deux sous-sciences correspondant respectivement aux études subjectives et objectives. L'étude subjective, c'est l'éthique proprement dite. L'étude objective, c'est la jurisprudence analytique dont Austin a posé les bases. Enfin nous voyons se développer la politique abstraite, ou la théorie pure des forces sociales, dans l'espace $u''w''wu$.

Ainsi, distinguée des sciences abstraites par l'unité de son but et de sa méthode, quoique les aidant et en étant aidée ; se restreignant à des investigations plus générales et plus fondamentales que celles qui occupent les sciences sociales spéciales, quoique les pénétrant et se différenciant en elles ; distincte de la psychologie, quoiqu'elle emploie ses principes dans l'interprétation des phénomènes les plus compliqués qui s'offrent à l'observation humaine, la sociologie a un domaine aussi défini que celui de toute autre science, tout en restant en parfaite connexion avec toute science dans l'indivisible tout du savoir. Le sociologue a sa tâche distincte dans la division du travail scientifique ; mais il ne l'accomplira qu'en maintenant une intelligente coopération avec ses émules des autres branches, qu'en gardant avec eux un étroit contact.

CHAPITRE III

Les Méthodes de la Sociologie

Après avoir reconnu que la délimitation de son domaine est indispensable pour faire de la sociologie une science agissante, nous devons maintenant étudier ses méthodes d'investigation. Le champ qui lui a été assigné est tel que des causes complexes s'y donnent libre carrière. Les phénomènes généraux de la société que doit classifier et expliquer la sociologie ont été décrits comme élémentaires ; mais, comme beaucoup de phénomènes élémentaires, ils ne doivent être ni analysés ni compris sans l'aide des méthodes les plus effectives dont puisse disposer la science.

En parlant du but de la sociologie, en délimitant son domaine, nous avons déjà parlé de sa méthode, parce que le sûreté de la méthode est essentielle à la constitution d'une science nouvelle et parce que les méthodes, tout autant que l'objet, différencient les sciences entre elles.

Cette discussion accidentelle n'est pourtant pas suffisante et le sujet n'a pas reçu les élucidations que requiert son importance. Avant que la sociologie puisse être affranchie de l'injurieuse méconnaissance de son caractère qui a entravé son développement, sa méthode doit être examinée et, s'il est possible, systématiquement formulée.

Les chapitres que consacre Mill à la logique des sciences morales resteront la base solide de la méthode sociologique ; mais il y a lieu de craindre qu'ils ne s'imposent pas à tous les théoriciens sociologues, et les derniers développements de l'esprit scientifique ont rendu nécessaires quelques légères additions. Nous devons, par suite, considérer les méthodes de la sociologie à deux points de vue ; d'abord, sous celui de leur validité et de leur usage comme moyens de recherche et d'explication ; ensuite, sous celui de leur accord ou de leur désaccord avec les conditions et les habitudes qui prévalent maintenant dans le travail scientifique.

J'ai caractérisé d'une façon générale la méthode de la sociologie en montrant cette science comme concrète, descriptive, historique et explicative. Une science concrète emploie toutes les méthodes : l'observation et la rétrospection, la classification et la généralisation, l'induction et la déduction. En négliger une, c'est détruire une certitude et rendre inutile l'emploi de toutes les autres. Sa longue controverse, qui a occupé une génération sur le mérite relatif des méthodes historiques et *a priori* dans les sciences sociales, mérite d'être jointe à la liste de Hood des négations qui feraient un monde dans lequel aucune route n'aurait d'issue. L'histoire sans la déduction est le chaos. La déduction sans la vérification est, sans nul doute, la « lumière qui n'a jamais été ni sur terre ni sur mer ».

Néanmoins, quand une combinaison de méthodes est employée dans une science quelconque, une d'elles doit avoir la prééminence, un ordre de précellence doit se trouver mieux adapté que les autres, et devenir lui-même une part importante de toute la méthode de la science. Soit qu'il soit plus avantageux de procéder en général par déduction directe et de rechercher la vérification dans l'expérience spécifique, ou de procéder par la généralisation des faits observés et ensuite de vérifier par la déduction d'un principe et la concordance ultérieure avec l'expérience : l'une et l'autre de ces combinaisons sont ce que Mill appelle la forme déductive de la méthode inductive, ou ce que Jevons nomme la méthode complète d'une vraie science.

L'expérience a pleinement démontré que la déduction confirmée par l'observation, ou la méthode déductive directe, est l'ordre général légitime dans les sciences abstraites et que la généralisation interprétée par la déduction, ou la méthode indirecte déductive de la nomenclature de Mill, est celui des sciences concrètes. Donc, comme science concrète, la sociologie, comme la biologie et la psychologie, doit d'ordinaire commencer ses investigations par l'observation et les terminer par la confirmation déductive et l'interprétation. Dans ses résultats, la description et l'histoire seront en avance sur l'explication.

Aucune méprise ne serait pire que celle qui ferait attribuer une précision étroite à cette règle générale. La seule règle stricte est que, dans toute investigation de n'importe quelle science, la déduction et l'expérience soient combinées, dans un ordre ou dans l'autre. En dehors de ce principe et de l'attention au choix de l'ordre le plus avantageux, il n'y a pas de règles fixes. A toute étape donnée, il peut être plus facile de procéder par déduction indirecte dans une science abstraite ou par déduction directe dans une science concrète; dans l'une et dans l'autre, nous pouvons aller tantôt de la cause à l'effet, tantôt de l'effet à la cause. De plus, on trouve que chacun des procédés, si on l'analyse, contient l'autre. Non seulement nous ne sommes pas tenus d'exclure la déduction du procédé préliminaire d'observation, ou l'observation de l'interprétation finale, mais nous ne le pourrions pas. Même dans les affaires de la vie quotidienne, nous guidons d'ordinaire l'observation par la simple déduction de principes familiers. Dans l'usage plus judicieux que fait de ces déductions l'homme d'habitudes scientifiques, réside toute la différence entre son observation raisonnée et l'observation irréfléchie des sots. En renversant le procédé, le penseur abstrait trouve son chemin à travers les labyrinthes du raisonnement déductif au moyen des repères que l'observation fournit à son esprit. Il ne peut s'isoler entièrement du monde de la perception et la grande différence entre l'esprit pénétrant et lucide qui « pense juste » et l'esprit fantastique du visionnaire est une différence de sensibilité dans la conduite de l'observation. Notre règle générale de méthode sociologique, donc, ne peut signifier autre chose que : les investigations dans lesquelles la déduction joue le moindre rôle doivent précéder celles dans lesquelles elle a le plus d'importance.

Cette règle ne donne pas seulement à la description et à l'histoire l'antériorité sur l'explication. Elle l'assure à la description sur l'histoire, à l'étude de la coexistence des phénomènes sociaux sur celle des séries. La rétrospection, méthode de l'histoire, est un procédé plus complexe que l'observation, méthode de la description. Elle présuppose l'observation et fait de la déduction un usage plus libre. Elle peut être considérée comme une imagination critique de choses disparues, basée sur une observation systématique des signes ou effets de ces choses qui ont persisté jusqu'aux temps actuels. Elle implique trois procédés dont aucun n'est simple. D'abord, il doit y avoir l'observation critique des signes existants. Puis, une observation extensive des phénomènes, dans lesquels les signes sont actuellement associés à des choses existantes ou avec des causes encore agissantes; enfin, une probabilité grande que ces signes et ces choses avaient cette signification, et que ces causes étaient associées de semblable façon dans les temps écoulés. Les historiens ont rarement analysé leurs méthodes. Peu d'entre eux, on doit le craindre, ont vu que la rétrospection est une méthode soumise à des règles destructives. Même l'étude moderne de la critique historique a à peine dépassé un examen du premier degré des recherches, celui, précisément, de l'observation critique des signes existants ou des effets des choses passées. On a accordé peu d'attention aux procédés de raisonnement qui doivent supplémenter tout travail préliminaire de ce genre.

La règle générale de la méthode en sociologie fournit-elle, pour la division strictement théorique de la science, un ordre de procédure correspondant à la division en parties historique et descriptive? Est-il nécessaire ou utile d'expliquer les coexistences de phénomènes sociaux avant de tâcher d'expliquer les séries, comme il l'est de faire que la description précède l'histoire? Une réponse affirmative semble résulter de la division traditionnelle de la sociologie en statique et dynamique sociales. Mais Comte, nous l'avons vu, a employé ces termes au hasard. La statique sociale n'était guère que la description; la dynamique sociale ne différait guère de l'histoire. N'ayant fait aucun essai systématique pour séparer l'analyse des causes sociales de la description et de l'histoire des effets, il a naturellement peu fait pour l'étude des causes. Si la saine méthode veut que nous connaissions les effets concrets avant d'essayer l'analyse abstraite des causes, la question actuelle n'est pas celle à laquelle nous avons répondu, si nous devons décrire les activités existantes et les rapports sociaux avant de déterminer dans quel ordre concret les changements sociaux se sont succédé dans le passé; il faut savoir si nous devons formuler les lois abstraites de l'équilibre des forces sociales, avant de formuler les lois abstraites suivant lesquelles un système donné de forces sociales d'une amplitude donnée doit nécessairement produire des changements sociaux donnés et des taux donnés de changements.

L'énoncé de cette question suffit à montrer avec quelle absurdité ont été employés les mots « statique sociale » et « dynamique sociale » par ceux qui ont confondu la statique sociale avec une simple analyse descriptive de l'état social et la dynamique sociale avec l'histoire du progrès. Les termes techniques de la physique n'ont aucune signification rationnelle en sociologie, lorsqu'ils sont employés ailleurs que dans l'interprétation physique de la causation sociale.

Même ainsi restreints, les termes que nous examinons sont employés de façon à révéler de profondes erreurs. Une des plus subtiles et des plus décevantes, celle qui confond la statique sociale avec un exposé de la structure sociale et la dynamique sociale avec une étude des fonctions sociales, a été nettement exposée par M. Ward. Les fonctions sont normalement en équilibre et chacune, aussi longtemps qu'elle ne subit pas de modifications, est un phénomène statique. En fait, c'est l'équilibre des fonctions qui maintient la stabilité de structure. Nous n'avons des phénomènes non statiques, soit dans le monde inorganique soit dans la société, que lorsque la fonction est modifiée ou la structure transformée. En biologie, l'anatomie et la physiologie sont des études statiques tant qu'elles étudient les structures et les fonctions permanentes. Elles ne sortent de la statique qu'en étudiant les phénomènes de variation et de transformation.

Cette critique en amène une autre. Il est inconcevable d'employer encore l'expression de dynamique, dans un sens où la physique l'a abandonnée. Pourquoi concevons-nous si naturellement la fonction comme un phénomène dynamique? Parce que, en réalité, elle est dynamique, quoique statique, et n'est pas cinétique. Nous ne voyons la force qu'à travers le mouvement, ou la résistance au mouvement. Nous n'apercevons les lois de l'équilibre qu'à travers les lois du mouvement. L'étude entière des forces, par suite, qu'on les conçoive comme équilibrées ou comme engendrant le mouvement, est, en dernier ressort, une étude du mouvement. Elle est la dynamique, aussi bien dans l'acception secondaire que dans le sens primitif du mot. La dynamique a les mêmes franchises que la physique et n'est pas une section de celle-ci. Elle comprend toutes les études des mouvements et des résistances. La statique est une division de la dynamique. Elle comprend les études du mouvement et des résistances qui ne changent ni en intensité, ni en direction, et par conséquent toutes celles des fonctions et des structures permanentes. L'autre division de la dynamique, c'est la cinématique. Elle étudie les mouvements qui varient en intensité ou en direction et les modifications, variations, transformations de fonction ou de structure. Si nous avons forcément deux divisions de la physique sociale, nous devons les désigner par des termes qui aient quelque justification dans l'acception et l'usage. Nous ne devons pas dire « dynamique sociale » quand nous songeons « cinématique sociale ».

Mais avons-nous besoin de diviser ainsi le sujet? Examinons-le de plus près. La cinématique comprend trois sortes de problèmes. Dans l'une d'elles, nous étudions le mouvement d'une particule. En une autre, le mouvement d'un corps rigide. Dans la troisième, les mouvements d'un système variable de points et de corps sujets à la fois à l'action de forces internes et externes. Le système solaire, par exemple, est un système variable, dans lequel les attractions mutuelles du soleil, des planètes et des satellites sont les forces internes et sur lequel les attractions des étoiles fixes agissent comme forces externes. Il est évident que les problèmes cinématiques de cette classe sont les plus compliqués qui puissent être imaginés.

Un système variable dans lequel les forces internes restent en équilibre approximatif, mais sur lequel les forces externes agissent de façon à empêcher l'équilibre interne d'arriver à la perfection, est appelé équilibre mouvant. Tous les agrégats de matière en évolution, comme l'a démontré M. Spencer, sont des équilibres mouvants. Les exemples les plus complexes se trouvent dans les organismes vivants et dans les sociétés. L'interprétation physique d'un organisme ou d'une société est la solution d'un problème de stato-cinématique d'un système variable.

Quand toutes les conséquences de cette vérité auront été montrées, nous aurons une réponse à notre question.

L'impossibilité de traiter les problèmes les plus compliqués de la dynamique avant que leurs éléments n'aient été élucidés, oblige le chercheur à étudier de nombreux cas de mouvement continu avant d'essayer d'expliquer le cas du mouvement variable. Les principes statiques de toute science concrète, de l'astronomie ou de la géologie, de la biologie ou de la sociologie, sont toujours développés avant ces principes cinématiques, comme la description précède l'histoire. Ce n'est pas par hasard que la biologie statique de Cuvier a précédé la biologie cinématique de Lamarck et de Darwin.

Mais certainement, il n'est pas nécessaire ici de grouper toutes les recherches statiques d'une science évolutionnelle, de les suivre systématiquement et complètement avant d'aborder aucun des problèmes de cinématique, et de s'exposer ainsi à laisser la théorie, dans sa forme finale, divisée en deux parts distinctes. Ce serait rendre vaine toute espérance de résoudre les problèmes les plus caractéristiques de cette science, problèmes qui ne sont ni simplement statiques, ni simplement cinématiques, mais stato-cinématiques. Ce serait couper court à toute tentative sérieuse d'expliquer le seul équilibre que nous devons surtout comprendre parce qu'il est la résultante finale de toutes les forces et, précisément, entre les tendances statiques d'un côté et les tendances cinématiques de l'autre. Par commodité ou par nécessité, nous pouvons à un stade quelconque de nos recherches séparer la statique de la dynamique, mais cette séparation n'est qu'un moyen tendant à un but. Ce but, c'est la synthèse des principes statiques et dynamiques. Jusqu'à ce que cette synthèse soit achevée, la théorie dynamique de n'importe quelle science concrète des phénomènes d'évolution reste incomplète.

La conclusion d'ensemble, par conséquent, semble être que pendant que les investigations des phénomènes statiques de la société doivent, dans une certaine mesure, précéder les études de phénomènes cinématiques, une certaine dose d'observation doit venir avant la rétrospection. La théorie sociologique, dans sa forme finale, ne peut pas être scindée en statique et cinématique sociale.

Après avoir ainsi posé les règles qui doivent régir la division et l'ordre des recherches sociologiques, il reste à examiner celles qui doivent gouverner les divers procédés de recherches. Il est inutile d'insister sur l'observation et la rétrospection, mais l'attention critique doit se porter sur les méthodes de classification, de généralisation et de déduction.

Un travail très important en sociologie a été rendu infructueux par des classifications erronées qui ont reproduit les méprises qui dominaient en histoire naturelle avant que la doctrine de la descendance avec variation n'eût corrigé la conception antérieure des groupes naturels. Quoique cette doctrine soit devenue une part essentielle de la pensée scientifique, presque toutes les classifications sociologiques semblent ignorer, en quelque point, les principes du développement. Nous pouvons citer deux formes différentes de cette erreur.

Un grand nombre d'habitudes sociales sont communes aux animaux et aux hommes. Beaucoup de coutumes, de lois et d'institutions sont communes aux tribus sauvages et aux communautés civiles. Certaines catégories sociologiques sont assez larges pour englober le cannibale et l'homme élégant, d'autres pour réunir le sage et le fou. Il est cependant notoire que la philologie et l'ethnologie ont dû batailler pendant des années contre la facilité dangereuse avec laquelle on a généralisé de trop inclusives classifications. L'économie historique a été une protestation contre les classifications qui confondaient la rente coutumière avec la rente de Ricardo. La jurisprudence historique a rendu le plus grand service à la science par sa critique de groupements comme celui qui confondait la responsabilité légale de l'Anglais et de l'Américain, basée sur l'utilité sociale, et celle du Saxon ou du Romain primitif, fondée sur le simple dessein de modifier les vengeances directes. Dans tous ces groupements hétérogènes, l'erreur consiste dans l'omission d'une séparation entre ces caractéristiques d'un phénomène qui apparait seulement à un certain degré d'évolution et celles communes à tous les degrés. La responsabilité, par exemple, se trouve dans toutes les communautés, et tous les modes de responsabilité peuvent être réunis dans une seule classe pour les comparer avec des phénomènes également généraux; mais la responsabilité des périodes primitives ou récentes ne peut être opposée pour la comparaison à des phénomènes qui ne coïncident qu'avec la forme récente de la responsabilité. La famille, en un certain sens de ce mot, se trouve aussi bien dans les sociétés animales que dans les sociétés humaines. Les familles humaines et animales font une classe qui peut se comparer aux autres phénomènes communs aux communautés humaines et animales. Cependant, si l'organisation de la famille est mise en parallèle avec des phénomènes qui n'ont lieu qu'après que les rapports de famille se sont dessinés, qu'ils ont été institués et sanctionnés par l'esprit social, les familles humaines doivent être classifiées à part. Le clan est fondé sur les tribus qui se sont développées par le matronymat, et persiste, dans une forme modifiée, dans des sociétés qui ont commencé à évoluer par le patronymat. Pour étudier les phases universelles de l'organisation par tribu, les deux types du clan peuvent être réunis en une seule classe ; pour étudier les phases spéciales qui ont la dernière origine, on doit exclure le clan associé au matronymat.

Une seconde forme sous laquelle apparait l'erreur caractéristique des classifications sociologiques est celle de l'analogie biologique si rebattue. L'essai de M. Spencer sur l'organisme social a fait une impression durable. Actuellement, la plus grande part de la littérature sociologique est écrite dans le style d'une nomenclature biologique. Dans les atlas de la sociologie descriptive de M. Spencer, la plus large, la plus systématique collection qui ait été réunie de matériaux sociologiques, est rangée sous les titres « structure » et « fonctions » et dans les sous-groupes « opératif » et « régulatif ». L'exemple a été suivi : toutes les classifications des volumineux ouvrages du Dr Schaeffle sont biologiques dans les termes et dans les idées. Dans des ouvrages de moindre importance, les termes d'anatomie sociale, physiologie sociale, organes sociaux se rencontrent constamment.

La sociologie devra écarter cette classification et cette nomenclature comme la chimie et la physiologie ont dû écarter, il y a de cela une génération, les groupements et les terminologies impossibles. L'analyse est trop générale. En certains points fondamentaux, l'organisation sociale ressemble à l'organisation vitale, mais, dans tout ce qui motive l'expression de M. Spencer : l'évolution super-organique, elle a son caractère spécial et ne peut se classer parmi les organismes. Si cela était inexact, la sociologie ne serait qu'une division de la biologie. Chaque science distincte doit avoir ses propres classifications, ses propres appellations pour des phénomènes qui peuvent ressembler à ceux qu'étudient d'autres sciences, mais qui n'en sont pas moins très différents et forment le sujet d'une science distincte seulement parce qu'ils sont différents.

Ces erreurs de classification, naissant d'une négligence de développement, peuvent être évitées en sociologie, comme elles le sont en biologie, par l'attention à un signe distinctif de l'évolution, qui est la différenciation. La différenciation est la phase transitionnelle entre ces deux aspects des groupes naturels que Whewell a nommés respectivement « type » et « définition ». L'explication que Whewell a donnée des types, et celle que Mill a fournie pour les espèces, présageaient cette conception complète de l'évolution au moyen de l'intégration et de la différenciation, laquelle M. Spencer a été le premier à atteindre. C'est une vraie classe dans laquelle les objets ou les individus sont groupés par quelque caractéristique engendrée par la différenciation normale. Si ce critère génétique n'est pas appliqué, des relations de phénomènes temporaires et accidentelles sont constamment prises pour des relations permanentes et essentielles. Il offre le seul guide sûr dans les classifications par séries. Les suites chronologiques de l'histoire peuvent être obscures, le « plus haut » et le « plus bas » dans la hiérarchie de la vie peuvent être incertains, si les structures et les fonctions sont comparées sans en référer aux relations génétiques ; si, au contraire, les degrés de différenciation sont précisés, l'ordre naturel de subordination dans les séries ressort clairement. Le chercheur sociologique ne peut espérer distinguer les caractéristiques primaires des secondaires, discerner le général du spécial qu'en suivant toujours cette règle, que la classification doit se faire suivant les degrés de différenciation. S'il désire, par exemple, diviser une population en classes sociales, ou grouper des sociétés par types, il n'y arrivera qu'en fixant son esprit sur les signes et les mécanismes de différenciation sociale.

Les généralisations empiriques, en sociologie, peuvent être faites par deux méthodes, comparative et historique. Toutes les deux sont des formes de ce qui est connu en logique comme méthode des variations concomitantes. Chacune est une observation systématique de cohérence entre phénomènes, combinée avec l'hypothèse que des phénomènes qui persistent contemporainement, ou changent contemporainement, sont cause et effet, ou effets d'une même cause. La méthode comparative est une observation de cohérences identiques de phénomènes sociaux en deux ou plusieurs lieux, parmi deux ou plusieurs populations ; par exemple, la cohérence du culte des ancêtres avec l'autorité paternelle, partout où a été relevé le culte des ancêtres, ou celle de la polygamie avec l'infériorité de la femme, partout où a été pratiquée la polygamie. La méthode historique est une observation de cohérences à travers le temps. Les méthodes comparative et historique peuvent devenir précises si elles peuvent devenir statistiques. L'investigation statistique est une observation systématique de cohérences entre des phénomènes sociaux qui permettent un relevé numérique ; celles, par exemple, du rapport des mariages avec le prix du blé ou de celui de l'émigration d'Europe avec la prospérité des affaires aux Etats-Unis. Toutes les cohérences étant distribuées soit dans l'espace, soit dans le temps, la méthode statistique ne peut pas être considérée comme une troisième forme distincte de la méthode des variations concomitantes. Elle n'est qu'une forme quantitative des méthodes comparative et historique.

L'efficacité d'une méthode quelconque de généralisation empirique en sociologie dépend du nombre de faits qui peuvent être comparés et de l'exactitude de l'élimination préliminaire des causes éventuellement coefficientes. Lorsque Mill démontra que, ni par la méthode des ressemblances, ni par celle des différences, ni même par celle des variations, on ne pouvait prouver que le libre-échange fût une cause de prospérité, il imagina une comparaison faite uniquement entre deux pays, ne se ressemblant, ne différant entre eux, ne variant simultanément que sous le rapport de la politique commerciale. Cette hypothèse cependant n'est pas absolument typique pour les études historiques ou comparatives et ne peut représenter les études statistiques. La prospérité est l'effet d'une infinie pluralité de causes; mais, parmi ce grand nombre, il n'en est pas une demi-douzaine qui soient commensurables avec un développement notable et soudain, ou durable du bien-être matériel. Toutes les autres peuvent être éliminées. Dès lors, s'il est reconnu que dans des vingtaines d'exemples, des variations de quantité dans une des causes présumées coïncident avec des variations de la prospérité, alors que les variations des autres causes ne coexistent que rarement avec ces mêmes oscillations de la prospérité, il y a une forte présomption que la cause principale est découverte. Le degré de probabilité peut être assuré en comparant le nombre des cohérences trouvé avec le nombre qu'indiqueraient les chances logiques.

Les généralisations empiriques cependant ne sont que des probabilités, même si elles sont faites suivant les méthodes les plus prudentes de la statistique et au moyen de sources abondantes. Elles doivent être contrôlées par la déduction et, des méthodes de la sociologie, celles qui sont encore imparfaites sont celles suivant lesquelles des déductions de prémisses subjectives sont comparées avec des généralisations de faits observés.

Pendant des années, les sciences sociales ont suivi une marche anti-scientifique. Après avoir résolu la nature humaine en des abstractions, on a essayé de vérifier toute sorte de déductions par la comparaison directe avec la statistique et l'histoire, comme si ces choses concrètes pouvaient correspondre aux vérités déductives tant que ces dernières n'ont pas été combinées en un tout complexe. Des nombreux exemples qui pourraient être cités, prenons le dogme économique jadis familier que si un travailleur ne cherche pas son intérêt, son intérêt ne le cherchera pas, et contre lequel le président Walker a fait combattre tous les faits de la vie industrielle. Comme simple vérité abstraite, ce malheureux dogme était une sérieuse conclusion scientifique ; il est permis de séparer un principe abstrait de la nature humaine de tous les autres principes abstraits et d'en tirer des conclusions logiques. L'erreur commençait en voulant, d'une vérité, faire une synthèse de vérités, en prenant la partie pour le tout. Si, outre cette prémisse qu'un homme peut être considéré abstraitement comme un concurrent de son prochain pour les avantages économiques, les économistes avaient employé cette autre prémisse qu'on peut aussi l'envisager comme un associé instinctif de son camarade pour maintenir la force et les privilèges de classe, ils auraient obtenu non-seulement cette déduction que les patrons concourrent entre eux en créant des industries, mais aussi cette autre que, autant que possible, ils évitent de se concurrencer pour l'achat du travail et ne manquent jamais de s'unir pour organiser les conditions, sociales et légales, auxquelles les ouvriers peuvent vendre leur travail. Les deux déductions réunies auraient amené une conclusion qui n'eût pas différé des généralisations de l'histoire et de la statistique.

Le procédé distinctif en sociologie doit donc être développé en une méthode constructive qu'on pourrait appeler celle de la synthèse psychologique. Le sociologue doit s'entrainer à faire une attention constante aux possibilités psychiques du grand univers où se débat la lutte humaine. Il doit être attentif aux facteurs négligés ou inaperçus dans l'action humaine, comme le chimiste aux éléments inconnus. S'il se sert de la faculté de l'imagination scientifique, il doit réunir idéalement tous les facteurs et essayer de découvrir les conditions et les lois de leur combinaison. Alors seulement, il est apte à apporter la déduction comme pierre de touche de la comparaison avec les faits historiques et les données scientifiques.

Nous voici enfin à la question de savoir si les méthodes de sociologie peuvent être perfectionnées dans les conditions actuelles de recherche scientifique et d'enseignement universitaire. Toute science moderne demande un large cercle de sympathies scientifiques, pour réussir. Dans une certaine mesure, toute science dépend des autres à la fois pour les idées et pour les méthodes. Ses adeptes ne peuvent être complètement étrangers aux instruments ou aux modes de raisonner qu'emploient leurs émules dans un autre champ. Tout cela est extrêmement vrai en sociologie. Cependant, la tendance spéculatrice de la science moderne est due tout autant à la limite de l'esprit qu'à la démarcation des recherches. Peut-être, ce fait subjectif est celui qui détermine le mieux la classification des sciences au point de vue de l'université. Les sujets sont groupés en écoles ou en départements s'ils attirent des aptitudes chimiques ou similaires, s'ils sont traités par des méthodes identiques ou semblables. Il en résulte que si une science s'approche d'un genre par son sujet, d'un autre par sa méthode, elle a peu de chances de conquérir la flamme des étudiants. Si la sociologie intéresse surtout ceux qui cultivent les sciences économiques, juridiques, politiques, et si elle suit des méthodes qui leur sont peu familières, autant vaut abandonner l'espoir de la voir entrer dans le programme des universités.

Il n'y a rien dans ces considérations qui doive troubler l'étudiant ou le professeur de sociologie. Si les méthodes de la sociologie offrent des difficultés spéciales aux étudiants de l'économie, de la politique ou des sciences historiques, ce sont ces sciences qui sont en faute et non pas la sociologie. Ceux qui étudient une science sociale doivent être familiarisés avec les méthodes historiques et comparatives dans leurs formes qualitative et statistique. Tout le monde l'admettra. La seule question à discuter concerne le procédé déductif. Peut-on demander à ceux qui étudient les sciences politiques, économiques, juridiques, de posséder à fond la méthode de la synthèse psychologique ?

Pour réponse, nous dirons qu'il n'est rien parmi tout ce qu'ils peuvent étudier qui leur soit aussi nécessaire. Le jeune homme qui commence aujourd'hui l'étude de l'économie ou du droit verra bien vite que, s'il veut suivre les progrès de ces sciences, il doit devenir un observateur critique des données psychologiques sur lesquelles elles reposent. La longue controverse sur le mérite respectif des méthodes déductive et historique va aboutir à un résultat que nul n'avait prévu.

Ceux qui, il y a douze ou quinze ans, espéraient que la science recevrait un secours démesuré de l'application des recherches historiques aux questions politiques ou économiques, n'ont pas été peu déçus. Il se produit une évidente réaction vers un emploi plus libre de l'analyse et de la déduction, mais ces méthodes ne peuvent plus s'employer comme autrefois. Les bases de l'investigation doivent être élargies ; des faits innombrables, autrefois ignorés, doivent entrer en ligne de compte. Il est intéressant de constater que, pendant que cette conclusion entrait lentement dans l'esprit scientifique, une nouvelle vie a été infusée aux études théoriques par des hommes qui les avaient abordées par leur côté psychologique. Sans contredit, c'est à leur examen des prémisses psychologiques de l'économie politique que nous devons l'impulsion qui se fait sentir dans toutes les branches de la pensée économique. On pourrait dire de même de la jurisprudence comparée. Mais là, les vues nouvelles ne ressemblent pas aux anciennes. Les recherches historiques ayant montré la relativité essentielle de tous les systèmes de droit, l'enquête s'attache maintenant à la base subjective ou psychologique des systèmes historiques. Sans doute, la doctrine qui en sortira ne ressemblera guère aux notions du XVIIIe siècle; mais, quelle qu'elle soit, la conviction s'étend chaque jour que les progrès futurs de la science des lois, dépendent grandement de l'étude plus profonde de la psychologie des lois. Et les lois et l'économie ne sont que deux des nombreuses sciences fondées sur la psychologie sociale. Elles sont bâties sur des postulats psychologiques et les postulats sont ou vrais ou imaginaires. Les fantômes et les symboles d'une psychologie imaginaire ont assez longtemps régi les sciences sociales. Que nous le voulions ou non, nous devons renoncer à nos illusions et apprendre à leur substituer les vérités d'une psychologie rationnelle.

CHAPITRE IV

Les Problèmes de Sociologie

Il reste à définir la nature des recherches et des problèmes, dont devra s'occuper l'étudiant qui acceptera la conception de la science que nous avons expliquée et soutenue plus haut. Ce n'est pas assez d'avoir délimité le domaine de la sociologie et d'avoir fixé les méthodes qui doivent guider l'exploration de ce domaine. La sociologie ne sera qu'une science nominale tant que son domaine ne comprendra pas un grand nombre de sujets d'étude logiquement reliés entre eux. Il faut donc savoir si les éléments sociaux et les premiers principes sont nombreux et intellectuellement féconds et si leur étude peut être définie et pratiquée.

Une exploration succincte des problèmes sociologiques dans l'ordre de leur arrangement systématique prouvera clairement que le contenu de la sociologie est réel et indispensable. Les problèmes sociologiques sont définis et ils admettent une infinité de subdivisions.

L'ordre de leur arrangement a été indiqué avec cette conclusion que la description et l'histoire doivent précéder la théorie ; qu'il est impossible d'étudier avec profit les questions générales de loi et de cause jusqu'à ce que beaucoup ait été appris sur les aspects particuliers concrets des choses et des faits ; que, avant de généraliser, nous devons nous familiariser avec les éléments constitutifs de nos phénomènes, avec la forme de leurs actions, avec les formes qu'ils revêtent dans leur groupement, avec les conditions dans lesquelles se produisent leurs combinaisons.

Si nous respectons l'ordre scientifique qui a été expliqué dans le chapitre précédent, nous devons classer les problèmes de sociologie en primaires et secondaires ; à la première étape, appartiennent les problèmes de structure et de croissance sociales. A la seconde, ceux du processus, des lois et des causes sociologiques. A leur tour, les problèmes primaires se divisent en deux groupes. Un d'entre eux réunit les problèmes de description et son sujet est fourni par les éléments et l'organisation présente de la société. L'autre groupe étudie les problèmes de l'histoire, c'est-à-dire les problèmes de l'origine de la société et de son évolution jusqu'au temps actuel.

Dans le premier groupe, ou descriptif, des problèmes sociologiques primaires, se trouvent d'abord tous les problèmes de la population sociale. Ils comprennent ceux: 1° d'agrégation ; 2° d'association et d'aide mutuelle ; 3° du caractère social de la population et 4° des classes entre lesquelles se divise la population.

Les relations sociales présupposent une réunion actuelle des éléments individuels d'un agrégat social. Loin d'être un phénomène simple, toutefois, cette réunion dépend strictement de conditions définies et prend une des formes variées, reliées entre elles par des liens curieux et intimes qui ont une signification importante pour la théorie sociale. Le concours se développe en intercourse, dont l'aspect principal est l'échange de pensées et de sentiments au moyen du langage et dont les conséquences principales sont l'évolution d'une conscience d'espèce et d'une nature apte, intellectuellement et moralement, à la vie sociale. Le développement est inégal dans les divers individus et, par suite, les classes surgissent dans la population. Ce sont, d'abord, la classe sociale — l'élément positif et constructif de la société — caractérisée par un haut développement de la conscience d'espèce ; ensuite, la classe non sociale, dans laquelle la conscience d'espèce est imparfaite mais n'est pas dégénérée — classe dont les autres sont différenciées ; en troisième lieu, la classe pseudo-sociale ou prolétariat, chez laquelle la conscience d'espèce est dégénérée ; quatrièmement et enfin, la classe antisociale ou criminelle, chez laquelle subsiste à peine la conscience d'espèce. Ainsi, les influences qui amènent l'agrégation et la fusion des éléments de population, leurs activités concourantes, leur modification mutuelle, leur caractéristique et leur différenciation, présentent de nombreux points d'études, intéressants à la fois par eux-mêmes et par leurs relations avec les autres traits du système social.

Viennent ensuite les problèmes de la conscience sociale ou de l'esprit social, avec tout ce qu'il contient de souvenirs et de concepts communs, d'aspirations et de volitions. Le sociologue ne les suivra pas dans les détails d'archéologie, de mythologie, de religion comparée ou dans ceux de la loi et des institutions, dans tous ceux où l'esprit social trouve son expression. Mais il doit comprendre la constitution, la genèse, l'activité de l'esprit social lui-même.

Enfin, les problèmes de structure sociale se présentent dans les divers essais que l'on a faits pour construire une sociologie systématique. Ce sont ces problèmes de structure ou d'organisation sociale, qui ont attiré la plus grande part d'attention. Plusieurs ouvrages à grandes visées n'ont pas d'autres matières. Cependant beaucoup reste à faire, non seulement dans l'examen des détails, mais pour un groupement plus large des fractions du sujet. Par structure sociale, beaucoup d'écrivains entendent le groupement ethnographique en tribus et nations. D'autres y voient l'organisation de l'État et de l'Église et les innombrables associations moins importantes. Les deux vues sont également justes, mais également incomplètes. La structure sociale comprend aussi bien le groupement ethnographique que l'organisation. Quelle est donc leur différence ? L'une impose-t-elle des limites à l'autre ?

La réponse, c'est que l'esprit social, agissant sur les combinaisons spontanées, inconscientes ou accidentelles des individus, prend deux formes d'alliance avec elles, que l'on pourrait appeler respectivement la composition sociale et la constitution sociale.

On doit entendre par composition sociale la combinaison de petits groupes en plus larges agrégats, lorsque chacun des petits groupes forme un organisme social si complet qu'il pourrait, à la rigueur, vivre d'une vie propre. La famille, le clan, la tribu et la peuplade, ou la famille, la cité, la nation, sont des noms qui servent à la fois pour les éléments et les périodes de la composition sociale.

D'un autre côté, par constitution sociale, nous désignons une différenciation de l'agrégat social en diverses classes ou organisations interdépendantes et parmi lesquelles existe la division du travail. La composition sociale ressemble à la composition des cellules vivantes dans un grand organisme. La constitution sociale ressemble à la différenciation d'un organisme en tissus et organes spécialisés.

L'agrégation, l'association, les changements qui en résultent dans le caractère et l'activité de la population sont le premier stade d'une synthèse des phénomènes sociaux. L'évolution de l'esprit social est le second. Le troisième, c'est la composition sociale. Le quatrième est la constitution sociale.

Quatre périodes de suites correspondent grossièrement aux quatre stades de synthèses sociales. Elles forment le second groupe, ou groupe historique, des problèmes primaires de sociologie.

Beaucoup de formes de réunion, d'échange, d'aide mutuelle trouvent leur commencement dans les sociétés animales. C'est par elles que la vie animale s'est développée en des types divers. Aussi, cette période de l'association peut être appelée zoogénique et son stade est la sociologie zoogénique.

Le développement de l'esprit social et la genèse d'une tradition variée marquent la transition de l'animal à l'homme. C'est le stade anthropogénique de l'association et les recherches qui l'étudient forment la sociologie anthropogénique.

L'esprit social agissant sur les formes spontanées de l'alliance engendre la famille, le clan, la tribu, plus tard la peuplade et la nation. C'est l'âge ethnogénique de l'évolution sociale, auquel correspond la société ethnogénique.

Enfin, l'intégration des tribus, ou petites nations, en États territoriaux ou nationaux, rend possible un large développement de la constitution sociale, une merveilleuse extension de la division du travail, une haute utilisation des ressources, une multiplication rapide de la population et une évolution démocratique de l'esprit social. C'est le stade démogénique. C'est la sociologie démogénique.

Une exploration de la croissance et de la structure sociales auront probablement convaincu l'homme d'étude de la réalité de l'évolution sociale ; mais la question reste irrésolue de savoir si l'évolution est un progrès, et dans quel sens est dirigé ce progrès, s'il existe. Cette idée de progrès veut être examinée. Que signifie vraiment le mot ? S'il a un sens rationnel, y a-t-il des faits et des généralisations étudiés en sociologie et correspondant à cette idée? Si oui, le sociologue doit rechercher la nature du progrès, tâcher d'en réduire la conception aux termes les plus simples, et, s'il est possible, de l'expliquer.

Tels sont les problèmes sociologiques primaires qui devront être traités à fond avant que les problèmes secondaires plus complexes, plus malaisés, puissent être abordés. Pourtant, les problèmes secondaires ont fréquemment été discutés les premiers, sans que l'on se soit rendu compte de leur rapport scientifique avec le genre d'études que nous venons d'esquisser. Ils comprennent une proportion de théorie relativement plus grande, et c'est ce qui explique peut-être la plus large attention qui leur a été accordée.

A leur tête, nous trouvons les problèmes complexes à l'excès de l'interférence des forces et des mobiles sociaux. Si, en étudiant l'évolution historique de la société, nous sommes amenés à affirmer la réalité du progrès, nous trouverons certainement qu'il implique un changement continu dans l'ampleur du facteur psychologique social et dans son importance en rapport avec celle du facteur physique dans le mouvement de la société en avant. Il faudra donc examiner encore le processus social. Nous devons, par ce mot, entendre non pas les phases successives de la croissance ou de l'évolution sociales, qui offrent des problèmes primaires de sociologie, mais bien plutôt le processus lui-même, d'où résultent ces phases d'évolution. Les problèmes du processus social portent ensuite sur l'action réciproque des forces physiques et des mobiles conscients. Ils impliquent une étude de la nature et des formes d'association volitive, et de ses réactions sur le caractère et l'activité sociales.

Evidemment, le sociologue est arrivé aux problèmes de la loi et de la cause. La question sur laquelle la controverse a roulé si longtemps, s'il existe des lois naturelles, ou cosmiques, des phénomènes sociaux, ne peut être évitée ; mais elle ne doit pas être résolue par le simple argument sur la possibilité ou l'impossibilité d'une loi dans le domaine des choses humaines conscientes. On doit y répondre en montrant que les lois sociales existent et en prouvant leur action. La loi des choix sociaux qui, je l'ai soutenu, est une des bases principales de la sociologie, doit être formulée, et de même la loi des survivances sociales. Quand cela a été fait, on peut rechercher les autres problèmes de cause. Puisque la volition a été reconnue comme une des causes des changements sociaux, le sociologue doit décider s'il y voit une cause indépendante, originale, ou une cause secondaire, et de plus, s'il ne trouve pas dans la nature physique la seule cause originale de l'énergie sociale.

Tant que ces études n'ont pas été faites, le sociologue peut-il traiter ces questions finales trop souvent placées au début de l'exposition sociologique : Qu'est-ce que la société ? Est-elle un organisme, est-elle organique ou quelque chose de plus ? Est-elle essentiellement une chose physique ou un ensemble de rapports psychiques ? A-t-elle une fonction, un but, a-t-elle une destinée, une fin ? C'est dans les réponses adéquates à ces questions que sera trouvée la véritable conception scientifique de la société et, de même, l'idéal social rationnel.

LIVRE II

Les Eléments et la Structure de la Société

CHAPITRE PREMIER

La Population sociale

Tous les éléments de la société sont contenus dans sa base physique, la population sociale. C'est par une étude de la population, d'abord sous son aspect extérieur ou physique, puis par ses qualités morales, ses activités conscientes, que doit commencer l'analyse descriptive de la société.

Les faits d'agrégation ou de groupement sont les premiers à attirer l'attention, dans l'étude du côté physique de la population. La distribution de la vie animale et humaine sur la surface de la terre n'est pas une dispersion d'individus solitaires. Sauf de rares exceptions, les êtres humains sont répartis en groupes clairsemés ici, denses ailleurs. Un certain degré d'agrégation est la condition essentielle à l'évolution de la société. Pour qu'il puisse y avoir communication, aide mutuelle, compagnonnage, il doit y avoir voisinage et contact.

La conception de la nature comme ayant « du sang au bec et aux serres » est chère au moraliste et au politicien;

mais, malheureusement, moralistes et politiciens connaissent fort mal la nature. Un monde de créatures vivantes qui craignent et haïssent, s'attaquent et se déchirent mutuellement n'a pas été observé. C'est une pure création *a priori* de la « pure raison ».

Dans le monde réel, les animaux sont généralement sociables. De toutes les espèces de mammifères et d'oiseaux, un très petit nombre vit dans l'isolement. Même beaucoup des vertébrés inférieurs sont sociaux et la majorité de la vie invertébrée est gouvernée par l'association.

Les sociétés de mammifères que nous pouvons observer actuellement, quelques siècles après l'invention de la poudre à canon, ne sont que des débris, comme le dit M. Kropotkine, des immenses agrégations du passé. Dans les immenses forêts, au delà des monts Alléghanys, il y avait, voilà moins d'un siècle, une intensité de vie animale qui semblerait presque incroyable aujourd'hui. A travers la forêt vierge, les pionniers trouvaient de larges routes, ouvertes par le passage d'innombrables générations de bisons. Dans les terrains salés, ils voyaient le sol tellement foulé par les hordes de bisons, de daims, de loups qu' « il n'y avait pas assez d'herbe pour nourrir un mouton et les traces du gibier étaient comme les grandes routes qui entourent une cité ». Ils voyaient les écureuils gris et noirs cheminer en troupes immenses pour émigrer à travers monts et rivières, des nuages de pigeons « qui obscurcissaient le soleil et brisaient les ramilles comme si un tourbillon se déchaînait. » La Sibérie, de même, lorsque les Russes prirent possession de cette merveilleuse terre, était peuplée avec une telle densité de troupeaux d'animaux que sa conquête « ne fut qu'une partie de chasse qui dura deux cents ans ».

Et même aujourd'hui, après toutes les destructions nécessaires ou inutiles, il y a encore sur le vaste plateau de l'Asie centrale de grandes bandes de chevaux, d'ânes, de chameaux sauvages. Les steppes d'Europe et les régions montagneuses du Nouveau-Monde sont encore la demeure de hordes de daims et d'antilopes, de gazelles, de chèvres et de moutons sauvages. Dans les plaines de tous les continents, il y a encore d'innombrables colonies de souris, d'écureuils, d'autres rongeurs, et les colonies de castors ne sont pas encore disparues. Les forêts des basses latitudes d'Asie et d'Afrique sont encore la demeure de nombreux troupeaux d'éléphants, de rhinocéros et de sociétés de singes. Au Nord, le renne se réunit en hordes; plus au Nord encore, survivent les bandes de bœufs musqués et les innombrables troupes de renards polaires. Les côtes de l'Océan ont leurs troupeaux de phoques et les eaux abritent les compagnies de cétacés. Peut-on s'étonner que M. Kropotkine s'écrie : « a côté d'eux, le nombre des carnivores est insignifiant ».

Ni à l'état sauvage, ni aux temps de civilisation, l'homme ne vit normalement à l'état isolé. Les hordes errantes des Blackfellows en Australie, des Boschimans en Afrique, des Fuégiens au fond de l'Amérique du Sud ou des montagnes du Groënland sont petites et nomades, mais elles n'en sont pas moins des groupes, composés chacun de plusieurs familles. En fait, ce n'est qu'avec la civilisation qu'une vie garantie et confortable est possible pour un ménage isolé et elle y est plus possible en apparence qu'en réalité, grâce aux moyens de communication qui ont supprimé les distances. Même l'isolement partiel ou apparent est le produit de circonstances toutes spéciales et tend constamment à céder la place à l'agrégation. La hutte des pionniers est en train de disparaître. La ferme qui n'est pas reliée à un hameau, à un village, est une exception et est abandonnée tôt ou tard. Nulle part au monde, l'isolement de chaque famille n'a été aussi fréquent qu'aux États-Unis, mais, même ici, il s'efface rapidement. Presque un tiers du peuple de ce pays vit dans des villes de 8.000 habitants au moins et dans les États au nord de l'Atlantique, c'est la moitié de la population qui est urbaine. Selon le recensement de 1890, il y avait aux États-Unis 28 cités de plus de 100.000 habitants, 36 de 25 à 100.000, 324 de 8.000 à 25.000; 1074 bourgs ou villages de 2.500 à 8.000 habitants et 2.193 de 1.000 à 2.500 habitants.

Dans toutes les espèces, et à tous les degrés de l'évolution, l'étendue de l'agrégation, sa place ou sa position, sont déterminées par des conditions physiques extérieures. Même lorsque les hommes ont été réunis par des sympathies ou des croyances, la possibilité de perpétuer leur union dépend du caractère et des ressources des environs. La distribution des aliments est le fait primordial. Les animaux et les hommes habitent ensemble là où une source d'aliments est trouvée, ou peut être produite facilement et sûrement. D'autres conditions physiques du milieu, telles que la température et l'orientation, la surface et l'altitude peuvent, néanmoins, avoir une influence appréciable, en rendant la vie relativement facile ici, difficile ou impossible ailleurs.

Les bandes de locustes sont un exemple familier de l'agrégation dépendant en lieu et en étendue des ressources alimentaires. Certaines créatures de la mer forment quelquefois des bandes énormes suivant la température des eaux, la direction des courants, l'abondance des aliments. Ainsi les polycistiens, les méduses, les cténophores, les mollusques et beaucoup de crustacés. Les oiseaux se réunissent là où leurs aliments favoris se trouvent, ou auprès des sources, ou enfin là où ils peuvent commodément nicher. Les groupements varient parce que tous les lieux n'offrent pas un attrait égal à toutes les espèces. La cime des grands arbres est occupée par les nids de corneilles, les branches par les nids de petits oiseaux. Les fermes et les chaumières abritent les colonies d'hirondelles et les vieilles tours sont le refuge de centaines d'oiseaux de nuit. Les loups et les chiens sauvages chassent réunis en meute. Les écureuils ont des nids séparés, et cependant les « habitants des nids séparés ont des rapports continus et émigrent ensemble dès que les cônes des arbres résineux deviennent rares ». Les écureuils noirs de l'Ouest, lorsqu'ils ont épuisé les ressources alimentaires d'une région, se réunissent en bandes nombreuses et se dirigent vers le Sud, en dévastant les forêts, les champs, les jardins, pendant que les renards, les chats sauvages, les faucons suivent leurs épaisses colonnes et dévorent les individus qui restent en arrière. Les chevaux vivent, d'ordinaire, en nombreuses associations composées de beaucoup de familles, dont chacune consiste en une quantité de juments conduites par un mâle. Si un incendie consume les herbes de la prairie, les troupeaux qui fuient le danger comptent quelquefois dix mille têtes.

La rareté des aliments oblige les Boschimans à se diviser en petites hordes. Elle limite l'importance des bandes de Blackfellows australiens qui errent sur des immensités nues à la recherche d'une racine, d'un ver, d'un insecte qu'ils puissent manger; des Indiens dégradés des Montagnes Rocheuses, qui se repaissent de pommes des prés, de serpents et de lézards; des Fuégiens, qui ont bordé les rivages de leur île pour chercher des poissons, assez longtemps pour que « dans le cours des siècles les coquilles et les arêtes aient formé des bancs qui dépassent la haute mer ». On pourrait inférer de ces exemples que l'alimentation, dans des cas pareils, est un agent de désagrégation et point du tout un facteur d'agrégation. Ce serait une conclusion erronée. Le groupe est maintenu jusqu'à une certaine limite précisément par cette quantité d'aliments qui l'empêche de s'étendre davantage. Les baies, les noix, le miel, les insectes, les animaux et les poissons dont la capture est facile, se trouvent d'ordinaire en quantité plus que suffisante pour deux ou trois individus, mais insuffisante pour plusieurs centaines. La découverte de ressources plus larges par un ou deux individus, ou une famille, en attire d'autres aussi sûrement que celle d'un lieu favorable à la pêche ou d'une forêt giboyeuse attire les sportsmen ; et le nombre des individus se rassemblant en société est, normalement, égal à celui que peut nourrir le terrain sur lequel ils campent. Cette relation de cause à effet se voit mieux lorsqu'un changement inusité survient dans les ressources alimentaires. En Australie, si une baleine morte est jetée au rivage, des feux sont allumés et les hordes arrivent de tous les points de l'horizon jusqu'à ce que des centaines d'individus soient réunies pour quelques jours de bombance.

Les sociétés dans lesquelles une population relativement nombreuse est réunie pendant des générations, où le développement des activités et des relations sociales dépasse de beaucoup celui qui s'observe dans les hordes inférieures, se trouvent toujours dans les localités relativement fertiles. L'examen de la distribution géographique des sociétés vivant en tribus, soit éteintes, soit existantes, prouve l'assertion. Les grandes tribus d'Amérique occupaient des habitats magnifiques. Les Iroquois détenaient un territoire d'une fertilité exceptionnelle et d'une parfaite unité géographique. Les Algonquins étaient également favorisés, s'étendant du Saint-Laurent, au Nord, jusqu'à la Virginie, au Sud et à l'Est, et aux landes du Dakota à l'Ouest. De même les tribus de l'Ohio et du Mississipi, les Astèques du Mexique, les Zougnis du Sud-Ouest, les Mayas du Yucatan, les Incas du Pérou. A l'inverse, les Shoushonnes des bassins intérieurs et les nombreuses tribus d'au delà des Sierras, qui occupaient des portions de territoires dénudées entre lesquelles les communications étaient en général malaisées, étaient peu nombreuses et restaient à un niveau de développement très inférieur. Des preuves semblables se recueillent avec abondance dans les tribus de l'Afrique, de l'Asie, de l'Australie. Ce ne sont que les aréas fertiles et où les communications sont aisées qui permettent les agrégations qui, plus tard, écloront en tribus.

Le rapport de l'agrégation avec la localité apparaît mieux encore, sur une échelle plus grande, dans la distribution des populations civilisées ou à demi civilisées. La première masse vraiment dense de population humaine était dans cette merveilleuse vallée, longue de six cents milles sur une largeur moyenne de sept milles sur laquelle, chaque année, de temps immémorial, le Nil verse le riche limon noir des collines de l'Abyssinie. La vallée de l'Euphrate qui, pendant des milliers d'années, fut l'unique rivale de celle du Nil, lui cédait de peu comme fertilité. Dans le monde moderne, les populations denses sont dans les vallées du Gange, de la Rivière Jaune, du Pô et du Rhin. Le contraste avec ces régions se trouve dans les sables sahariens que jamais l'homme n'a pu s'approprier par cette civilisation qui les entourait au Nord, à l'Est et à l'Ouest, depuis l'aurore de l'histoire ; ou dans le grand désert central de l'Asie, ce domicile des nomades, qui sépare les millions d'agriculteurs indiens et chinois des millions d'agriculteurs et d'ouvriers européens ; ou encore dans le désert de l'Australie occidentale qui « paraît constituer une immense terre sauvage que ne subjuguera jamais le peuple hardi qui a occupé ses frontières du Sud et de l'Est ».

Ces phénomènes se sont répétés, avec une infinie variété, dans le peuplement de l'Amérique du Nord. Dans cette transmigration vers l'Ouest, qui a porté le centre des populations des États-Unis d'un point à l'Est de Baltimore, où il était en 1790, à un autre placé entre Cincinnati et Indianopolis, en 1890, il n'y a pas eu de mouvements vacillatoires. Certains centres d'attraction ont dominé le mouvement.

Au point de vue du climat, presque toutes les parties de notre continent sont habitables à l'homme, mais celui-ci n'y trouve pas partout une subsistance facile. Au nord d'une ligne allant du Sud-Ouest du Labrador à la tête du lac Supérieur, et de là à l'extrémité méridionale du lac Atabasco, à l'embouchure de la rivière Frazer, se trouve une région dotée d'une délicieuse chaleur et d'hivers supportables; elle est couverte de forêts primitives où sont les bœufs musqués, les cerfs, une foule d'animaux à fourrure et elle abonde en rivières et en lacs poissonneux; en somme, une région qui attire, à bien des points de vue, mais dépourvue de céréales. Elle « restera une terre sauvage où l'homme civilisé ne viendra pas bâtir sa maison, mais elle deviendra probablement la demeure, le refuge des Indiens, qui y trouveront un abri contre la destruction totale qui les menace dans toutes les parties de ce continent que notre race a aménagées à son propre usage ». Au delà de cette terre sauvage, il y a, au sud de sa moitié Ouest, une région aride qui forme le quatrième grand désert du monde. Elle s'étend à l'Ouest du 100e méridien à la côte du Pacifique et va des frontières du Canada, où elle a environ 1000 milles de large, à celle du Mexique où sa largeur est de 3 ou 400 milles. L'irrigation pourra faire de ce pays le siège de grandes et riches communautés, mais sa population actuelle n'atteint pas deux habitants par mille carré.

A l'est de ce 100e méridien, tout diffère. Ici la quantité de pluie dépasse les besoins de l'agriculture et la fertilité y atteint un degré qui n'est connu que sous les tropiques. Nulle part, une égale étendue ne porte une telle variété de produits utiles à l'homme, et nulle part ailleurs les conditions topographiques et atmosphériques ne sont réunies si heureusement, qu'elles rendent presque impossible une récolte nulle. Dans cette région, la population a passé de 3.929.214 habitants, en 1790, à 59.594.637, en 1890.

Dans cette région même, toutefois, il existe une grande variété de conditions et de ressources sur laquelle se modèle la distribution de la population. Ainsi, en 1890, les marais de la côte avaient 21h,5 par mille carré, les plaines de l'Atlantique, 74h,4, la région au pied des montagnes, 69h,5, les collines de la Nouvelle-Angleterre, 40h,7, la région des montagnes d'Appalacha, 69h,5, le plateau des Alléghanys, 59h,3, la région boisée de l'intérieur, 44h,3, celle des lacs, 25h,1, les alluvions du Mississipi, 23h,6, la prairie, 28h,3. L'altitude moyenne des États-Unis est d'environ 2.500 pieds au-dessus du niveau de la mer, mais plus des trois-quarts de leur population vivent au-dessous de l'altitude de 1.000 pieds, plus des 9/10 au-dessous de celle de 1.500 pieds. Les 3/4 habitent entre les isothermes de 45 et 60° (7°,5 et 10° centigrade).

L'agrégation est en elle-même une condition favorable à l'agrégation ultérieure, parce qu'elle apporte la protection aux individus et parce qu'elle est normalement suivie de l'évolution sociale. La distribution des populations civilisées, en particulier, est affectée par des conditions artificielles qui collaborent avec les conditions naturelles. Les moyens de subsistance vraiment primaires sont : les fruits comestibles, les grains, les racines, le poisson et le gibier à l'état naturel. Les aliments conservés et emmagasinés sont des moyens secondaires d'existence qui permettent aux hommes de tenter autre chose que l'industrie extractive. L'accumulation des moyens d'existence secondaires dans de grandes villes et la multiplication, dans ces villes, de formes d'occupations spéciales constituent de puissantes attractions. Les méthodes du commerce et de l'industrie ont aussi une grande influence. Au cours du siècle actuel, la vapeur a concentré les industries manufacturières et les populations ouvrières. Peut-être, au xxe siècle, les moteurs électriques pourront les éparpiller dans une certaine mesure.

Une population et son emplacement sont constamment en action mutuelle. La population convertit les ressources locales en énergie vitale qui est la source de toute énergie sociale. L'évolution de l'énergie et, par suite, l'amplitude de développement possible, dépendent en partie des qualités héritées de la population, mais surtout des caractéristiques de la résidence, comme le démontrent les développements inégaux d'une même race placée dans diverses régions du globe. En Europe, par exemple, les Northmans ont engendré les nations scandinave, anglaise et française. Dans les États septentrionaux de l'Amérique, ils progressent rapidement en nombre, richesse et pouvoir. En Islande, ils se sont à peine maintenus, dans leur lutte inégale avec un climat qui anéantit les ressources du sol. Toutes choses égales, une atmosphère sèche, une alternance de chaud et de froid et une topographie variée qui donne à la population le désir de se mouvoir librement entre la plaine et les coteaux, les côtes et les vallées, sont les conditions les plus favorables à une vie énergique. Les terres si variées de la zone tempérée septentrionale, quoique ne produisant pas les aliments avec la profusion tropicale, sont le domicile naturel des populations conquérantes et constamment progressives.

Une large portion de l'énergie d'un groupe animal ou d'une population humaine se dépense nécessairement à trouver, à capturer ou à produire leur nourriture. La possibilité d'un progrès quelconque de l'agrégat dépend du surplus d'énergie que laissent libre les activités nécessaires à la simple subsistance.

La premier emploi normal de ce surplus d'énergie est l'accroissement numérique. Un taux de natalité qui dépasse celui de la mortalité, est toujours un indice grossier de vitalité. Toute population qui s'augmente par la natalité est en voie d'évolution. La lutte pour la vie y devient plus intense et la sélection naturelle y entre en œuvre. En règle générale, par suite, les groupes en progrès numérique voient grandir leur force aussi bien par l'amélioration des individus qui les composent que par l'accroissement de leur nombre. Par suite, les groupes en progrès numérique survivent d'habitude et, d'ordinaire, ceux dont le nombre est stationnaire disparaissent. Par suite aussi, la majorité des groupes ou des populations existant à un moment donné sont en progrès numérique. Pendant des siècles, toutes les populations de l'Europe qui descendent des puissants envahisseurs germains de l'Empire romain ont augmenté de nombre chaque année, avec de rares exceptions comme celle qu'offre la population stationnaire de la France actuelle.

Parmi les conséquences d'un développement numérique de population, celle qui offre à la sociologie l'intérêt le plus immédiat est l'évolution d'une forme particulière d'agrégation. Pour lui donner un nom technique, nous pouvons l'appeler l'agrégation génétique. C'est un groupe de parents qui ont vécu ensemble dans une localité depuis leur naissance. A l'échelle la plus réduite, c'est simplement une famille actuelle composée des parents et de leurs enfants de la première génération. Sur une échelle plus large, c'est une agrégation de deux ou trois générations de descendants d'un seul couple. Sur une échelle plus large encore, plus complexe, c'est la réunion de familles qui ont pu être ou non parentes à une époque antérieure, mais qui le sont sans conteste devenues par les mariages réitérés.

Les grandes colonies d'insectes sociaux — fourmis, abeilles et guêpes — sont des agrégations génétiques du genre simple. Malheureusement, il ne nous est pas donné de savoir jusqu'à quel point les bancs de poissons, les bandes d'oiseaux, les troupeaux de mammifères sont simplement des associations génétiques. Il est certain qu'ils sont en partie d'origine composite.

Les tribus humaines sont les exemples les plus parfaits d'agrégation génétique. Le schéma de l'organisation sociale, que nous allons expliquer, est tout entier basé sur la parenté.

Dans la civilisation chaque nation, et dans la nation chaque ville ou hameau, est dans une large mesure une agrégation génétique. Les populations d'Angleterre, d'Irlande, de Hongrie sont, dans la plus large acception du mot, des agrégations génétiques en tant qu'elles sont de sang anglais, irlandais ou magyar. Les communautés locales quelque peu isolées tendent à devenir des agrégations presque uniquement génétiques. Tels, par exemple, les établissements suédois d'Aroostock, dans l'État du Maine, les petits hameaux des quakers, en Pensylvanie, quelques communautés hollandaises dans le même État, les établissements acadiens de la Louisiane, beaucoup des villages Mormons de l'Utah, des villages scandinaves du Nord-Ouest, des hameaux franco-canadiens de la province de Québec.

Le second emploi normal du surplus de l'énergie d'une population, c'est le déplacement. La même vitalité qui favorise l'agrégation par l'augmentation du nombre, la limite par la dispersion. Le détachement du groupe initial, aussi ordinairement que la procréation, dérive d'un accroissement de l'énergie animale. La dispersion peut séparer des individus ou des groupes. C'est usuellement par groupes qu'elle s'effectue chez les animaux ou les hommes primitifs. Les hordes et les troupeaux, dans un habitat donné, ont une importance normale, phase de l'équilibre naturel et qui se maintient, la natalité accroissant le nombre, par le départ de petites bandes qui vont à la recherche de terrains nourriciers et deviennent avec le temps des agrégations aussi nombreuses que celles dont elles sont issues. Parmi les hommes très inférieurs — les Veddas, les Boschimans, les Fuégiens, les Innuits, — les familles se détachent avec la plus grande facilité d'un camp pour se joindre à un autre ou en former un nouveau. Loth prenant ses troupeaux et ses bergers et se séparant d'Abraham n'a fait que ce qui a eu lieu chaque jour dans les groupes patriarcaux de bien des pays. L'émigration individuelle est un usage de l'homme civilisé. 32,7 0/0 du gain naturel que donne à la population du Royaume-Uni l'excès de la natalité émigrent sous d'autres cieux. Le chiffre pour les autres pays sont : Allemagne, 20.1 ; Italie, 22 ; Suède, 50 ; Norvège, 55 ; Suisse, 34.1 ; Danemark, 22.2 ; France, 5.1.

Les groupes et les individus qui se détachent, en s'adaptant à leur nouvel habitat, assument de nouvelles caractéristiques par la sélection naturelle. S'ils restent longtemps dans leur nouveau milieu, ils deviennent des variétés nouvelles. De subtils observateurs de la vie animale découvrent facilement les différences entre les insectes, les oiseaux, les mammifères de la même espèce qui habitent des localités différentes. Aux Etats-Unis, la sélection naturelle produit rapidement de nouveaux types d'hommes et de femmes avec ceux de presque toutes les nations d'Europe. Dans une nouvelle résidence, la sélection naturelle agit plus efficacement que dans un vieux domicile. Par suite de l'incapacité d'un grand nombre d'immigrants de s'adapter aux nouvelles conditions de nourriture et de climat, aux nouvelles façons de vivre, le taux de la mortalité est élevé au début. Ces phénomènes peuvent s'observer parmi les Irlandais, les Allemands et les Italiens d'Amérique.

L'émigration, qui disperse ainsi la population et crée de nouveaux types, amène plus tard la concentration. Dans les groupes, plus ou moins distincts, il se produit des courants d'individus qui, de temps en temps, convergent vers des points particuliers dont une raison quelconque fait des centres d'attraction. La conséquence intéressante pour la sociologie, est une forme d'agrégation, qui diffère absolument de celle que nous avons appelée génétique et qu'on pourrait nommer congrégation, ou groupement congrégatif. C'est une agrégation d'individus ou de familles qui n'ont pas vécu ensemble depuis leur naissance et qui sont ensemble comme des étrangers. Ils peuvent être parents rapprochés, mais ne le sont pas d'ordinaire. Ils ont, ou non, été largement dispersés. Mais, dans l'un et l'autre cas, leur habitat a été différent et a produit des caractéristiques plus ou moins dissemblables.

La congrégation des insectes, des poissons et des petits oiseaux peut se voir dans d'infinies combinaisons de modes et de circonstances et cette observation sera pleine d'intérêt pour celui qui aime à étudier, dans d'humbles faits, l'origine des plus grands. On peut la voir dans le parterre où volent les abeilles et les papillons, dans les marais où voltigent les libellules, dans les taillis où se cachent des douzaines de variétés d'oiseaux chanteurs, dans l'étang que fréquentent les oiseaux aquatiques. La congrégation des mammifères est dominée en partie par la distribution de choses aussi nécessaires à leur vie que l'eau et le sel. Probablement, de toutes les congrégations, la plus remarquable est celle, énorme, qui réunit les oiseaux et les animaux émigrants dans les hautes latitudes septentrionales, durant le bref été arctique.

La congrégation des hommes dans les centres d'attraction a lieu à toutes les périodes de la barbarie et de la civilisation, et partout. A l'état sauvage, il y a toujours un afflux de toutes les directions vers les meilleurs endroits de chasse et de pêche, qui met en contact des bandes sans liens entre elles et amène l'hostilité chronique. Les effroyables luttes entre les tribus algonquines et iroquoises étaient la suite de leur convergence dans la vallée du Mohawk. Les vallées du Delaware, de l'Ohio, du Haut-Mississipi, des rivières de la Colombie et du Colorado, ont été chacune le centre de semblables mouvements convergents et le théâtre de guerres d'extermination. Parmi des peuples plus avancés, la congrégation a, d'ordinaire, marqué le début de leur histoire, comme lorsque les tribus Sémitiques, Hamitiques et Aryennes entrèrent en

Palestine ou que les tribus Germaniques envahirent l'Angleterre. Aucun exemple de congrégation par émigration individuelle n'est plus frappant que ceux qu'on a vus récemment. Mentionnons seulement l'exode de familles de tous les états de l'Est vers les terrains pétrolifères de Pensylvanie en 1860 ; la croissance presque spontanée de Leadville en 1877 ; le flot de « boomers » vers l'Oklahoma en 1889, lorsque 50.000 personnes occupèrent ce territoire en un seul jour et, de nouveau en 1893, lorsque le fait se répète pour 90.000 personnes, et enfin la croissance magique de Johannesbourg, cette ville cosmopolite de 50.000 habitants, sortie en sept ans de la triste steppe du Transvaal, au cœur des régions aurifères d'Afrique.

La congrégation peut être temporaire ou permanente. Dans les deux cas, elle est soit primaire, soit secondaire. Dans la congrégation primaire, les individus ou les familles qui s'assemblent sont parents éloignés. Elles sont, veux-je dire, de la même souche ou nationalité ; au moins, de la même race. La congrégation secondaire met en contact des souches ou des races différentes. Elle est secondaire, parce que les souches dissemblables qui se réunissent sont elles-mêmes les produits de congrégations préliminaires d'éléments moins dissemblables. Il n'y a aucune grande nation qui ne résulte d'une congrégation secondaire ; aucune dans laquelle une congrégation secondaire ne puisse être observée actuellement. La distinction entre les congrégations primaire et secondaire est importante dans toutes les études historiques de la sociologie.

On voit ainsi qu'une agrégation d'animaux ou d'êtres humains peut dériver d'un des deux procédés ou des deux combinés. Le lien et l'étendue de l'agrégation sont déterminés par des conditions extérieures, comme on l'a vu, mais l'agrégation elle-même provient soit de la naissance soit de la congrégation. Le groupe peut être formé des descendants d'un individu, d'un couple ou d'une famille qui ne se sont pas encore séparés. Ou il peut provenir de localités adverses, être une agrégation d'abord d'étrangers, réunis par quelque puissante attraction.

Pendant de longs siècles la première de ces deux possibilités a trouvé son expression dans la théorie patriarcale de la philosophie politique. La seconde aurait pu servir de base à la théorie du contrat social, mais n'a pas été employée. Ni Hobbes, ni Locke, ni Rousseau ne semblent s'être doutés que « l'état de nature », dans lequel les hommes étaient présumés avoir vécu avant qu'on ne songeât aux assemblées politiques, était régi par les liens de voisinage, de rapprochement, quoique dépourvus d'affection, entre les descendants d'un même père. La théorie sociale n'a pas, même dans ces dernières années, paru encline à examiner si la généalogie constitue une explication suffisante des origines sociales. Il n'y a pas à s'en étonner. Les tribus et même les nations ont d'ordinaire expliqué ainsi leurs propres commencements. Le mythe de l'ancienne omniprésence de la famille patriarcale a été entièrement dissipé par les découvertes de Bachofen, de Morgan, de Mac Lennan et d'autres ; mais si l'on veut s'en tenir à une explication généalogique de la société, un premier ancêtre-femme, ou un clan féminin, sont aussi acceptables qu'un premier père.

Le sociologue, cependant, n'a qu'à regarder autour de lui pour voir qu'une communauté commence souvent par n'être qu'une association d'étrangers. L'État de Californie, par exemple, n'a aucun ancêtre, mâle ou femelle, à vénérer. On a assigné trop vite un caractère exclusivement moderne à cette espèce de genèse sociale qu'on a vue dans nos États de l'Ouest depuis que les premières grandes vagues de l'émigration ont passé sur les Alleghanys et plus récemment dans les colonies européennes d'Afrique et d'Australie.

Au contraire, elle est probablement antérieure à l'homme lui-même : car, comme nous l'avons vu, elle n'est pas un privilège des communautés humaines sur les hordes animales. Les mêmes forces qui ont répandu une population blanche dans la vallée du Mississipi avaient agi pendant d'innombrables siècles sur la vie animale, surabondante, de ses forêts, de ses prairies, et, pendant des siècles au moins, sur la population aborigène des hommes rouges, amenant des groupements qui différaient, certes, de ceux d'aujourd'hui, mais qui n'étaient pas davantage de simples associations génétiques.

Cependant, les agrégations génétique et congrégative se développent normalement de concert et le groupe normal est le produit d'un processus complexe. L'intermariage et la propagation agissent parmi les groupes congrégatifs ; l'émigration et la congrégation ont lieu dans les groupes génétiques. Ceux-ci reçoivent l'accession des étrangers ; ils sont fragmentés et modifiés par la congrégation.

La complication est le résultat d'une suite infinie d'adaptations et de survivances dans l'évolution de la vie. Non seulement la congrégation n'aurait aucun moyen de se perpétuer si on la séparait du groupement génétique, mais, probablement, l'association génétique ne se continuerait pas si elle n'était fortifiée et modifiée par l'agrégation. Les vicissitudes sont nombreuses où peuvent périr des groupes isolés. Il y a, de plus, raison de croire que sans quelques mélanges d'éléments dissemblables et sans quelques croisements, la descendance finirait par la dégénérescence physiologique.

Des cultures d'au moins vingt espèces différentes d'infusoires, faites avec un soin extrême par E. Maupas, d'Alger, ont été maintenues pendant des périodes variant de deux semaines à cinq mois. L'expérimentateur a trouvé qu'après de cinquante à cent générations, il y avait un évident déclin physiologique, qui semblait présager l'imminente extinction de la culture. Il retira quelques infusoires de la culture et les laissa se mêler à d'autres d'une origine différente. Elles s'unirent à elles et leur vigueur parut revenir tout entière. Si, d'un autre côté, elles s'unissaient entre elles, l'observation montrait un déclin si avancé que la culture était terminée. Il est accepté comme une évidence que le mariage entre proches est nuisible aux hommes et aux animaux. Il est certain que la sélection naturelle, au total, favorise les sociétés produites par le croisement d'éléments différents et qui ne sont pas par trop dissemblables.

Il ne s'ensuit pas que la congrégation, qui vient compliquer le groupement génétique, doive réunir des individus absolument non parents. Dans l'élevage moderne, de nouvelles variétés sont fréquemment produites par un couple de parents et les générations successives sont parfaitement vigoureuses. Mais, en ce cas, l'accouplement des mâles et des femelles de la même famille est rare après la première génération. Les générations suivantes viennent de l'union d'individus devenus parents très éloignés, vivant séparément dans des conditions de nourriture et d'entretien plus ou moins diverses.

L'agrégation génétique et le groupement congrégatif devant se développer de concert, une population a toujours une composition démotique. Nous entendons par là un mélange des éléments nés de souches diverses, ayant vécu dans des situations différentes et ayant, par suite, des qualités et des habitudes dissemblables.

Une population purement homogène n'a jamais existé. Dans les hordes sauvages les plus inférieures, le mélange des éléments se conserve non seulement par l'éternelle pérégrination des familles, mais par le rapt habituel des femmes, par les fréquentes désertions de celles-ci. M. Lumholtz, pendant qu'il vivait récemment chez les Blackfellows du Queensland du Nord, peuple dont la culture, selon lui, « doit être caractérisée comme la plus basse qui se puisse trouver dans tout le genre *homo sapiens* », observait tous ces divers modes de croisements, comme d'autres les ont étudiés ailleurs chez des sauvages à peine moins dégradés. « Lorsqu'un camp est levé, — dit-il, ceux qui veulent suivre, le font; ceux qui préfèrent aller ailleurs ou rester, sont libres de le faire. » « Le vol des femmes qui sont regardées, par ces sauvages, comme la plus précieuse propriété d'un homme, est le vol à la fois le plus important et le plus commun, car il est l'habituelle façon de se procurer une compagne. » Au « borboby », sorte de meeting où les noirs se réunissent pour terminer leurs différends par un combat, un échange de femmes est toujours un incident important. « Les femmes apportent les flèches et, lorsqu'un guerrier doit soutenir plusieurs duels, ses épouses l'approvisionnent de flèches. Les autres femmes regardent et suivent le conflit avec une grande attention, car elles y ont grand intérêt. Beaucoup d'entre elles changeront de mari avant la nuit. Comme les indigènes se volent fréquemment leurs épouses, les querelles qui en proviennent se règlent au « borboby » et le vainqueur garde la femme. » « On n'a pas beaucoup dormi cette nuit, écrit-il à une de ces occasions, et les conversations étaient animées autour des feux du campement. Par suite du borboby, plusieurs révolutions de famille ont eu lieu, des hommes ont perdu leurs femmes et des femmes ont acquis de nouveaux maris. Pourtant, si soumise à son mari que soit d'ordinaire la femme australienne, il arrive souvent qu'elle refuse de subir son sort et qu'elle prend la fuite. Elle peut aimer quelqu'un et une femme court souvent vers celui qu'elle aime au risque d'être châtiée. Elle peut même être tuée par son mari, s'il arrive à la reprendre. »

Dans les tribus plus organisées, le mariage réunit d'ordinaire des individus de divers clans. Une autre cause de mélange est la fréquente adoption des captifs.

Lorsqu'une population qui s'est fixée sur un territoire particulier est dominée par des envahisseurs, le mélange s'opère d'ordinaire. La race conquise est rarement exterminée et survit à côté de ses vainqueurs, d'abord, souvent dans l'esclavage ou la servitude, puis sur un pied d'égalité renforcé par l'intermariage. Quelquefois, néanmoins, elle survit, mais ne se mêle pas à la race conquérante. Il y a encore aux États-Unis, seulement dans les réserves, 58.806 Indiens.

C'est, cependant, l'incessante émigration des individus qui amène dans les communautés modernes, la composition démotique sur la plus vaste échelle. Il y avait aux États-Unis, en 1890, 9.249.547 habitants nés à l'étranger. Depuis 1820, 15.427.657 émigrants, attirés par les commodités d'existence qui leur étaient offertes, sont venus d'Angleterre, d'Irlande, d'Écosse, d'Allemagne, de Norwège, de Suède, d'Italie et d'autres pays. En outre de ces divers éléments, les États-Unis comptent 7.470.000 nègres.

Dans la distribution des éléments indigènes ou étrangers, les différences de situation, d'industrie, de gouvernement, de religion, ne peuvent empêcher le mélange normal. Ainsi, dans l'Utah, on trouvait, en 1880, que 69,5 0/0 de la population de ce territoire était né aux États-Unis, que 13,7 0/0 venait d'Angleterre, 5,4 0/0 du Danemark, 2,6 de Suède, 2,2 d'Écosse, 1,7 du pays de Galles, 0,9 d'Irlande, 0,8 de Norwège, 0,7 de Suisse, 0,7 de l'Amérique britannique du Nord, 0,6 d'Allemagne et 1,2 d'autres pays.

Toutes les communautés locales, tous les pays et surtout toutes les grandes villes offrent une pareille hétérogénéité. Sur 1.000 habitants de Londres, 630 sont nés dans cette ville, 307 en d'autres régions de l'Angleterre, 21 en Irlande, 13 en Écosse, 21 à l'étranger, 7 aux colonies, 1 dans les îles des mers britanniques. Aucune composition démotique, ancienne ou moderne, ne peut cependant être comparée à celle de la cité de New-York. Sur 639.943 habitants nés à l'étranger, on trouve : 8.398 originaires du Canada ou de Terre-Neuve, 471 Sud-Américains, 2.202

Cubains, 190.418 Irlandais, 35.907 Anglais, 11.242 Écossais, 965 Gallois, 210.723 Allemands, 27.193 Autrichiens, 1.384 Hollandais, 626 Belges, 4.953 Suisses, 1.575 Norwégiens, 7069 Suédois, 1.495 Danois, 48.790 Russes, 12.222 Hongrois, 8.099 Tchèques, 6.759 Polonais, 10.535 Français, 39.951 Italiens, 887 Espagnols, 2.048 Chinois, 342 Australiens, 3.664 originaires des autres pays d'Europe, 135 personnes nées en mer, 1.890 originaires des pays non européens. Après New-York, Chicago semble être la ville qui contient le plus intéressant mélange de nationalités. Une carte de la région, limitée par Polk, State, Douzième et Halsted Streets, montre dix-huit nationalités vivant en 1894 dans un district long d'un mille, large d'un tiers.

Néanmoins, toutes les communautés, sauf les colonies et les villes nouvelles, à la première ou à la seconde génération de leur existence, se perpétuent plutôt par la natalité que par l'immigration. Une population ou un groupe, par suite, est, normalement, autogène. C'est de beaucoup la plus large part des 63.000.000 d'habitants des États-Unis qui est née dans leurs frontières et la grande majorité a dans les veines au moins quelques gouttes du sang des colons ou des Européens qui vinrent en Amérique avant 1821. De même, alors qu'il y a une continuelle mobilité de la population d'État à État, de la campagne à la cité, de ville à ville, les communautés locales subsistent surtout par la natalité. La ville de New-York avait, en 1890, 875.358 habitants nés à New-York, à côté de ses 639.943 habitants nés à l'étranger. La population de Londres a augmenté, dans les dix ans 1871-80, par 574.385 naissances en excédant des décès et 306.635 accessions. Le même rapport de l'accroissement naturel à l'immigration est vrai partout, quoique les proportions varient, naturellement, à l'infini. Il est vrai dans les tribus sauvages et dans les hordes animales.

Nous avons maintenant développé une conception vraie

de l'agrégation comme base physique de la société naturelle. Une famille élargie qui ne comprend aucun membre adoptif ne peut vraiment pas être appelée une société, pas davantage qu'une congrégation temporaire d'individus sans parenté. Dans la population de la vraie société naturelle, il doit y avoir agrégation génétique et congrégation; il doit y avoir un mélange des éléments et un pouvoir propre de se continuer, une composition démotique et l'autogénie.

L'agrégation est toujours secondée par l'association, si les individus qu'elle rassemble ne sont pas trop dissemblables d'espèce.

L'agrégation n'est que le fondement physique de la société. La vraie association est un processus psychique qui débute par les phases simples du sentiment et de la perception et se développe à travers de nombreuses complications en activité, qui, en dernier lieu, mettent en œuvre les plus hautes facultés de l'esprit.

Il est superflu de prouver que l'intercourse sociale est un mode de conflit. Toute activité est un heurt d'atomes ou de pensées et l'homme de science n'a pas à perdre son temps à discuter avec ceux qui cherchent à éliminer la lutte des choses humaines. Il faut, cependant, examiner les formes spéciales de conflit qui entrent dans l'association.

Au point de vue de l'évolution, les modes de conflit peuvent se diviser en primaire et secondaire. Le conflit primaire, c'est la conquête. C'est un conflit assez violent pour dépasser le mouvement indépendant, et, souvent, pour détruire la cohésion d'un, au moins, des corps conflagrants. Le conflit secondaire est la contention. C'est un conflit relativement si léger que les corps conflagrants modifient réciproquement leurs mouvements et leurs états. L'évolution commence en un conflit primaire, dont l'effet est l'intégration, et se complète en un conflit secondaire, dont l'effet est la différenciation.

Lorsque, par exemple, des masses de matière, se mouvant librement, viennent dans le voisinage d'une masse plus puissante, elles sont irrésistiblement attirées vers celle-ci comme les corps météoriques vers la terre, et s'identifient avec elle. Le phénomène est un conflit primaire et une intégration. L'énergie délivrée par la collision se traduit en de moindres conflits et déplacements parmi les molécules bouleversées de la masse agrandie et entre la masse et les corps environnants; dans sa course rapide à travers les airs, le météorite devient incandescent et se résout, en tout ou en partie, dans les éléments chimiques qui entrent dans les combinaisons terrestres. Ce phénomène est le conflit secondaire et la différenciation. Il est évident que le conflit secondaire ne peut survenir que comme conséquence au conflit primaire.

L'évolution organique offre de meilleurs exemples. La matière organique d'un corps animal est composée de la substance d'organismes disparus, qui étaient engagés, pendant leur existence, dans une lutte à outrance avec d'autres organismes par lesquels ils furent enfin vaincus, dévorés, assimilés. La vie animale ne dure qu'en consommant de la vie, et, à cette loi, il n'y a pas d'exception. Cependant, du conflit primaire, pour la vie ou la mort, dérive le conflit secondaire et moindre qui constitue le développement et dont émerge l'énergie consciente avec ses états de souffrance et de plaisir. La souffrance est concomitante du choc et de la dissolution dans le conflit primaire ou de la sur-stimulation dans les deux conflits. Le plaisir accompagne la stimulation modérée dans le conflit secondaire et les adaptations qui en résultent.

Le conflit primaire n'est possible qu'entre des corps d'énergie inégale. Parmi les corps organiques, il survient normalement seulement entre des corps dissemblables en espèce, parce que les inégalités de force sont, en somme, proportionnelles aux différences d'organisation. C'est pourquoi les relations actives d'individus agrégés de même espèce sont normalement celles des conflits secondaires mesurés et, en règle générale, sont une source de plaisir. Cependant, puisque les modes secondaires de conflit sont des conséquences des modes primaires, les rapports sociaux ne sont possibles qu'à une race qui conserve, vivants, les instincts et les habitudes de la conquête. Il en résulte que tous les rapports sociaux, si gracieux, si raffinés soient-ils, sont obscurcis par une tragédie en puissance qui les éclipsera à la fin des temps.

Tous les conflits, primaires ou secondaires, viennent de deux facteurs. Il y a une attaque et une contre-attaque. Chacun des corps conflagrants agit comme l'autre le fait, parce que l'action de chacun est déterminée par l'action de l'autre. Si deux billes de billard se choquent, chacune frappe l'autre précisément comme elle en est frappée. Lorsqu'un petit garçon est frappé par un compagnon de jeux, il rend le coup aussitôt à moins que l'impulsion ne soit empêchée par la crainte ou la volonté consciente. L'action est grandement réflexe et, jusque-là, essentiellement pareille à la réaction de la bille de billard, quoique le mécanisme et le processus soient infiniment plus complexes. Quand une personne dit à une autre « Vous mentez », elle peut recevoir un soufflet, mais il est probable qu'elle aura d'abord cette réponse « Vous mentez vous-même ». Quand deux hommes se battent, chacun d'eux copie instinctivement les coups de l'autre. S'il ne le fait pas, c'est par hasard ou par l'intervention de la raison. Si deux armées luttent, chacune répète beaucoup de manœuvres de l'autre. La répétition consciente par un individu de quelque acte d'un autre est l'imitation. Celle-ci, par suite, est partie intégrante de tout conflit conscient. Les similitudes d'action, produites nécessairement par l'incidence des forces physiques, sont la base physique de l'imitation et sont une part essentielle de tout conflit.

On voit clairement à présent pourquoi l'imitation ne peut pas être regardée comme le phénomène social caractéristique, quoique facteur de toute activité sociale. L'imitation est une part du conflit primaire entre des animaux ou des hommes qui luttent à mort, aussi bien que du conflit secondaire qui continue parmi les animaux ou les hommes unis par des relations sociales.

Si la similitude d'action persiste assez longtemps, elle crée, cependant, une similitude de structure dans les corps conflagrants. La similitude de structure, réagissant à son tour sur l'activité, modifie le conflit. Les modes relativement tempérés de conflit deviennent plus tempérés encore. L'imitation a aussi une tendance vers la socialisation. Quoiqu'elle ne puisse s'identifier avec l'association, elle prépare souvent les voies à celle-ci en donnant une base à la conscience de l'espèce parmi des individus originairement très différents. Par suite de cette action modificatrice de l'imitation, tout conflit conscient qui se prolonge beaucoup s'épure lui-même. Dans la vie sociale, l'imitation continue sans cesse. Il en résulte que, quoique l'intercourse sociale reflète toujours en quelque degré le rude égoïsme du conflit primaire dont elle vient, son évolution est, en somme, un raffinement progressif des modes de conflit secondaire.

Un exposé scientifique de l'association doit commencer par quelques vues sur le phénomène psycho-physique de la rencontre. La rencontre imprévue de deux amis, séparés depuis longtemps, a quelquefois produit la mort de l'un d'eux. De tels faits prouvent que la rencontre occasionne un choc nerveux, ce qui est, sans contredit, un mode de conflit. Ordinairement, les conflits de molécules et de sentiments, qui constituent les sensations et les perceptions de la rencontre, sont infinitésimaux en amplitude mais, même alors, ils amènent souvent le caractère permanent d'association. Le toucher peut causer un frisson de plaisir ou de peine. Une odeur peut plaire ou rebuter. L'image d'un autre, sur la rétine, peut charmer ou désoler. La voix, à distance, peut faire plaisir ou peiner. Il est plus qu'improbable qu'on arrive à découvrir les racines des premières sensations de connaissance entre deux êtres conscients.

La perception débute par une impression de dissemblance. La ressemblance ne peut être distinguée de l'identité absolue que par des perceptions de différence et, par suite, ne peut être connue que si un degré quelconque de dissemblance est perçu. De plus, la conscience elle-même n'existe que là où se produit une perturbation d'équilibre dans la matière sensible de sa base physique, et cette perturbation ne peut être causée que par des différences dans les stimulants.

Les conséquences sociologiques de ces faits de psychologie élémentaire ne sont pas de peu d'importance. L'évolution de la conscience d'espèce ne peut avancer que lorsque les différences d'espèces sont clairement distinguées ; le sens de différence est d'abord présenté à l'esprit pour être surpassé par le sens toujours croissant de la ressemblance. Les impressions de dissemblance peuvent, aussi, être plus profondes que les impressions de ressemblance, parce que plus grand est le trouble nerveux et plus distincte est la conscience. Il s'ensuit que les créatures vivantes dissemblables, en se rapprochant, par leur contact créent un trouble psycho-physique plus grand que celui que produisent des créatures semblables. De ces conditions de la vie mentale il résulte que l'attention est toujours très occupée par les différences entre un être et ses compagnons, par les non ressemblances entre une espèce et les autres espèces et que, dans toute rencontre initiale d'hommes ou d'animaux, toute vraie dissemblance produit toujours une impression subite. Chez les animaux, la vue d'un étranger produit la peur. Le voyageur humain, dans un pays étranger, exagère d'abord les différences qui le séparent des hommes avec lesquels il vient se mêler. Une première promenade à travers les rues de l'est de New-York ou de l'ouest de Chicago ne cause qu'une impression pénible de différence, en apparence ineffaçable, de nationalités qui ne permet que difficilement la perception d'une humanité commune. Dans une nation dont la composition démotique résulte du mélange de beaucoup de races et de nationalités, le sens interne de dissemblance reste longtemps un obstacle à la parfaite assimilation.

Si les impressions de différence ne se changeaient jamais en impressions de ressemblance, tous les phénomènes psychologiques des agrégations tendraient à la dispersion et il n'y aurait pas de société. Il est, par suite, d'un haut intérêt de savoir comment il est généralement possible de parvenir aux impressions de ressemblance, de s'assurer à quel degré inférieur de la vie animale les premières impressions de dissemblance se changent d'ordinaire en des impressions de similitude d'espèce, lorsque des organismes du reste pareils sont mis en contact.

Aucune espèce animale ne fait une distinction consciente d'aucun genre, si les deux ordres d'impressions n'ont pas apparu. Si, dans l'ordre de la psychogénie, la différence est connue avant la ressemblance, si, chez beaucoup d'individus et dans beaucoup d'espèces, les impressions de dissemblance sont légèrement plus prononcées que celles de ressemblance, le sens de ressemblance a été acquis lorsque les témoignages externes des facultés de distinction sont devenus apparents pour l'observateur. L'amœba, la plus basse des créatures connues, simple fragment d'une sarcode sans structure, sans estomac, sans organes du sens, a ses aliments préférés et fait des choix singuliers. Elle attire à elle une coquille de diatomée contenant une diatomée vivante, mais distingue et refuse une coquille vide. Elle s'approprie non seulement des diatomées et d'autres sortes d'aliments végétaux, mais les animaux comme les rotifères, et elle ne dévore pas les amœbas, ses semblables. Elle prouve de diverses façons qu'elle perçoit la différence entre ses semblables et d'autres objets.

Cette connaissance, cette intelligence des distinctions dont sont nés les rapports sociaux ne sont pas malaisés, selon moi, à expliquer. L'amœba projette son corps en pseudopodes et, ce faisant, prend d'infinies variétés de formes. Les pseudopodes capturent les aliments. Ils sont fréquemment en contact mutuel. Aussitôt, une double sensation existe; sensation de toucher et d'être touché à la fois. La créature apprend ainsi à associer avec elle-même un certain tact. Elle connait la sensation du contact extérieur. Elle n'associe pas cette sensation à la nutrition, parce que même si un pseudopode en touche un autre, un corps ne se nourrit pas en s'absorbant. Par suite, lorsque, plus tard, elle vient en contact avec une autre amœba et éprouve des sensations de tact pareilles à celles qu'elle a ressenties en se touchant elle-même, elle reconnait l'autre créature comme pareille à elle-même et, donc, comme n'étant pas un aliment.

De même, le ver de terre, en se roulant sur lui-même, apprend à connaitre le contact de sa propre substance, à distinguer les créatures qui lui sont pareilles des autres ; les insectes, par le contact de leurs pattes, de leurs ailes, et surtout de leurs antennes, acquièrent la même connaissance.

Il peut se faire que l'apparente distinction des amœba soit essentiellement physiologique plutôt que psychique. Mais, s'il en est ainsi, du moins les actions qui aboutissent à des phénomènes psychiques, et celles, pareilles, des créatures un peu plus élevées dans l'échelle vitale, sont, évidemment, psychiques. Le seul point sur lequel je désire insister est qu'à n'importe quel stade de l'évolution organique, la connaissance de l'espèce commence dès qu'apparait une vraie distinction, de quelque genre qu'elle soit. Aucune autre distinction, de signification sociologique, n'a une telle généralité et ceci est la preuve certaine de la vérité de mon assertion que la conscience d'espèce est le fait subjectif primordial dans les phénomènes sociaux.

Même parmi les animaux supérieurs qui peuvent distinguer leur espèce des autres par la vue et l'ouïe, et parmi l'humanité, le toucher subsiste comme un témoin fondamental que réclame un instinct insurmontable. Les chevaux, les bœufs, les moutons, les chiens complètent leur connaissance en se touchant et se frottant mutuellement. Le baiser, la poignée de main, l'accolade sont des survivances du moyen primitif de faire connaissance parmi les hommes et les femmes. Ils survivent, comme Guyau l'observe avec tant de profondeur, parce que « le toucher est le moyen le plus primitif et le plus sûr de mettre en communication, d'harmoniser, de socialiser deux systèmes nerveux, deux consciences, deux vies », parce qu'il est « par excellence le sens de la vie ». Et Guyau ajoute très justement que le plaisir passionné que trouve la mère à caresser son bébé est plus que cet amour pour cet être fragile avec lequel M. Spencer le confond ; c'est plutôt un sentiment de l'harmonie profonde de la chair de cet enfant et de la sienne propre.

Dans la majorité des cas, les impressions de rencontre sont confuses. Celles de ressemblance et de différence sont si mêlées que l'esprit reste incertain sur le degré de similitude et demande une connaissance plus complète. C'est le motif originaire de toutes les communications.

L'expression d'un état conscient, au moyen des attitudes, des mouvements musculaires, est un langage commun aux hommes et aux animaux. En présence d'un semblable, toutes les manifestations physiques de sentiment subissent un changement involontaire, en accord avec l'attitude interne d'agression ou d'accueil. La rapide interprétation de ces changements est le jugement d'espèce à son premier degré. Chez les animaux mieux doués, ce jugement préliminaire est, à la fois, vérifié et corrigé par une communication plus délibérée, plus variée, comme lorsque deux chiens étrangers l'un à l'autre, avant de se battre ou de lier amitié, se regardent, se sentent, se montrent les dents, frémissent et expriment une douzaine peut-être de sentiments et de convictions par des mouvements de la tête et du cou, de la croupe et de la queue. Une communication canine, voudrais-je dire, a lieu quelquefois, entre des êtres humains. En décrivant une amusante rencontre de deux jeunes garçons des îles Bowditch, M. J. J. Lister dit : « Je vis deux enfants se quereller, ce qui n'est pas rare. On n'en vint pas aux coups. Ils restaient immobiles à quelque distance l'un de l'autre, se regardant du coin de l'œil quelques secondes. Alors un geste de menace d'un côté amenait un mouvement de défiance de l'autre. Un instant d'examen réciproque suivait, devenant de plus en plus long, pendant que les mouvements menaçants devenaient moins énergiques. Enfin, les deux champions prirent chacun une route et ce fut fini. Tout s'était passé dans le plus parfait silence. »

D'ordinaire, cependant, la communication humaine épuise les ressources du langage avant que les bases de l'association soient définitivement établies. Elle implique une comparaison de généalogies, de goûts, de croyances, d'ambition. Nous chérissons l'illusion qui nous fait croire que nous causons parce que nous nous soucions des choses dont nous parlons, tout comme nous chérissons cette illusion, la plus douce de toutes, la croyance en l'art pour l'art. La vérité, c'est que toute expression, par le vulgaire ou par l'artiste, et toute communication, depuis la conversation accidentelle de l'entrée en relations jusqu'aux profondes intimités d'un amour vrai, ont leur source dans la passion élémentaire de se connaître et de se faire connaître mutuellement, de définir la conscience d'espèce.

Lorsque la communication se continue indéfiniment, l'association peut être réputée fondée. L'association implique que la communication a prouvé aux individus en contact qu'ils étaient trop semblables pour essayer de se conquérir réciproquement. Elle n'implique pas que le conflit secondaire qui durera parmi eux sera nécessairement de nature sympathique. Dans une population d'éléments mixtes, telle que la congrégation en rassemble souvent, la contention est parfois rude, âpre même, pendant une longue période d'assimilation.

C'est le facteur-imitation qui intervient dans le conflit, pour harmoniser et assimiler graduellement. Des modes caractéristiques de la pensée et de l'action sortent de chaque individu, comme les ondes d'un centre d'agitation, et pour une pareille raison. L'ondulation d'un groupe de particules est un choc qui met en mouvement les particules adjacentes. A leur tour, celles-ci en mettent d'autres en mouvement, et l'onde est ainsi propagée jusqu'à ce qu'elle soit neutralisée par une onde de sens contraire ou se combine avec une onde synchronique. De même, tout acte et toute expression sont des stimulants pour des centres nerveux, qui les perçoivent ou les comprennent. A moins que leur action ne soit empêchée par la volonté ou par une stimulation contraire, elles doivent se traduire par des mouvements qui copient plus ou moins fidèlement l'original. Ainsi, un individu en imite nécessairement un autre. Un troisième imite nécessairement l'imitateur, et ainsi de suite jusqu'à ce que la volonté ou une interférence d'imitation termine le processus. Ceci n'arrivera pas, normalement, si l'action imitée est agréable et conduit manifestement à la survivance et au développement. Elle sera alors répétée consciemment et, pendant des milliers d'années, les imitations conscientes peuvent s'étendre à travers des populations qui se chiffrent par millions. La civilisation moderne continue, en l'imitant, celle de la Grèce et de Rome; elle est une imitation importée par Charlemagne dans l'Europe germanique, par Guillaume le Conquérant en Angleterre, par Colomb en Amérique, et qui, actuellement, traverse la Russie et l'Angleterre pour se répandre en Asie, en Australie et en Océanie.

Les ondulations partant de centres d'importantes perturbations dominent ou harmonisent les ondulations émanées de centres moins importants. L'imitation d'exemples remarquables en quelque sens domine ou combine des imitations d'exemples moindres. Par exemple, le premier usage d'un aliment ou d'un stimulant est imité, mais partout le plus grand nombre de ces imitations cessent ou deviennent occasionnelles, tandis qu'une ou deux deviennent universelles. La consommation que fait l'Ecossais du whisky, l'Allemand de la bière, le Chinois de l'opium, en sont de bons exemples. De meilleurs encore, parce qu'ils sont plus spéciaux, nous sont fournis par la cigarette de l'Espagnol, la grande pipe de l'Allemand, la pipe de terre de l'Irlandais, le cigare de l'Américain. De même, certaines coupes et couleurs de vêtements, certaines méthodes de construction, certaines formes de langage, des divertissements particuliers, des croyances, des rites, jusqu'à certains crimes spéciaux, montrent une force étonnante d'exemplarité, en persistant alors que d'autres sont vite oubliés.

Dans toute population, par conséquent, il y a toujours lieu d'observer une conformité globale à certains types persistants d'action, d'expression, de caractère. C'est le processus socialisant dans son mode le plus subtil et le plus efficace. C'est bien celui-ci qui fond, en définitive, les éléments divers de la population la plus hétérogène en un type homogène. Il crée un langage commun, des manières de penser communes et de communes façons de vivre. En détruisant ou en diminuant bien des différences initiales de langage, de croyance, de coutumes, il facilite les intermariages. C'est lui qui, peu à peu, fondra tous les éléments exotiques de la population des États-Unis dans un type américain persistant.

Néanmoins, l'imitation qui apaise d'anciens conflits en fait naître de nouveaux.

Les imitations ne sont jamais parfaites. Comme les ondes lumineuses, elles sont réfractées par leur milieu. Un mot passé d'une langue dans une autre n'est jamais absolument le même mot que dans l'original. Les lois de Grimm et de Raynouard sont les lois de la réfraction de l'imitation. De même, les mythes, les religions, les lois, les arts sont modifiés en passant d'une race, d'une nation à d'autres. Sur une échelle moindre, les imitations sont modifiées en passant d'individu à individu. Comme toutes choses dans l'univers, les imitations se différencient.

Il arrive, par suite, que dans chaque esprit individuel, comme dans toute population individuelle, naît un conflit d'imitations. Quelquefois, ce conflit est une conquête ou, comme l'appelle M. Tarde, un duel, où succombe une des imitations antagonistes. Mais quelquefois le conflit aboutit à une combinaison, comme lorsque deux vagues synchroniques s'unissent en une vague complexe et plus puissante. Là, comme l'a montré M. Tarde, est l'essence de l'invention. C'est la création d'une nouvelle idée, d'une nouvelle pratique par une combinaison d'idées familières ou de pratiques courantes. C'est le phénomène psychologique analogue à l'union d'éléments parents dans un nouvel organisme différent des deux parents.

Ainsi de nouveaux exemples naissent constamment pour lutter contre les imitations acceptées. M. Tarde appelle imitations-habitudes, celles qui nous viennent du passé. Les meilleurs exemples se trouvent dans les arts les plus simples d'utilité, dans la langue et dans la loi. Il désigne par « imitation-mode » l'imitation d'exemples nouveaux; comme les modes, les engouements, les révolutions.

Entre les imitations-habitudes et les imitations-modes, le conflit est incessant. L'imitation-mode débute par l'impression que fait un individu sur une masse. En se répandant à travers la population, elle devient l'impression faite par la masse sur l'individu. M. Tarde donne comme hypnotique, l'impression d'un homme sur une foule, et comme intimidative l'impression de la foule sur un individu. Le conflit est perpétuel entre l'individu qui voudrait fasciner la communauté par un exemple nouveau et la communauté attachée à ses anciennes coutumes; entre la foule qui voudrait intimider par un élan et l'individu qui voudrait y résister.

Donc, si l'imitation, en somme, harmonise une population et élargit la conscience d'espèce, jusqu'à un certain point elle différencie et oppose.

Partout, restent des causes persistantes d'antagonismes. Avant toutes autres, sont les instincts de conquêtes, conservés par la nécessité de détruire la vie, pour maintenir la vie. De plus, il y a les différences primitives de nature et de coutume que l'assimilation n'a pas encore effacées ou neutralisées. Enfin, les différences secondaires qu'amène chaque jour le conflit d'imitations.

On peut y ajouter une cause occasionnelle qui opère, parfois, avec une terrible efficacité. D'ordinaire, la recherche des aliments, dans les groupes, amène une rivalité ou une compétition parmi les membres de ces groupes et non pas une agression directe de l'un à l'autre. D'ordinaire aussi, les périls qui menacent l'un n'ont pas à être conjurés par le sacrifice d'un autre. Mais, quelquefois, des dangers se présentent auxquels échappent seuls ceux qui ont dépouillé tout scrupule; quelquefois, l'agonie de la faim pousse le faible, sûr d'être repoussé et massacré, à essayer de voler, de tuer, de manger ses semblables. Le cannibalisme a son origine probable dans la famine.

L'antagonisme, cependant, se limite lui-même et se termine dans l'équilibre. Le très fort tue le très faible. Le très fort, s'il est anti-social, est écrasé par la supériorité numérique des individus de force moyenne et il est, ou tué, ou exilé comme, par exemple, chez les corneilles, dans les troupeaux de bœufs sauvages, chez les éléphants sauvages, et dans toutes les tribus d'hommes sauvages. La majorité est composée de membres dont la force est trop égale pour qu'un puisse espérer supprimer l'autre. L'équilibre des forces est cependant ébranlé de temps en temps, et de même rétabli, par des agressions fréquentes, des vengeances, phénomènes qui s'observent non seulement chez les animaux et les sauvages, mais malheureusement trop souvent dans les communautés civilisées. La tolérance et la justice ont, ainsi, leur source dans la force, leur base permanente dans la force et non pas dans les sentiments moraux, ni dans le calcul conscient de l'expérience qui, dans la civilisation, sont devenus des facteurs de la justice, si apparents qu'ils obscurcissent l'élément originaire. C'est là une vérité que reconnaissent pleinement aujourd'hui tous ceux qui écrivent sur l'ethique et la loi et qu'a éclairés l'étude de la jurisprudence comparée.

Lorsque la tolérance est fondée, la coopération et l'alliance sont possibles. L'aide mutuelle commence inconsciemment par une aide ou une protection accidentelle. La sélection naturelle la conserve et, à la fin, lorsque ses avantages sont compris, elle est consciemment perpétuée.

D'abord, l'aide mutuelle, dans les communautés, soit humaines, soit animales, est une coopération simple et momentanée. Les abeilles, parmi les invertébrés, les rats et les souris, chez les vertébrés, s'entr'aident souvent pour porter des objets trop lourds pour chacun. Les oiseaux faibles se protègent souvent mutuellement pendant la couvaison. Chez les eiders, plusieurs femelles couvent le même nid rempli d'œufs.

Fréquemment, ces formes simples de coopération sont systématiques. Les bandes de pélicans à la pêche forment un demi-cercle dans une baie et poussent les poissons au rivage. Les cochons sauvages se mettent en cercle autour des jeunes pour résister aux loups. Souvent la coopération chez les hommes est d'une égale simplicité. Dans un danger soudain, le noir Australien peut compter sur l'aide de tous les membres de sa horde. A des époques régulières, les Indiens Similkameen de la Colombie britannique se rassemblent pour chasser. Aidés par leurs chiens, ils battent la campagne sur des milles d'étendue, repoussent les bandes de daims dans un cul-de-sac et les massacrent. De pareils exemples, dans la civilisation, sont offerts par les forestiers américains lorsqu'ils transportent les madriers, qu'ils élèvent des cabanes ou battent leur grain.

Plus tard, cette coopération devient complexe par le développement de la coordination et de la subordination.

Les cacatoës et les perroquets mettent des sentinelles en garde pendant qu'ils se repaissent et écoutent leurs avertissements. « Avant de s'abattre sur un champ de blé, une bande de perroquets blancs d'Australie envoie une patrouille qui occupe la cime des arbres, près du champ, tandis que des vedettes perchent sur les arbres placés entre le champ et la forêt et transmettent les signaux. Si le rapport indique que tout va bien, une vingtaine de cacatoës se séparent du reste de la bande et volent jusqu'aux arbres les plus rapprochés du champ. Ils examinent longtemps tous les environs, et ce n'est que lorsqu'ils donnent le signal de la marche générale que la bande entière arrive en bloc et dévaste le champ en un moment. »

Les cerfs, les antilopes, les gazelles et les rennes montrent la plus grande vigilance pour protéger les troupeaux contre les carnivores. Ils ont des chefs et des sentinelles, comme d'ailleurs les bandes d'éléphants, de buffles, de chevaux et de singes. On a vu le chef d'une bande d'éléphants « reconnaître » un étang, placer avec soin cinq sentinelles dans le voisinage, et enfin rassembler et amener les quatre-vingts ou cent éléphants de la bande. Une troupe de babouins sous la direction d'un mâle à tête grise ramasse de grosses pierres et d'autres projectiles et les fait rouler sur le versant d'une montagne, avec assez de force pour repousser une compagnie de vingt chasseurs.

Parmi les hommes sauvages, la coordination est ordinairement plus développée que chez les animaux, quoique cette règle ait des exceptions. Parmi les civilisés, elle est spontanée comme l'aide mutuelle.

La communication, l'imitation développée, la tolérance et l'alliance sont les activités essentielles de l'association. Chacune caractérise un groupe important de phénomènes sociaux et, réunies, elles sont, par conséquent, les antécédents d'une grande portion de différenciation sociale. L'imitation est le grand facteur social de la vie économique. Combinée avec les facteurs individuels, elle est le fondement des désirs diversifiés et de l'industrie diligente. La tolérance est le fondement de la justice. L'aide mutuelle est la base de l'organisation économique et des alliances politiques.

L'association n'est parfaite, cependant, que lorsqu'elle est agréable, sympathique. Le véritable état social n'existe que lorsque l'association est devenue si agréable qu'il faudrait stimuler puissamment les instincts purement individuels pour contrebalancer l'élan social.

C'est par l'observation d'activités peu étudiées jusqu'ici que l'on peut comprendre la genèse du plaisir social et des formes supérieures d'association. Quand le groupe social, quelle que soit son origine, reste uni pendant plusieurs générations successives, les modes d'emploi de l'énergie se multiplient. Chez les adultes comme chez les jeunes, mais surtout chez ces derniers, cette dépense prend la forme du jeu. Les fêtes, ou la combinaison de l'amusement avec la satisfaction de l'appétit, viennent plus tard et sont plus agréables aux adultes. Dans les jeux ou dans les fêtes, qui sont d'abord le débouché spontané des énergies surabondantes, naissent de vrais forces sociales, produits d'une condition sociale qui, à son tour, contribue à l'évolution d'une condition sociale supérieure. Elles sont assez puissantes pour s'imprimer sur la nature humaine; elles commencent à agir sur l'individu lorsqu'il est à l'âge le plus impressionnable et elles continuent assez longtemps pour obtenir des résultats persistants.

Le jeu a été le plus grand agent éducateur dans les communautés animales. Les jeunes oiseaux nés et élevés ensemble et beaucoup de jeunes mammifères passent littéralement toutes leurs journées, jusqu'à la maturité, à des jeux sans fin. « La vie en société ne cesse pas avec l'habitation des nids ; elle commence alors sous une nouvelle forme. Les jeunes s'unissent en bandes de compagnons, souvent d'espèces différentes. La vie sociale est pratiquée alors surtout pour elle-même — en partie pour la sécurité qui en résulte — mais principalement pour les plaisirs qu'elle donne. »

« Les villages des chiens de prairie en Amérique sont un des spectacles les plus attrayants. Aussi loin que l'œil peut embrasser la prairie, il découvre des mottes de terre et, sur chacune d'elles, un chien de prairie debout, conversant vivement avec ses voisins au moyen de brefs aboiements. Dès que l'approche de l'homme est signalée, tous plongent aussitôt dans leurs trous et disparaissent comme par enchantement. Dès que le danger est passé, ils se montrent bientôt. Des familles entières sortent de leurs galeries et jouent. Les jeunes s'égratignent, se bousculent et déploient leur grâce en se tenant debout pendant que les vieux font le guet. Ils se visitent et le sentier qui réunit leurs tanières prouve que ces visites sont fréquentes. Bref, les meilleurs naturalistes ont écrit quelques-unes de leurs meilleures pages en décrivant les associations des chiens de prairie en Amérique, les marmottes du Vieux-Monde et les marmottes polaires des régions des Alpes. »

De même, chez les humains, c'est dans les jeux de l'enfance qu'évoluent la sympathie sociale, le sens social, l'habitude sociale. Plus tard des fêtes périodiques et les divertissements plus ou moins élaborés, deviennent des moyens auxiliaires importants de l'éducation sociale.

Si l'on retirait de la vie sauvage ses fêtes et ses danses,

il y resterait bien peu d'activité sociale. La danse est à l'origine la dépense d'un surcroît d'énergie, aussi spontanée que les gambades des animaux, mais à la différence de celles-ci, ce plaisir humain est vite soumis à des formes conventionnelles. L'imitation cause cette transformation. Les danses les plus primitives des sauvages sont des imitations des animaux ou d'événements familiers. Les Tasmaniens imitent surtout les kangourous, le tonnerre, les éclairs. Les Australiens du Sud en arrivent à représenter des chasses ou des batailles d'animaux. Les Caraïbes du Brésil ont pour sujet favori la représentation des efforts que fait un jaguar pour faire sortir un agouti de son trou. La danse des Esquimaux est souvent une imitation burlesque d'oiseaux ou d'animaux familiers, accompagnés de chants et de pantomimes. Quelquefois les femmes sauvages ont des danses particulières rappelant des faits de leur propre existence. Les danses des enfants ont souvent un caractère plus impromptu que celles des adultes.

Beaucoup de jeux usités par les civilisés se retrouvent chez les sauvages et les barbares. Le tir à la cible avec la fronde, l'arc ou le fusil, le jeu de cache-cache, sont universels. Les sports des sauvages et des barbares prouvent souvent un degré étonnant d'ingéniosité et d'adresse. Les enfants des Hébrides attachent des pierres au haut d'une baguette de cotonnier et, du rivage, jettent les baguettes ainsi lestées au delà de la barre. Les pierres sont justes assez lourdes pour maintenir les baguettes verticales et pour ne pas les entraîner au fond de l'eau. Le gagnant est celui dont la baguette reste la dernière après que les autres ont perdu leurs pierres ou ont été jetées sur les brisants.

Presque tous les jeux se servent de la rivalité et des épisodes d'un combat. Un des meilleurs exemples est le jeu de l'arc chez les Indiens Unpo des bords de l'Amazone. Deux camps, d'une vingtaine de guerriers chacun, visent leurs adversaires et leur lancent les dards tout en attrapant, avec une adresse étonnante, ceux qui leur sont lancés. Un exemple intéressant des relations primitives des sexes nous vient de l'île de l'Alouette, dans la Nouvelle-Guyane. Au clair de lune, les femmes élèvent sur la côte une grande montagne de sable. Elles s'asseyent sur le haut, chantent et défient les hommes de les faire partir. Un par un, les hommes viennent et bâtissent une montagne pareille. Les deux bandes chantent ensemble. Soudain, un homme fait un bond et s'empare d'une femme. Toutes ses compagnes viennent à la rescousse pendant que les hommes secondent l'agresseur. Une mêlée générale s'ensuit, non sans causer quelque sérieux dommage.

Dans les plaisirs sociaux des êtres humains, deux éléments se trouvent qui, à ce que nous en savons, ne sont pas employés par les animaux inférieurs. Après la rivalité, c'est le hasard qui est le grand attrait du jeu, dans tout l'univers. Le jeu de hasard est une passion maudite. Le goût des stimulants l'est aussi. Peu de tribus ignorent les boissons enivrantes ou les narcotiques. Si déplorables que soient les conséquences du jeu de hasard et de l'ivresse, la véridique observation est obligée d'admettre qu'aux premiers stades du développement social ces vices ont eu une fonction utile, et que là est évidemment l'explication de leur surprenante vitalité. Ils ont été les excitants grossiers du sentiment social dans de grossières natures.

De plus, chez ces hommes rudes, les boissons enivrantes et les narcotiques ont, sans nul doute, contribué à changer la fonction physiologique de manger en une fonction sociale de fête. Dans toute tribu sauvage ou barbare qui a appris à boire et à fumer, les fêtes sont les plus communs des plaisirs sociaux et forment un vigoureux lien social.

Le jeu spontané, la danse conventionnelle, les jeux de hasard, les fêtes, l'ivresse se combinent en fêtes systématiques périodiquement répétées. De telles occasions ont leur importance en contrebalançant les nombreuses causes d'antagonisme de la vie sauvage. Le korroboree, ou fête de l'indigène australien, a été peut-être le plus efficace des moyens qui ont conservé des relations amicales entre les tribus. C'est surtout vrai du « kobongo korroboreo », qui avait lieu une fois par an. Pendant les jours qui précédaient le festival, les bandes s'assemblaient, venues de près ou de loin, portant avec elles des quantités de miel sauvage, de kangourous, d'opossums, d'émous, de canards sauvages. Les fêtes duraient plusieurs jours et finissaient par une danse particulière au clair de lune, qui se continuait jusqu'à épuisement des danseurs. La pacification de deux tribus après une guerre était toujours marquée par un korroboree.

Si les plaisirs sociaux de la civilisation se distinguent par une plus grande variété, par un plus grand raffinement que ceux de la sauvagerie, ils n'en diffèrent pas essentiellement. La danse, de la polka impromptu du gamin des rues jusqu'aux bals masqués ; les représentations dramatiques, du théâtre de salon au grand opéra ; les jeux d'adresse, des billes jusqu'aux courses de yacht ; les jeux de hasard, de la « morra » à la roulette et au « book-making » ; les fêtes, dans tous leurs degrés, sont des amusements universels. On ne peut exagérer leur influence sur l'expansion des sentiments sociaux. Selon leur caractère bon ou mauvais, ils unissent ou démoralisent une population. Leurs effets s'aperçoivent surtout là où la civilisation est grossière, et où elle commence précisément à pénétrer une classe qui en était privée. Ils ont été un agent important dans l'évolution des communautés de l'Ouest des États-Unis. « Quelques-uns des pionniers gardaient encore un peu de l'austérité presbytérienne en ce qui touche les divertissements ; mais en règle générale, ils aimaient les courses de chevaux, la boisson, la danse, les courses à pied. La récolte du blé, le battage du lin, le charriage des bois, la construction des huttes, le bouillage du sucre d'érable, étaient des occasions de gaîté bruyante et cordiale, où accourait tout le voisinage; car un homme se serait cru insulté si on n'avait pas requis son aide en de telles circonstances et aucun n'eût songé à la refuser. Les hommes devaient sans cesse affronter les fatigues et les dangers et il leur était doux d'échapper un moment aux liens de leurs vies étroites et de goûter les plaisirs simples qui seront toujours chers à une race forte, simple et primitive. » Si les masses hétérogènes de populations qui occupent les faubourgs de nos grandes villes sont un jour socialement organisées, ce sera après qu'elles auront adopté des plaisirs plus sainement sociaux que ceux vers lesquels les poussent leurs instincts.

L'association réagit sur les individus associés et modifie leur nature. Dans tout ce qui concerne la vie mentale et morale, l'association a une influence plus grande que celle du milieu physique. Par les changements psychiques qui affectent le système nerveux, et par d'autres voies, l'association influe même sur l'organisation corporelle.

Les facultés intellectuelles d'attention volontaire, de généralisation, de pensée abstraite et d'invention, sont développées surtout par l'association. Elles présument dans l'individu la conscience de lui-même comme sujet et cette conscience est un effet de ses observations, de son imitation d'individus pareils à lui-même. La pensée scientifique sur le milieu devient possible après l'éclosion de cette conscience de soi-même. Elle présume une perception d'uniformités. Celle-ci présuppose une perception de longues séries qui, à son tour, présuppose l'association continuée pendant longtemps et l'art de transmettre les observations d'une génération à l'autre. L'originalité de la pensée exige la modificabilité de croyance, due à une expérience variée, impossible en dehors de l'association.

Il n'est pas besoin de démontrer ici l'origine sociale des qualités morales d'approbativité, de sympathie, de courage, de vivacité, de bonne foi. Lewes et M. Spencer se sont étendus sur ces démonstrations, mais personne n'a été plus directement au cœur de la question qu'Adam Smith dans sa *Théorie des Sentiments moraux.* « De même que la nature enseigne aux spectateurs à se mettre à la place de la personne principalement intéressée, écrivait Smith, elle enseigne à cette dernière à se mettre, en quelque mesure, à la place des spectateurs. » Sur ces deux efforts (celui des spectateurs d'entrer dans les sentiments de la partie intéressée et celui de cette dernière d'entrer dans les sentiments des spectateurs), se basent deux ordres de vertus, les unes douces, humaines, les autres grandes, terribles, respectables, les vertus de renoncement ou de propre gouvernement.

L'association moule ainsi les natures individuelles et les adapte à la vie sociale. Elle crée une nature sociale.

La vraie nature sociale est à ce point susceptible de suggestion, à ce point imitative en ce qui touche le bien-être matériel que qui la possède désire et tâche de vivre au moins aussi bien que la moyenne des membres prospères de la communauté. Le désir de jouir de ce dont les autres jouissent, la tendance imitative d'agir comme les autres agissent, sont assez forts dans l'individu social pour le pousser à poursuivre des intérêts matériels avec la même ardeur que mettent les autres à poursuivre les leurs. Cette combinaison de désirs et d'ardeur est la base de ce que les économistes appellent le « standard of life ». Elle est la base de la richesse et de tout progrès individuel.

La nature sociale est tolérante. L'individu social s'abstient de toute association active dans la lutte pour la vie que soutiennent ses compagnons. Ce n'est qu'après que la pratique de la tolérance est devenue habituelle, qu'après que certains goûts sont devenus normaux, qu'on peut dire que la nature tolérante existe. Il faut que les membres de la communauté aient déjà accepté la première découverte :

qu'après que l'exceptionnellement fort a tué l'exceptionnellement faible, ou a lui-même été détruit soit par son fait, soit par la résistance coalisée des individus de force moyenne, un conflit ultérieur entre des individus à peu près de force égale, est inutile. Ils doivent avoir perdu leur appétit pour la chair de leurs semblables, avoir appris à se contenter des genres d'aliments et de moyens d'existence qui sont assez abondants pour subvenir aux besoins d'une société entière. L'antagonisme au sein de la société ne peut disparaitre que si les goûts exclusifs font place aux goûts communs à beaucoup, et c'est là une vérité que le sociologue peut recommander de tout cœur à ces réformateurs sociaux qui essayent d'améliorer le monde par une réorganisation insoucieuse des désirs humains. D'autres changements dans la conscience sont encore nécessaires avant que la nature tolérante soit parfaite. La tolérance ne doit pas être non seulement supportable, mais agréable. Il doit y avoir un sentiment de plaisir dans la simple présence d'un semblable.

La nature sociale, enfin, est serviable, sympathique, sociable.

Les résultats de l'association ne sont pas également partagés par tous les individus. Aucune combinaison de circonstances ne peut faire que tous débutent dans la vie avec une hérédité également bonne, ou que tous puissent conquérir une égale nourriture. Le processus de la sélection est possible par ces différences mêmes. Il est de même irréalisable que tous puissent avoir une part égale dans la croissance mentale, dans les modifications morales qui surviennent. L'inégalité des facultés physiques, mentales, morales et ses variétés de dispositions, est donc une des caractéristiques d'une population sociale.

Une population se différencie donc toujours en classes. Ces classes sont de trois ordres fondamentaux ou primaires : les classes de vitalité, les classes de personnalité, les classes sociales. Celles de tous les autres ordres, comme seraient les classes politiques, industrielles, économiques, sont secondaires et sont les produits très spéciaux d'une évolution sociale avancée. Les classes primaires et secondaires sont sans cesse confondues dans les discussions courantes et même dans les recherches statistiques, parce qu'on néglige cette règle que les classifications des phénomènes d'évolution doivent être faites en conformité de l'ordre génétique dans lequel apparait la différenciation. Les différences de vitalité, de constitution personnelle, d'habileté, de caractère et de nature sociale, sont créées directement par l'association. Les différences de statut social et d'occupation sont créées médiatement par l'association, par l'évolution d'une constitution sociale. Les différences de richesse sont des conséquences encore plus éloignées de l'association. Elles font partie des derniers phénomènes, et les plus spéciaux, du progrès. Les classes secondaires intéressent les sciences sociales spéciales. Le sociologue ne s'occupe que des classes primaires.

Les classes de vitalité sont les plus simples résultats directs de l'association. Elles naissent de la combinaison de divers éléments dans l'hérédité et les circonstances de chaque individu. Les indices des classes de vitalité sont leurs taux de natalité et de mortalité. La classe supérieure de vitalité a une grande natalité et une faible mortalité. Dans les communautés modernes, elle se confond à peu près avec les populations rurales propriétaires de leur sol. La classe moyenne de vitalité a une faible natalité et une faible mortalité. Elle se trouve surtout dans les classes professionnelles et commerciales des villes. La classe inférieure de vitalité a une faible natalité et une grande mortalité. Elle coïncide presque avec la classe laborieuse des cités.

Les classes de personnalité, comme les précédentes, sont créées par les combinaisons d'hérédité et de circonstances engendrées par l'association et sont, par exemple :

les hommes de génie ou de talent ; l'homme normalement doué ; celui qui l'est faiblement. Les premiers pas d'une étude scientifique des deux premières de ces classes ont été faits par sir Francis Galton, par le professeur Lombroso et par quelques autres savants moins connus, mais jusqu'ici il y a peu de données scientifiques exactes sur les personnalités exceptionnelles ou normales. L'homme insuffisamment doué a été longtemps soumis à la méthode statistique. Dans toute énumération des incomplets, doivent figurer l'infirme, l'aveugle, le sourd et muet, l'ivrogne, l'épileptique, l'imbécile, le fou et le suicide.

Les classes sociales, qui séparent les différences de nature sociales, viennent en partie des combinaisons d'hérédité, et en partie de l'influence éducatrice de l'association, qui continue à agir sur les éléments personnels, inégalement doués de la population. Elle amène quelques individus à une parfaite adaptation à la vie sociale. A un moindre degré, elle en modifie d'autres. La mêlée sociale, d'autant plus forte que la population s'accroît, a d'importantes conséquences. Les individus normalement organisés réagissent salutairement contre elle et deviennent de plus en plus sociaux, tandis que les insuffisants, devenus dégénérés, se défendent d'une façon morbide jusqu'à ce qu'ils deviennent impropres à la vie sociale ou même en antagonisme avec elle. Évidemment, ce sont là des différenciations non seulement de personnalité mais aussi de socialité.

Les vrais classes sociales sont : la classe sociale, la classe non-sociale, la classe pseudo-sociale et la classe anti-sociale. La classe sociale se compose de ceux qui possèdent à un haut degré la conscience d'espèce et que leurs dispositions et leurs habitudes poussent à contribuer positivement aux relations serviables. Comme l'aptitude et la volonté de déployer dans les relations du raffinement et du charme sont les preuves qu'une société polie demande aux hommes et aux femmes qui réclament une certaine distinction, de même l'aptitude et la volonté de vouer sa vie et ses facultés à la défense et à l'amélioration de l'ordre social existant est la marque des qualités vraiment sociales dans leur sens le plus large. La classe sociale est donc celle que Harrington, développant la pensée d'Aristote, appelait l'aristocratie naturelle parmi les hommes. Sans cette classe, formée des hommes qui aident, inspirent et conduisent, des hommes qui se jettent dans les entreprises désintéressées, du philanthrope, des réformateurs de la bonne espèce, aucune communauté ne survivra et ne prospérera, que son gouvernement soit monarchique ou républicain, que ses richesses soient grandes ou faibles.

La classe non-sociale est composée de ceux que domine un individualisme étroit. Leur conscience d'espèce est normale, mais développée seulement en partie. Ils n'acceptent ni ne font de faveurs. Ils demandent uniquement à n'être pas importunés. C'est la classe sociale primordiale, dont les trois autres procèdent, directement ou non, qui contient en germe toutes les vertus sociales, tous les crimes et tous les vices sociaux. Elle est neutre, attend que les courants de la vie, auxquels elle ne résiste pas, la poussent vers le mieux ou vers le pire.

La classe pseudo-sociale est formée des pauvres de naissance et d'habitude. Leur conscience d'espèce est dégénérée. Ils simulent les qualités de la classe sociale et se posent toujours en victimes du destin. En réalité, ils n'ont même pas les vertus de la classe non-sociale. Ils ne cherchent qu'à vivre en parasites. Parmi ceux que la loi appelle indigents, il en est cependant qui sont vraiment des victimes du sort et qui, par conséquent, n'appartiennent pas à la classe pseudo-sociale.

La classe anti-sociale est faite des criminels d'instinct et d'habitude, chez lesquels la conscience d'espèce est près de disparaître, qui haïssent la société et toutes ses suites. Ils ne prétendent pas aux vertus sociales et préfèrent vivre en lutte ouverte contre la société. Ils ne lui demandent pas de les aider à protéger leurs droits ou leurs intérêts et aiment mieux venger eux-mêmes tous les torts dont ils souffrent ou croient souffrir. Parmi ceux que la loi classe comme criminels, beaucoup ne sont pas devenus anti-sociaux et ne font pas partie de la classe anti-sociale.

Partout où les sources secondaires d'existence sont abondantes et permanentes, c'est-à-dire partout où existe un surplus de richesses — les types indigents et criminels sont développés dans les grandes classes de population.

Les sociétés animales ont leurs criminels. Elles ont aussi leurs indigents qui suivent la bande dans ses expéditions et vivent sur les aliments que trouvent les plus forts, mais elles n'ont pas, comme les sociétés humaines, une classe indigente, parce que l'excédent des subsistances est insuffisant et que les conditions de la vie sont trop rigoureuses pour qu'elle pût subsister; elles n'ont pas de classe criminelle, parce que les criminels sont expulsés ou détruits.

De même que l'agrégation commence là où se trouvent des ressources alimentaires naturelles, de même l'agrégation des criminels et des indigents commence et continue là où s'accumule le surplus artificiel. « La frontière, dit Roosevelt, en dépit d'une apparente uniformité de moyens et de manières, est surtout le champ des violents combats. Les deux extrêmes de la société, les plus forts, les meilleurs, les plus entreprenants et les plus faibles, les plus mauvais, les vicieux sont ceux qui sont le *plus naturellement* séparés. Beaucoup de ceux qui vinrent dans nos forêts pour y créer un domicile et y élever une famille étaient laborieux et honnêtes, mais il y eut une affluence des pires immigrants qui soient peut-être venus en Amérique, la masse de convicts et de leurs pareils qui forma un stratum déplorable dans cette population, sans eux excellente, de la Virginie et de la Caroline. Beaucoup des indigents blancs du Sud viennent de cette classe qui a, aussi, engendré dans les forêts des générations de criminels et un plus grand nombre de paresseux et d'incapables qui encombrent lâchement la surface terrestre. Dans bien des endroits, ils ont une influence déplorable et permanente sur le reste de leurs communautés. Dans les forêts, ils mènent une vie de méchanceté irréfrénée. Ils haïssent le bien en lui même et s'évertuent à le combattre. Là où l'élément mauvais est nombreux, les bandes de voleurs de chevaux, de bandits de grands chemins, s'unissent avec les jeunes gens vicieux adonnés aux jeux, aux rixes et au reste. Ils ont formé ainsi des organisations à demi secrètes, souvent d'une grande étendue et avec de larges ramifications. S'ils arrivaient à dominer une communauté, ils y établissaient la terreur, se substituaient aux fonctionnaires et aux magistrats, tuaient sans scrupule tous ceux qui leur faisaient obstacle ».

L'histoire de la Loi des Pauvres en Angleterre n'est qu'un long souvenir de l'accroissement et de la diminution du paupérisme avec les oscillations rythmiques d'un sentimentalisme, qui voulait employer en aumônes et en secours l'augmentation de la richesse publique. Toute l'expérience moderne de l'assistance publique est une démonstration écrasante que toute communauté aura tous les pauvres et tous les criminels qu'elle voudra bien maintenir.

Actuellement, les grands centres de sources secondaires de subsistance sont les cités; et c'est là que la population indigente et criminelle augmente le plus rapidement. Pendant l'année qui a fini le 31 octobre 1892, les cours de la cité de New-York n'ont pas jugé moins de 45.777 criminels ou délinquants. En 1890, la même cité, avec une population de 1.515.300 habitants a secouru 25.212 adultes et 1.324 enfants, distribué du charbon à 8.340 familles, enseveli 2.042 indigents. L'asile de Blackwell's Island pendant le même temps a hospitalisé 5.337 indigents.

Dans l'étude de la genèse des classes de population

nous trouvons la clef de l'arrangement scientifique de ces questions intéressantes dont on parle souvent comme de problèmes de sociologie pratique. Beaucoup de penseurs ont cherché comment l'étude du crime, du paupérisme, du vice, de la pauvreté, de la folie, du suicide pouvait se relier aux propositions de la sociologie théorique, et les écrivains sociologues ont généralement recouru à l'expédient habituel de diviser leur sujet en théorique et pratique, ou en sociologie théorique et en sociologie appliquée, ou en science et art. J'avoue n'avoir jamais eu un grand respect pour cet expédient. Quelques-uns des faits dont s'occupe la science sont plus pratiques que d'autres, parce qu'ils touchent de plus près notre vie quotidienne, mais, en tant que faits connaissables, ils admettent une explication. L'explication est une théorie et si nous ne la voyons pas une part coordonnée de la théorie plus large de notre sujet tout entier, la raison en est que nous n'avons pas assez complètement travaillé la subordination logique de ces théorèmes particuliers. On aurait de plus justes vues des grands résultats de la sociologie pratique si on pouvait opérer un rangement scientifique des problèmes. Si l'association modifie nécessairement les natures physique, mentale et morale, mais inégalement chez les individus, et si, par suite, des degrés inégaux d'adaptation aux conditions de la vie sociale sont inévitables, nous avons l'explication de la différenciation en classes, avec des différences tranchées de nature physique, mentale et sociale. Il est donc possible de trouver dans une vraie théorie de l'évolution sociale, une explication qui accepte un ordre scientifique dans la masse des faits de la sociologie pratique.

CHAPITRE II

L'Esprit social

Les éléments mentaux et moraux de la société sont combinés en produits désignés par des termes tels que : sentiment général, désir général, sens moral, opinion publique, volonté générale de la communauté, et que le sociologue doit nommer collectivement l'esprit social. Le résultat primaire de l'association est une évolution de l'esprit individuel. Le résultat secondaire est une évolution de l'esprit social.

Le premier écrivain qui a formulé une conception scientifique de l'esprit social est Lewes, qui a donné une excellente définition de ce qu'il appelle l'esprit général :

« Les expériences de chaque individu, dit-il, vont et viennent ; elles se corrigent, s'élargissent, s'effacent mutuellement, laissant derrière elles un certain résidu qui, condensé en intuitions et formulé en principes, gouverne et modifie toutes les expériences futures. La somme de celles-ci constitue l'esprit individuel. Un procédé similaire développe l'esprit général, résidu des expériences communes à tous. Par le langage, l'individu participe au fonds commun qui devient ainsi pour lui une influence objective et impersonnelle. Chacun y a recours. Tous, nous nous servons de ce dépôt et tous nous contribuons à l'accroître. Non seulement nous nous trouvons en face de la nature, aux ordres de laquelle nous devons nous conformer, mais en face de la société, dont les lois requièrent l'obéissance. Nous devons apprendre ce qu'est et ce que veut la nature, ce que pensent et veulent nos semblables, et si nos pensées ne sont pas justes et si nos actes ne s'y harmonisent pas, nous sommes inexorablement châtiés.

« Chaque génération nouvelle est née dans ce milieu social et doit s'adapter aux formes établies. La société, quoique formée d'individus, a une réaction puissante sur chaque individu. « A l'enfance des nations, dit Montesquieu, l'homme forme l'État. Dans leur maturité, l'État forme l'homme. » De même, l'expérience collective modèle l'expérience de l'individu. Elle fait qu'un homme accepte ce qu'il ne peut comprendre, obéit à ce à quoi il ne croit pas. Ses pensées ne sont siennes qu'en partie; elles sont aussi la pensée des autres. Ses actions sont guidées par la volonté d'autrui. Il la présente même en s'insurgeant contre elle. Sa règle est extérieure. Cela est vrai que tous les hommes affirment et que l'expérience ne contredit pas : *Consensus gentium*. Si un homme ne voit pas cette vérité, on le juge anormal ou on le déclare fou. S'il ne ressent pas ce que tous ressentent, il cesse de compter, sinon dans la statistique des anormaux.

« Les expériences individuelles étant limitées, et la spontanéité individuelle étant faible, nous sommes secourus et enrichis en nous assimilant les expériences des autres. Une nation, une tribu, une secte, est le milieu de l'esprit individuel, comme une mer, une rivière ou un étang sont le milieu d'un poisson. C'est par elle qu'il touche le monde extérieur et en est touché, mais les mouvements de son activité sont restreints dans ce cercle. La nation influe sur la secte, la secte sur l'individu. L'individu n'est pas passif, il n'est que dirigé et, à son tour, réagit sur la secte et la nation, concourant à créer la vie sociale à laquelle il participe. »

Lewes n'a pas distingué l'esprit général d'une communauté particulière et l'esprit général de l'humanité. Il est utile de chercher cette distinction. Chaque communauté ou chaque tribu, chaque nation a son propre esprit social qui diffère davantage de l'esprit social de toute autre société, que l'apparence physique de l'une ne diffère pas de celle de l'autre. Cependant, toutes les communautés ont en commun certains sentiments, certaines idées : il y a un esprit humain.

Nous devons éviter avec soin d'associer des concepts faux aux expressions « esprit social » ou « conscience sociale ». Elles ne représentent pas de simples abstractions. L'esprit social est une chose concrète. Il est plus que tout esprit individuel et domine toute volonté individuelle. Cependant, il n'existe que dans des esprits individuels, et nous ne connaissons d'autre conscience que celle des individus. La conscience sociale, dès lors, n'est pas autre chose que le sentiment ou l'idée qui apparait au même instant chez tous les individus ou qui se propage de l'un à l'autre à travers toute l'assemblée ou la communauté. L'esprit social est le phénomène que présentent beaucoup d'esprits individuels en action réciproque, se pénétrant de telle façon qu'ils ressentent simultanément la même sensation ou la même émotion, arrivent à un seul jugement et arrivent peut-être à agir de concert. C'est, en résumé, l'unité mentale de nombreux individus ou d'une foule. C'est donc un produit, ce que M. Tarde a nommé la logique sociale qui relie les produits de la logique individuelle dans des ensembles plus complets.

Dans sa plus simple forme, l'intégration sociale du sentiment et de la croyance s'effectue par imitation et par sympathie. Une onde de sentiment peut s'élever dans une foule et s'employer dans un acte presque purement reflexe, comme lorsqu'une foule éclate en applaudissements. De nouveau, percevant les mêmes faits, ressentant de même sur ces faits, observant l'un chez l'autre les mêmes signes extérieurs de semblables états intérieurs, tous les membres d'un agrégat social peuvent, sans discussion ou délibération, être simultanément portés à une action semblable. Pour prendre un exemple précis dans la vie animale, c'est ce qui arrive lorsque des éléphants irrités chassent, à grands coups de leurs trompes, l'éléphant étranger qui a tenté de se réfugier parmi eux, — un spectacle auquel les Indiens assistent souvent. C'est ce qui arrive lorsque des animaux et des hommes volent, en proie à la panique, loin d'un danger subit, ou s'assemblent avec crainte et curiosité sur le théâtre d'un accident. C'est certainement par quelque procédé pareil que des bandes de centaines, de milliers d'oiseaux, d'écureuils, de buffles ou de chevaux se rangent et émigrent en bon ordre.

L'intégration par imitation et sympathie du sentiment et de la croyance, se manifestant dans une action reflexe ou instinctive plus ou moins violente, peut s'observer, sur une large échelle, dans les mouvements populaires, les paniques, les émeutes, les *lynchages*, les insurrections et les révolutions. Le caractère du mouvement dépend en partie du tempérament, en partie des conditions nerveuses, en partie de la nature sociale de la population. Plus grandes sont la proportion de la criminalité, la dégénérescence, les dégradations mentales de la population, plus violents sont les troubles. Le 28 juin 1895, à Jackson, Kentucky, un nommé Thomas Smith, assassin de huit hommes, fut baptisé et puis pendu en présence d'une immense foule. Des masses campèrent le long de la rivière toute la nuit, dans l'attente du spectacle. Des trains de plaisir circulèrent et des centaines de montagnards vinrent à cheval ou à pied. Qu'une telle population soit sujette à des accès de frénésie indomptable, et on n'est pas surpris de lire que six mois auparavant un juge de l'Ohio avait refusé de satisfaire une demande d'extradition émanée du Kentucky, se basant sur ce que le nombre de *lynchages* au Kentucky faisait présumer que le prisonnier, s'il était extradé, serait exécuté sans jugement. Les populations excitables, sanguines, sont plus sujettes que les autres aux épidémies d'émotions. Les peuples méridionaux sont plus aptes que ceux du Nord à agir par impulsion. Les révolutions de l'Amérique du Sud, les mouvements anarchiques de Sicile, les émeutes dans les rues de Madrid, comme celle dans laquelle une bande d'officiers saccagea le bureau d'un journal de Madrid, le 16 mars 1895, ou dans les rues de Budapesth, comme celle des étudiants aux funérailles de Kossuth, sont des événements auxquels on doit s'attendre dans le cours ordinaire des choses.

Parmi les causes qui contribuent à une impulsion sociale irraisonnée, nous devons inclure toutes celles qui ont été longtemps reconnues comme les facteurs de la folie et de la criminalité individuelles. La chaleur, par exemple, fait relever la courbe des révolutions, des séditions et des émeutes, comme celle des crimes contre les personnes ou celle des désordres dans les prisons, et les asiles d'aliénés. La densité de la population, le passage de l'agriculture à l'usine, l'ardeur de la compétition et l'alcoolisme ont le même fâcheux effet.

La condition principale d'une action sociale violente et passionnée est, cependant, l'assemblage des hommes en foules. Les foules sont sujettes à une rapide contagion des sentiments, elles sont sensibles à la sujétion, elles sont soumises à l'hallucination, elles vont droit devant elles guidées par les mots sonores, les formules retentissantes qui sont les fétiches populaires. La foule est dénuée du sens de la responsabilité parce que, une fois dans la foule, l'individu perd son propre sentiment de responsabilité et acquière un sentiment d'irrésistible pouvoir et s'abandonne à des impulsions qu'il réprimerait s'il était seul. Comme le sauvage et l'enfant, la foule est intolérante, supporte mal tout ce qui s'interpose entre ses désirs et leur réalisation et manifeste toujours une tendance à transformer immédiatement en actions les idées qu'on lui suggère. Les foules sont donc mobiles et, si l'excitant change, sont généreuses ou cruelles, héroïques ou pusillanimes.

Une intégration plus parfaite des éléments de la conscience sociale et une organisation complexe de l'esprit social ont lieu délibérément, par une discussion rationnelle. Les étapes essentielles du processus sont : la genèse de l'auto-conscience sociale, l'évolution de la mémoire sociale, et l'évolution des valeurs sociales. Le résultat c'est le choix social rationnel, au moyen duquel une société prend conscience de soi-même comme une communauté est à même dans une certaine mesure, de régler sa marche.

La discussion et l'auto-conscience sociale ne sont que des phases différentes du même phénomène ou, plutôt, l'une est le processus, l'autre le résultat. Comme la conscience sociale dans ses modes les plus généraux, est formée d'idées qui apparaissent en même temps chez beaucoup d'individus pendant qu'ils agissent l'un sur l'autre, ainsi l'auto-conscience sociale consiste dans des états semblables d'auto-conscience qui existent simultanément chez de nombreux individus qui sont en communication active. Dans une vraie auto-conscience sociale, qui peut être décrétée plutôt que définie, la vraie particularité distinctive est que chaque individu fait du jugement ou du sentiment de son voisin un objet de pensée, en même temps qu'il fait de son propre sentiment un objet pareil ; qu'il juge que les deux sont identiques et qu'il agit alors avec une pleine conscience que ses semblables en sont venus à de pareilles conclusions et agiront de la même façon.

Par de telles comparaisons du savoir, de l'opinion d'un homme et d'un autre, une communauté peut percevoir ce qu'autrement elle ne pourrait que sentir. Par exemple, une communauté suit, mais ne perçoit pas les fluctuations de l'offre et de la demande aussi longtemps qu'il n'y a pas de mercuriales systématiques et de comparaisons de prix ; mais dès que les cotes sont répandues, les statistiques publiées, le sentiment devient perception. De même, une forme quelconque de tort ou de dommage peut être ressentie comme une influence dépressive avant qu'elle ne soit vraiment perçue, parce qu'elle est diffuse, que nul ne connait son extension et ses phases ou comment elle affecte autrui. Mais lorsque les expériences sont confrontées, que chaque homme commence à savoir tout ce que savent ses semblables, alors le trouble devient rapidement un objet de perception pour la conscience sociale qui le juge rapidement. Elle est la genèse d'une vraie opinion publique, qui peut être définie le jugement d'une communauté auto-consciente sur tout sujet d'intérêt général.

La genèse de l'opinion publique dépend évidemment du contact intellectuel et de la communication. Là où les rapports mutuels existent à peine comme parmi les montagnards du Tennesee, il n'y a pas d'opinion publique. Là où ces rapports mutuels sont parfaits comme ils l'étaient, il y a une génération dans la Nouvelle-Angleterre rurale, l'opinion publique peut atteindre son plus haut développement. En dépit de la dispersion de la population, chaque famille, au moyen de l'église, des réunions municipales, du lycée, des journaux, deviennent informés de tous les événements intéressants survenus dans le pays et dans le monde. Cependant, en règle générale, un haut développement de l'opinion publique coïncide avec la densité de la population. Le droit commun à toutes les classes, d'une libre discussion. Il ne peut y avoir une vraie opinion publique là où les réunions publiques sont soumises aux formalités administratives. Aussi, dans les sociétés dotées d'une organisation politique, la véritable opinion publique dépend du maintien d'un gouvernement constitutionnel libéral. Elle dépend aussi de la diffusion générale de l'éducation et de rapports d'équité et de sympathie entre les classes aisées et les pauvres tels que la sincérité soit antérieure à toutes les classes. C'est plutôt l'esprit républicain que la forme qui est nécessaire. Une véritable opinion publique est plus développée en Angleterre qu'en France. La démocratie à demi criminelle qui a si mal gouverné les villes Américaines ne peut que lui être fatale.

Cependant, si républicaine dans son esprit que puisse être une communauté, si intelligents que soient ses membres, l'opinion publique y est conduite, en quelque mesure, par des esprits influents.

Dans les communautés locales, ce ne sont plus toujours le curé, le propriétaire, le docteur, qui, il y a une génération, étaient les chefs de l'opinion des ruraux dans notre pays. En beaucoup d'endroits, ils ont été supplantés par les hommes d'affaires, ce qui n'est pas toujours un bien. Une opinion publique plus large s'organise par les réunions publiques et la presse ; mais celles-ci et celles-là sont guidées par une minorité plus intelligente ou exploitée par une minorité plus habile. Il est probable que nous ne tenons pas assez compte de l'influence sociale de l'homme de pensée, quoique dans ces jours de réaction contre le culte des héros, on croie en général au contraire.

C'est pendant l'agitation anti-esclavagiste que la presse est devenue aux États-Unis un organe important de l'opinion publique. La conviction populaire que la presse a désormais submergé toute influence individuelle sous le déluge quotidien de ses opinions impersonnelles, qu'elle a remplacé la tribune et la chaire, est certainement erronée. La presse a produit son maximum d'impression sur l'opinion publique lorsqu'elle a été le porte-voix d'une personnalité remarquable — un Garrison, un Greeley, un Bowles, un Curtis. De plus, le public ne se rend pas compte que derrière le rideau, dans le bureau des journaux, l'homme à idées, ignoré du monde, est connu de ses camarades et imprime son individualité sur leur cerveau et leur ouvrage.

La presse, de plus, n'est le grand organe de l'opinion que dans les temps calmes. Dans l'excitation d'une campagne politique, la plate-forme des réunions publiques reprend toute son activité. La chaire a, sans nul doute, cessé de faire sentir son action dans des conditions normales ; mais elle continuera probablement longtemps encore à être ce qu'elle a été pendant des siècles, l'organe d'un pouvoir réservé aux choses morales. La ville de New-York, rappelée au devoir civique par les prédications d'un simple prêtre, prouve que l'histoire humaine peut encore enregistrer un de ces exemples du pouvoir de la chaire qu'elle vit aux jours de Savonarole, de Luther et Calvin, de Whitefield et Wesley, de Parker et de Channing.

Une communauté trouve dans son auto-conscience un lien vivant. L'aide mutuelle et la protection des individus, agissant inconsciemment, ne sont plus les seuls facteurs qui conservent la cohésion sociale ; la communauté sent et perçoit son unité et ce sentiment de l'unité doit être anéanti avant qu'une rupture puisse survenir.

Même cette auto-conscience, dans toute manifestation donnée, n'est qu'un lien momentané. A cet égard, elle est inférieure au lien de l'aide mutuelle. Elle acquiert la continuité, cependant, par le développement de cette autre phase de l'esprit social qui est la mémoire sociale. Celle-ci est cette somme de connaissances et de croyances transmises qu'on nomme tradition. Dans la tradition, les rapports, les idées et les usages nés inconsciemment, mais qu'a fait survivre leur utilité intrinsèque, sont consciemment définis et rappelés. L'expérience emmagasinée du passé est devenue le lien commun de tous les individus. La tradition est ainsi l'intégration de l'opinion publique de nombreuses générations.

La masse entière de la tradition se différencie en trois grands ordres, différenciés, eux-mêmes, en traditions particulières qui répondent aux divers intérêts de la vie. Les traditions primaires sont : les traditions économiques, ou d'utilisation ; juridiques ou de tolérance ; politiques ou d'alliance, d'hommage, d'obéissance. Les traditions primaires sont le souvenir des expériences du monde tangible. Les traditions secondaires so: ' : les animistiques ou personnelles, les esthétiques, les religieuses. Elles résument les impressions d'un monde intangible, monde de conscience personnelle et des ombres, des images, des échos de choses tangibles. Les traditions tertiaires sont les théologiques, les métaphysiques, les scientifiques et sont le souvenir de concepts de la pensée.

La tradition primaire fondamentale est celle d'utilisation. Elle vient des rapports des êtres supérieurs avec leurs inférieurs, humains, animaux, végétaux, inorganiques, qu'ils emploient et dont ils jouissent. C'est par suite la tradition d'utilité objective ou subjective et des méthodes d'utilités croissantes. Elle n'est pas, ou n'est que dans une faible mesure, l'analyse consciente de ces choses. La tradition est surtout concrète mais, dans le concret, il y a une échelle des valeurs comparatives. Les idées de nourriture, d'abri, de plaisir sexuel, d'ornement sont ses plus simples éléments et les seuls qui se trouvent dans la majorité des esprits individuels. Alors vient la connaissance de choses telles que les outils, les vêtements, les dons, le commerce, le travail, la coopération, le moyen de produire et d'employer les utilités objectives. Toute cette tradition économique a son centre dans le ménage, mais, dans le monde civilisé, elle s'étend jusqu'à cette organisation compliquée des manufactures et du commerce qu'on a différenciée de l'industrie domestique.

La seconde, en importance, des traditions primaires est celle de tolérance, née des rapports d'antagonistes égaux. On a montré que la sanction effective de la tolérance, c'est la vengeance. Les modes de vengeance et les phases de la tolérance adéquates à diverses circonstances, sont désignés et décrits dans des règles coutumières qui formulent les immunités habituellement accordées. L'ensemble de ces règles de droit objectif et sanctionné forme la tradition juridique, la substance de la « common law ».

La troisième tradition primaire est celle de l'alliance

dans sa forme politique. Elle naît des relations entre alliés et supérieurs. L'alliance, prise comme un fait, présuppose quelques-uns des éléments d'utilité subjective et quelque tolérance actuelle. D'un autre côté, les traditions d'utilité et de tolérance, distinguées de leurs phénomènes respectifs, présupposent une alliance actuelle dans ses formes simples et, peut-être, inconscientes. Mais, de plus, le développement conscient de l'alliance, ou son extension au point de réunir en une large agrégation des tribus, des hordes ou des bandes, implique des traditions d'utilité et de tolérance. L'alliance pour un but est le fait politique élémentaire. Son mobile, c'est le désir de renforcer une tradition d'utilité et de tolérance, par un pouvoir coactif et d'étendre leur action. La tradition politique, par conséquent, est enveloppée dans les traditions économique et juridique et son évolution coïncide avec la leur.

Quelques traces embryonnaires de traditions primaires, surtout de la tradition économique, se retrouvent dans les sociétés animales. Il est probable que beaucoup de « l'instinct » est en partie formé de tradition, que c'est le savoir communiqué aux jeunes par les plus âgés, indépendamment des aptitudes transmises dans l'organisation nerveuse en dehors de l'observation et de la pratique individuelle. Pour être sûr que des arts tels que celui qu'ont les oiseaux de faire leur nid et les fourmis de bâtir des monticules sont purement instinctifs, il faudrait séparer les jeunes de leurs parents et des adultes pendant plusieurs générations et voir s'ils continueraient à bâtir sans s'écarter des modèles ancestraux. Que, dans l'espace de deux ou trois générations, un nouveau savoir puisse être acquis définitivement par toute une espèce, cela semble démontré par le changement d'habitude des oiseaux depuis la pose des fils télégraphiques et par l'habileté avec laquelle les bêtes de chasse déjouent les nouveaux procédés des sportmen. Si le savoir économique des animaux est en partie traditionnel, on peut admettre que parmi quelques espèces de fourmis certaines règles de tolérance et d'alliance le soient aussi.

La tradition économique se retrouve dans toutes les sociétés humaines. Même les bandes les plus sauvages ont un fonds de connaissance des plantes comestibles et médicinales, des habitudes de nombreuses espèces d'animaux, des plus humbles des arts économiques. Les éléments qui composent les traditions légales et politiques se retrouvent aussi dans l'état sauvage. Les traditions elles-mêmes sont bien développées dans l'état barbare, mais elles ne le sont soigneusement que dans la civilisation.

Dans les sociétés animales, on ne voit pas trace des traditions secondaires, mais on les retrouve dans toutes les sociétés humaines. La tradition personnelle, ou animiste, est la somme de ce que croit l'homme, sur lui-même, fait de corps et d'âme. Chez les sauvages, beaucoup d'objets inanimés sont considérés comme personnels et les croyances sur leurs prétendues habitudes et facultés constituent une large part de la tradition animiste. Chez les civilisés, la tradition de personnalité consiste surtout dans des croyances sur la nature spirituelle, le mérite et les destinées probables de l'être conscient. Les traditions esthétiques sont formées d'opinions sur les sons, les images, comme moyen d'expression personnelle. Le sauvage envisage l'ombre ou l'image comme une véritable essence spirituelle, l'écho comme la voix perceptible d'une âme qu'on ne voit pas. L'homme civilisé n'assimile plus à des choses vivantes les sons et les formes d'une façon aussi primitive mais, par eux, en musique et dans les arts plastiques, il exprime ou il lit les nuances les plus subtiles de l'esprit. La tradition religieuse totalise les opinions sur l'existence de l'âme après la mort du corps, sur les pouvoirs personnels invisibles, depuis les spectres jusqu'aux dieux, que l'on suppose régir les phénomènes naturels et contrôler les destinées humaines. Le sauvage pense que le monde est peuplé d'esprits de la mort. Il les considère effrayé et ses croyances sont un amas de superstitions. Pour le barbare, les esprits ont une hiérarchie, depuis les gnomes jusqu'aux dieux. Chez les peuples civilisés, l'ignorant croit encore aux esprits, la majorité à l'existence de dieux personnels ou d'un dieu omnipotent. Ils se trompent, ceux qui croient à la disparition prochaine de la tradition religieuse.

Ce n'est que dans la civilisation que se trouvent les traditions du concept de la pensée, traditions tertiaires. La plus ancienne, c'est la tradition théologique, créée par un minutieux processus de raisonnement et de spéculation sur les matériaux fournis par les croyances religieuses populaires. Elle est la somme et la preuve des essais faits pour démontrer l'existence d'un Dieu personnel, pour expliquer sa nature et ses desseins, pour prouver qu'Il a créé et qu'Il gouverne providentiellement l'homme et l'humanité. La tradition métaphysique dérive de la théologique. Elle affine l'explication théologique de l'univers, interposant les lois des « causes secondaires » entre les phénomènes et leur cause ultime, la parole divine. La tradition scientifique résume notre savoir actuel de l'homme et du monde, distingué de nos conjectures. Elle est le dépôt des observations, des expériences, des classifications. N'essayant pas de pénétrer le mystère final de l'existence, elle explique la constitution du monde uniquement jusqu'à ce point de montrer comment les choses se relient entre elles, soit en série, soit en coexistence.

La croyance traditionnelle est modifiée par l'idée nouvelle. Il y a une intégration de la tradition et de l'opinion courante. Les résultats en sont appelés codes, politiques, idéaux, goûts, lois, credos, etc.

La combinaison des traditions économiques et des opinions économiques courantes forme la règle de vie générale de la communauté. Le terme a été mal employé par les écrivains économistes. Par exemple, les articles que consomme la classe laborieuse ne sont pas sa « règle de vie » et ne sont que l'indice de cette règle. Le désir, à lui seul, est encore moins une règle. Le démagogue rural n'a pas nécessairement une plus haute règle de vie que ses égaux par cela seul qu'il ressent une avidité de possession qu'ils n'éprouvent pas. La vraie règle de vie est un certain concept de la vie économique qui règle le désir et contrôle la conduite. Elle est formée des croyances traditionnelles, et de nouvelles idées en diverses proportions, et change avec ces facteurs. La règle de vie du Hongrois dans les districts métallurgiques de Pensylvanie n'est pas plus basse que celle de l'Américain, parce que le Hongrois se contente d'une nourriture et d'un logement qui répugneraient à l'Américain, mais, bien plutôt, le Hongrois est aussi facilement satisfait parce que sa règle de vie est inférieure.

La combinaison de la tradition juridique et de la loi nouvelle est le code légal. Les juristes ne sont pas d'accord sur la question de savoir dans quelle mesure l'opinion publique, à une heure donnée, est un élément de la loi nouvelle, tant qu'elle n'est pas transformée en disposition législative. On admet que l'opinion publique influe sur l'interprétation de la loi et, dans une république, l'opinion est le vrai pouvoir caché derrière les pouvoirs nominaux. Dans la théorie et dans la pratique de la loi, toutes les autorités déclarent que la loi doit être obéie comme telle jusqu'à une abrogation ; mais, comme phénomène de l'esprit social, il est douteux qu'une règle réprouvée par l'opinion soit vraiment une loi.

La combinaison de la tradition politique et de l'opinion politique courante forme la politique, programme de législation et d'administration. Dans les temps calmes, lorsqu'un parti ou un gouvernement est depuis longtemps au pouvoir, l'élément tradition prédomine. Pendant vingt ans après la guerre civile des États-Unis, le parti républicain a vécu sur des idées de guerre et a été renversé parce qu'il ne savait pas gouverner avec des idées nouvelles. Aux temps troublés ou si de nouveaux intérêts appellent l'attention, l'élément prédominant en politique est l'opinion courante.

L'idée nouvelle, se combinant avec la tradition de personnalité, crée un idéal. Le produit de la tradition esthétique et de la critique courante est le goût. Les modifications de la tradition théologique par des conceptions courantes forment des « credos ». Celles de la tradition scientifique par suite de nouvelles découvertes n'ont pas et ne réclament pas de nom spécial, la science ne distinguant pas entre l'ancien et le récent. Si les théories anciennes sont vérifiées par les recherches nouvelles, elles subsistent ; sinon, elles sont mises en oubli. Le résultat, ici, s'appelle la vérité.

Les produits des traditions et des opinions n'existent que dans les esprits individuels. Le professeur Durkheim se trompe en disant qu'ils sont des réalités objectives indépendantes parce qu'ils peuvent être écrits ; la page écrite n'a pas de sens, si on la sépare de tout lecteur vivant. Mais, à tout instant, ils existent dans une multitude d'esprits en action réciproque et, par suite, sont pour chaque individu aussi objectifs que subjectifs. Ils s'imposent à chaque esprit. Leur transgression est réprimée par des pénalités qui vont du ridicule, du blâme, au boycottage et à la vengeance collective.

Par ses codes, ses politiques, ses idéaux, ses fois, ses goûts, la vie mentale de la société est dans un perpétuel stade de modification. Une génération se voue à la politique, une autre aux affaires. Aujourd'hui, la société est religieuse, demain, créatrice et artistique, plus tard scientifique. Pourtant une tendance à l'établissement d'un équilibre normal subsiste toujours. Les produits de l'esprit social sont interdépendants. Il est la logique sociale dans sa plus haute manifestation.

L'opinion publique, la tradition et leurs combinaisons sont les produits intellectuels de l'esprit social. En perpétuelle interaction avec eux, sont les modes de désirs constamment variables. Par conséquent, dans les combinaisons des produits intellectuels avec les désirs, il y a une intégration finale des éléments et des produits de l'esprit social. Les produits résultant sont les évaluations sociales des choses socialement importantes. Ce sont les valeurs sociales, analogues aux natures subjectives de l'esprit individuel.

La conscience d'espèce étant la base psychologique des phénomènes sociaux, il en résulte que le premier objet de valeur sociale, c'est l'espèce elle-même ou le type de vie consciente qui est la caractéristique de la société. Chaque nation évalue surabondamment ses propres qualités spéciales, et c'est cette évaluation sociale que nous appelons préjugé national. C'est l'essence de l'amour de l'Anglais pour les choses anglaises, de l'orgueil de l'Américain pour les choses américaines. Jusqu'à un certain point, les côtés matériels et moraux d'un type social sont évalués séparément. Les Grecs s'enorgueillissaient des lignes de la forme grecque, les Hébreux étaient fiers de la droiture de leur nation. Dans chaque race, nationalité, communauté locale, famille, classe ou cercle, aussi bien que dans chaque nation politique, c'est l'espèce ou type qui est surtout estimé.

La cohésion sociale vient après le type, en valeur sociale. L'existence d'une société dépend de son unité. Lorsque son intégrité est menacée, la communauté se montre prête à tous les sacrifices que nécessite le salut de l'union. Les plus splendides exemples de sentiment social ont été offerts par les enthousiasmes patriotiques qu'a déchainés la menace de mutiler une nation. Comme lien de cohésion, le civisme est socialement apprécié dans toute communauté où existent des sentiments sociaux normaux. Là où le civisme spontané fait défaut, on attache un grand prix à des moyens tels que la simonie, le népotisme et la contrainte.

Dans l'ordre de valeur sociale, viennent en troisième

lieu, les diverses propriétés et possessions de la communauté. La première, parmi elles, c'est le territoire, considéré avec des sentiments qui vont du simple orgueil de la beauté d'un domaine national jusqu'à un amour sans limites pour la patrie. Dans les sociétés fortement religieuses, surtout dans celles qui n'ont pas secoué la barbarie, les lieux sacrés sont démesurément évalués. La sainte montagne, Sinaï ou Olympe, la rivière sacrée, sont des objets de vénération. Parmi les possessions que chaque nation évalue le plus, sont ses chefs, ses héros, ses saints et ses dieux. De même un peu moins, ses cérémonies et ses coutumes, ses manières et ses mœurs, ses lois, son culte, ses plaisirs. L'orgueil que donnaient aux Grecs les Jeux Olympiques, aux Hindous la loi de Manou, aux Israélites, celle de Moïse, aux Romains, les Douze-Tables, aux Anglais, leur « common law », est un excellent exemple des valeurs sociales. Il est inutile de montrer en détail que l'évaluation sociale des propriétés et possessions communes n'est qu'une manifestation de la conscience d'espèce. Les dieux et les héros sont des membres de la communauté, types de ses qualités morales. Les cérémonies et les coutumes, les manières et les mœurs, sont les marques distinctives de son type. Les lois, les cultes, les plaisirs sont l'expression permanente de son caractère.

Les dernières, comme importance et comme âge d'évolution, sont les valeurs sociales attachées à certaines conditions abstraites, favorables à l'intégrité et au développement sociaux et à certains modes d'efforts dirigés vers l'évolution ou la perfection du type social. Ces conditions sont la Liberté, l'Égalité, la Fraternité. Comme Fitz-James Stephen l'a brillamment démontré, ces conditions sont quelque peu incompatibles. La liberté parfaite ne peut coexister avec l'égalité parfaite. Si elles sont exactement évaluées, la valeur de chacune d'elles doit être rigoureusement subordonnée à des valeurs plus hautes, si l'on veut éviter l'anarchie de la révolution.

Cependant, en général, on les évalue inégalement. Dans l'intérêt de la cohésion sociale et de l'homogénéité du type social, la liberté est en partie sacrifiée à certains modes d'égalité — ou à l'égalité par rapport à certaines choses ; au contraire, s'il s'agit du progrès, la liberté l'emporte. — Les modes d'effort sont ceux du missionnaire, la philanthropie, l'éducation. Les manifestations caractéristiques de l'esprit moderne sont l'expression de la passion des types sociaux les plus élevés de s'étendre parmi les races inférieures et parmi les pauvres, les malheureux, les ignorants.

L'ordre dans lequel nous avons placé les valeurs sociales est celui de leur importance relative, mais les évaluations actuelles faites par l'esprit social le dérangent souvent. Les utilités sociales sont souvent placées à tort. Parmi elles, il y a une relation pareille à celle des marchandises du producteur et des marchandises du consommateur dans les valeurs d'affaires. Tous les objets de valeur sociale, à l'exception du type social, ne sont que des moyens tendant à une fin. Le type est la fin pour laquelle subsistent la cohésion sociale, les possessions sociales et les conditions abstraites ; de même que les biens du consommateur sont la fin pour laquelle existent les instruments de production, le mécanisme de l'échange, l'organisation du travail et certaines conditions légales nécessaires. Mais de même que des hommes d'intelligence inférieure tombent aisément dans l'habitude d'apprécier les biens du producteur — surtout l'argent et le crédit — pour eux-mêmes et créent ainsi de faux systèmes d'économie politique, ainsi certaines classes de la communauté apprécient d'habitude les possessions et les institutions sociales comme si elles étaient elles-mêmes des fins. C'est la destruction de tous les conservatismes. On en trouve l'exemple dans l'apothéose que fait le juriste de la loi, dans le sacrifice que fait le politicien du patriotisme à l'esprit de parti, dans la tendance de l'ecclésiastique à regarder son église comme le but de l'économie divine.

Les valeurs sociales sont les bases des choix sociaux rationnels. Ils déterminent la volonté sociale en tant que celle-ci est délibérée.

Par cela même que je reconnais l'action délibérée de l'esprit social, je rejette évidemment la conclusion de ceux qui tiennent que l'esprit social n'agit jamais rationnellement ou, du moins, que son action doit être beaucoup moins rationnelle que celle des individus. M. Le Bon croit que les passions, les instruments, les actes, inconscients prédominent dans la foule, parce que les individus diffèrent moins en sentiment qu'en intelligence. Sa conclusion est, sans nul doute, vraie des « foules », dans l'habituelle acception de ce mot, mais M. Le Bon lui donne une grande extension, désigne ainsi non seulement un nombre de personnes rassemblées, mais toute classe de personnes qui sont en communication pour leurs intérêts communs. Sa conclusion n'est pas toujours exacte dans ce dernier cas. Dans les délibérations prolongées d'hommes qui se réunissent et se séparent alternativement ou qui communiquent sans se réunir, l'idée la plus élevée de l'esprit le plus rationnel peut prévaloir.

L'alternance des réunions et des séparations est, en fait, la seule condition essentielle de la vraie délibération sociale ; car l'esprit social est loin d'être très dissemblable de l'esprit individuel dans ses opérations, comme M. Le Bon essaye de le prouver. Il ressemble étonnamment à l'esprit individuel et nulle part davantage que dans ses procédés rationnels. Lorsque l'individu délibère, il laisse de nouvelles idées s'interposer entre la suggestion et l'acte, ou entre l'hypothèse et le jugement. Il interrompt son attention, ce qui revient à dire qu'il brise la continuité de l'idée en ouvrant son esprit à de nouvelles influences. Le temps et les associations nouvelles sont nécessaires à la délibération. Si l'esprit social voulait délibérer, il suivrait la même marche. L'élan qui emporte la foule doit être brisé, l'orientation de sa pensée dérangée; les fétiches au nom sonore doivent cesser d'hypnotiser. Pour cela, la foule doit se disperser; l'assemblée doit s'ajourner; le législateur doit de temps en temps revenir vers ses constituants. Si cela est fait, l'esprit social peut délibérer aussi rationnellement que l'esprit individuel.

Qu'il délibère ainsi en fait, nous en avons une preuve positive dans les vingtaines d'exemples de décisions populaires succédant à des années de sécession et d'agitation, comme le rappel de la loi sur les blés en Angleterre en 1849, l'abolition de l'esclavage aux États-Unis en 1865, la législation contre la polygamie de 1862 à 1887, la loi française sur le divorce en 1884, l'abrogation de la loi sur les élections fédérales de 1894 et les progrès lents de la réforme des services civils.

L'importance du temps et des nouveaux points de vue dans les délibérations sociales est la justification scientifique des freins et des contrepoids qu'offre notre système de gouvernement et, en particulier, l'indépendance du pouvoir judiciaire et d'interprétation constitutionnelle de la Cour Suprême. Les freins et les contrepoids n'ont aucun mérite intrinsèque; mais ils forment un excellent mécanisme pour conduire l'esprit social à une action délibérée et l'éloigner d'une action passionnée.

Dans cette action délibérée, non seulement l'esprit social impose ses règles, ses codes, ses crédos aux individus, mais il agit sur les groupements d'individus qui se sont développés plus ou moins consciemment et les diverses relations d'aide mutuelle. Confirmant quelques groupements et certaines relations, combattant les autres, il modèle l'organisation sociale.

CHAPITRE III

La Composition sociale

Dans l'organisation de la société par composition, les individus des deux sexes sont, d'abord, combinés en petits groupes. Les petits groupes sont combinés en groupes plus larges, ceux-ci en groupes plus larges encore. Chaque petit groupe complet et, naturellement, chaque groupe plus considérable, contient des individus de plus d'une génération. L'union stérile d'un mâle et d'une femelle est un groupe incomplet, abortif tant au point de vue social qu'au point de vue physiologique. Chaque groupe est donc en partie un produit de l'agrégation génétique. Il peut, par suite, vivre indépendamment des autres groupes, se perpétuer, s'accroître.

Qu'il soit petit ou grand, chaque groupe est formé d'éléments qui se ressemblent moins entre eux que ce groupe, pris comme tel, ne ressemble aux autres groupes de même composition. Par exemple, le père, la mère et l'enfant, dans tout type donné de la famille, sont plus différents que deux familles de même type. Les habitants d'une ville quelconque où se trouvent différentes nationalités de divers âges, de diverses capacités, de divers goûts et caractères, se ressemblent moins entre eux que deux villes voisines entre elles. Les habitants de tous les États de l'Union américaine diffèrent plus entre eux que les États eux-mêmes. Ainsi chaque groupe a, en somme, les mêmes caractéristiques et vit à peu près de la même façon que tout autre groupe de composition et de dimensions semblables. C'est pourquoi ces groupes s'aident entre eux et s'aident seulement par leur force et leur masse et non par la division du travail.

Les groupements de la composition sociale sont les produits naturels des activités physiologiques et psychologiques des individus, secondées par la sélection naturelle. Ils naissent inconsciemment et leurs formes dominantes sont déterminées par une adaptation inconsciente aux conditions de vie, avant que l'esprit social n'ait commencé à y réfléchir. Tout cela est vrai des groupes humains et des groupes d'animaux. Actuellement, il est vrai, dans la société humaine, l'esprit social réfléchit à la composition et à la forme des groupes naturels et découvre qu'il préfère certains arrangements à d'autres. Des sélections et des adaptations conscientes en dérivent. Tous les groupes humains doivent s'adapter, par conséquent, non seulement aux conditions physiques, mais aussi à l'esprit social; ils sont encore des produits naturels des coutumes individuelles mais modifiés par l'auto-conscience sociale qui choisit et sanctionne.

Au-dessous des oiseaux, on trouve peu de composition sociale chez les animaux, mais, en revanche, presque tous tous les oiseaux vivent en familles. Les mâles aident les femelles en bâtissant les nids, en protégeant les petits, en apportant de la nourriture. Dans son enthousiasme pour leur affectueuse vie domestique, Brehm déclarait que le vrai mariage ne se trouve que chez eux. Tous les mammifères ne forment pas des groupes familiaux, quoique l'affection maternelle soit fortement développée dans toutes les espèces. Dans les plus sociables d'entre elles le mâle continue à vivre avec la famille, comme pourvoyeur ou protecteur après la naissance des jeunes. C'est vrai pour les baleines, les phoques, les hippopotames, les écureuils, les rennes, les gazelles et pour quelques petits antilopes. Mais la vie de famille atteint son plus haut degré chez les quadrumanes. Tous les observateurs affirment que l'instinct familial de l'orang-outang, du gorille, du chimpanzé a presque autant de force que celui de l'homme.

Tous les êtres humains, du sauvage à l'être civilisé, vivent en groupes familiaux. La forme la plus simple de la famille humaine est l'association d'un couple pour un temps relativement court. Un des meilleurs exemples se trouve chez les Mincopis où le père vit avec la mère jusqu'au sevrage et cherche alors une autre épouse. Une association plus stable, mais rarement à vie, existe chez les Blackfellows australiens, les Esquimaux du nord du Groënland, les Indiens de l'Amazone au Brésil et dans diverses autres basses tribus sauvages. En général, chez les sauvages, la désertion, le divorce, le remariage sont d'une extrême fréquence.

La polyandrie, sous laquelle la femme a plusieurs maris, s'observe dans de nombreux endroits du monde, d'ordinaire dans les tribus passées de l'état sauvage à l'état barbare. La polyandrie est de deux types bien marqués, connus chez les ethnologues comme polyandrie de Naïr et polyandrie du Thibet. Dans celle de Naïr, au sud-est de l'Inde, les maris d'une femme ne sont pas parents. Au Thibet, ils sont frères. Cette dernière forme est la plus commune. La polyandrie existait naguère à Ceylan; elle n'a disparu que dernièrement de la Nouvelle-Zélande, de la Nouvelle-Calédonie et d'autres îles du Pacifique; on la trouve aux Aléoutiennes, chez les Bouriates et chez les Zaporogues. Humbold l'a observée parmi les tribus indiennes de l'Orénoque; elle était commune aux Canaries; elle existait en Afrique chez les Hottentots, parmi les tribus montagnardes de la race de Bantou. On en voit des restants chez les Hovas. Il est certain qu'elle dominait chez les Pictes et les Irlandais, très probable qu'elle existait dans d'autres souches Aryennes, chez les races Sémitiques et Hamitiques.

Une forme de la famille qui était commune aux îles Hawaï lorsqu'elles furent envahies par les blancs est appelée, de son nom Hawaïen, punaluan. Elle consiste dans le mariage d'un groupe de frères avec un groupe de sœurs, chaque femme étant l'épouse de tous les hommes, chaque homme le mari de toutes les femmes. Elle existe encore chez les Indiens Todas.

La famille polygame, où un homme cohabite avec deux au plusieurs épouses ou concubines, est encore plus générale que la polyandrie. Elle est rarement, cependant, la seule forme de la famille dans une tribu ou une nation. Dépendant, comme elle le fait, de la capacité du mari de subvenir aux besoins d'une maison nombreuse, elle coexiste souvent avec d'autres systèmes, les classes aisées étant polygames, tandis que les classes pauvres doivent se contenter de la monogamie ou de la polyandrie. La polygamie n'est aucunement limitée aux communautés sauvages ou barbares. Elle fleurit en Chine et en Turquie et n'a cessé que récemment d'être une forme légale du mariage dans un des territoires des États-Unis. Illégalement et secrètement, elle existe dans toute l'Amérique et dans tous les États européens.

La seule forme de la famille que reconnaisse actuellement la loi dans les pays chrétiens est la monogamie, qui est l'union d'un seul homme et d'une seule femme qui espèrent et se promettent qu'elle ne cessera qu'avec la vie de l'un d'entre eux. Actuellement, pourtant, le divorce est à peu près partout admis sous certaines conditions et la famille monogame est souvent instable. Dans ces dernières années, les divorces ont augmenté aux États-Unis et en Europe. Les raisons qui induisent à croire que ce phénomène est temporaire et qu'une forme plus stable de la famille monogame est en train de se développer, seront présentées dans un autre chapitre.

Les sociétés humaines composées de familles combinées en de plus larges agrégats sont de deux types — les ethniques et les démotiques. Les sociétés ethniques sont des agrégats génétiques ; une parenté, réelle ou fictive, en est le lien social principal. Les sociétés démotiques sont des associations de congrégation. Ce sont des groupes reliés par les rapports habituels, les intérêts mutuels et la coopération, sans grande référence aux origines ou aux relations génétiques.

Parmi les sociétés ethniques, on doit classer toutes les communautés, de la horde à la bande, sans y comprendre les États définitivement établis sur un territoire donné et entrés dans cette période de développement de la constitution sociale qui s'associe avec le commerce systématisé et diversifié, avec la multiplication des vocations et des arts industriels, avec une division en classes délimitées. Présentement, chaque forme de composition sociale peut être étudiée comparativement dans les communautés existantes.

Les sociétés ethniques actuelles peuvent être grossièrement disposées en trois grandes classes, suivant le degré de composition sociale auquel elles sont parvenues.

Dans la classe inférieure, sont les petites hordes composées chacune de quelques familles et ne comptant d'ordinaire que de vingt-cinq à cent personnes. Ces hordes ne vivent pas en communication avec les autres de même race, de même langage, de même culture. Elles peuvent bien, sous l'influence de la colère ou de la peur, pour partager des ressources extraordinaires, ou dans une migration, se réunir temporairement en grand nombre ; mais elles ne se combinent pas d'une façon permanente sous la conduite d'un chef commun pour l'action politique ou militaire et elles n'ont aucune organisation, religieuse ou industrielle par exemple, qui les relie en un tout moins étroit.

Dans la deuxième classe, sont toutes les sociétés dans lesquelles plusieurs hordes se sont fondues en une communauté plus vaste, plus définitivement organisée, occupant un territoire délimité, parlant la même langue ou le même dialecte, consciente de son unité ; ou dans laquelle une simple horde, s'accroissant de plusieurs fois sa dimension primitive, parvient à la différenciation et à l'organisation. La plus petite société unie et organisée, composée de moindres groupes sociaux plus importants qu'une simple famille, est une tribu.

Dans la troisième classe, sont toutes les agrégations cohérentes ou les confédérations de communautés tribales qui n'ont pas encore développé leur constitution sociale ou leur côté commercial, industriel, intellectuel et ne sont pas encore des sociétés civiles, c'est-à-dire des États municipaux ou nationaux. Une agrégation cohérente ou une confédération de tribus est une peuplade ou une nation ethnique.

Il faut distinguer entre deux divers types d'organisation ethnique, dont l'un est évidemment très antérieur à l'autre. Le plus ancien peut s'appeler le matronymat. Dans un groupe matronymique toutes les parentés s'établissent par la ligne maternelle ; les parentés paternelles y sont ignorées. Chaque groupe social matronymique est nommé d'après un classe d'objets naturels, telle qu'une espèce de plantes ou d'animaux, regardée comme du genre féminin et dont on suppose que dérive le groupe. Une classe d'objets ainsi envisagée est nommée, par les ethnologues, un totem, ce qui est à peu près son nom Indo-Américain. Le totem est l'objet d'un culte comme un être protecteur et est lui-même garanti contre toute atteinte. Le type plus récent d'organisation sociale peut être appelé patronymique. Chaque groupe patronymique prend son nom d'un ancêtre mâle, vrai ou imaginaire, et les parentés sont établies dans la ligne mâle et paternelle. Chacun de ces types de groupes peut s'observer dans sa forme primitive où une simple tribu est la plus large organisation sociale et dans une autre, plus récente et plus complexe, où plusieurs tribus sont confédérées et, à la longue, unies en peuplade.

Des groupes de hordes qui ne sont pas amassées en tribus, mais qui entretiennent entre elles des rapports qui modifient le caractère et la constitution de chacune, il y a des exemples chez les Veddahs de Ceylan, les Mincopis des Iles Andaman dans la baie du Bengale, les Blackfellows d'Australie, les Boshimans de l'Afrique du Sud, les Fuégiens, les Utas des Montagnes Rocheuses et les Indiens des forêts de l'Amazone.

Les Mincopis vivent en sociétés migratoires de trente à quarante personnes chacune, mais susceptibles de se réunir en nombre considérable pour attaquer les étrangers. Les Boshimans sont disséminés sur une large étendue et sont divisés en sociétés errantes de dix à cent personnes. Les Fuégiens sont, en tout, au nombre de deux mille environ. Ils vivent en hordes de 30 à 40 personnes chacune, formées de la réunion de quelques familles. Darwin dit que ces hordes n'ont pas de gouvernement et parlent plusieurs dialectes. Les Innuits vivent en très petits établissements de quelques igloos chacun (un igloo contenant quelquefois plusieurs familles) et dépourvus de toute espèce de gouvernement.

Les hordes d'Australie ne sont pas plus nombreuses que celles qui sont décrites ci-dessus, mais semblent avoir des relations plus importantes. Pendant des générations, chaque horde s'est procuré des épouses par des captures pratiquées chez d'autres. Elles sont donc pratiquement exogames. La parenté s'établit par les mères et les signes totémiques relient entre eux des nombres considérables d'hommes et de femmes qui, ignorant la parenté du côté paternel, se regardent comme du sang de la mère. Ces parents totémiques sont strictement exogames. Tous les hommes et toutes les femmes d'un tel lignage se considèrent comme frères et sœurs et un homme ne peut pas épouser sa sœur totémique. Cependant, ces familles ne sont pas toujours, si elles le sont quelquefois, composées de vrais parents. Après des rites nuptiaux, un étranger peut en faire partie.

De ce que les femmes sont toujours ravies ou passent volontairement d'une horde à une autre et de ce que la descendance est calculée par les mères, il s'ensuit que chaque horde locale contient des représentants de nombreux lignages totémiques et que les membres de ceux-ci sont répandus dans de nombreuses hordes locales. En fait, la majorité de ces kobongs, comme on les appelle, peut être retrouvée d'un continent à l'autre. Les membres d'un kobong sont obligés à se défendre l'un l'autre et, par suite, quand une querelle éclate entre deux hommes du même groupe local, elle arme les kobongs auxquels ils appartiennent.

Chaque horde est donc hétérogène. Dans quelques cas, les membres d'un seul kobong prédominent dans une horde particulière. Dans l'une et l'autre condition, cette différenciation en lignages exogames rend la composition de ces hordes très différente de celles, presque indifférenciées, des montagnards arctiques, et cette modification est due aux rapports guerriers ou pacifiques des hordes entre elles.

Les meilleurs exemples de la tribu matronymique, qui est un groupe uni, coopérant, assez grand pour être le résultat de la consolidation de plusieurs hordes, — tel qu'en formeraient plusieurs tribus australiennes se fusionnant et se donnant une organisation permanente — se trouvaient, il y a peu, chez les Indiens de l'Amérique du Nord. La tribu indienne était différenciée en lignages totémiques exogames. Si le même lignage avait des représentants dans plus d'une tribu, il montrait un rapport historique des tribus, d'ordinaire une scission d'une tribu originaire. Chaque lignage totémique était allié à tous les autres lignages totémiques de la tribu. Chacun avait certaines règles de gouvernement, comprenant un conseil, un sachem, ou officier de paix, et un chef de guerre. Quelquefois les rôles de sachem et de chef étaient confiés à la même personne. La tribu avait aussi un conseil dirigeant formé des chefs de lignages totémiques.

Une tribu, d'ordinaire, occupait un vaste territoire, dans l'étendue duquel ses membres pouvaient chasser et pêcher, et vivaient en petits villages habituellement posés sur les rives d'un lac ou d'une baie, près d'une chute d'eau ou au confluent d'un ruisseau avec un plus large cours d'eau.

Même les plus petites tribus comprenaient souvent plusieurs villages. Par exemple, la petite tribu Algonquine des Wepauaugs ou des Potatucks qui, en 1639, occupait les vallées de Naugatuck, du Connecticut de l'Ouest, du détroit de Long Island jusqu'à la ligne du Massachusetts, était fixée alors en trois lieux, précisément où sont aujourd'hui les villes de Milford, de Stratford et de Derby et, probablement aussi en d'autres endroits vers le nord-ouest, où sont New-Milford et Scatacook. Après qu'ils eurent vendu leurs terres à Stratford et Milford, les Indiens de ces villages se déplacèrent et établirent au moins quatre autres villages.

Dans cette région, et plus loin vers le nord et l'ouest, des bandes allaient sans cesse d'un établissement à l'autre, revenant toujours au premier ; mais les signatures des actes de vente des terrains aux blancs prouvent qu'ils appartenaient tous à une seule tribu, qu'ils parlaient tous le même dialecte, reconnaissaient l'autorité militaire d'un seul chef dont le siège, à une époque antérieure, était à la jonction des rivières Naugatuck et Housatonic et, plus tard, Métichawan. Les Potatucks étaient donc un exemple admirable et typique d'une vraie tribu, comme se distinguant d'une simple horde en bande.

Wentworth Greenholge, qui fit un audacieux voyage

à l'ouest d'Albany à travers le pays des Iroquois, du 20 mars au 14 juillet 1677, trouve les Mohawks vivant en cinq villages. Le plus petit comptait dix maisons, et trente le plus grand. Les Oneidas n'avaient qu'un établissement, d'environ cent maisons, mais il faut se rappeler que les Oneidas étaient une nouvelle tribu essaimée des Mohawks. Les Onondagas avaient un grand établissement de cent quarante maisons et un plus petit de vingt-quatre. Les Cayougas avaient trois villages éloignés d'un mille, comprenant en tout une centaine de maisons. Les Sénécas avaient quatre villages. Des exemples de tribus matronymiques dans d'autres endroits du monde sont les deux tribus des Damaras, dans le sud de l'Afrique, les tribus Congolaises dans l'Afrique du Sud, les Kasias du Bengale, les Tahitiens et les Tongans de la Polynésie, enfin les Hovas.

Les Tongans, les Malagasys et les Iroquois sont des exemples de peuplades matronymiques ou de nations tribales.

La confédération Iroquoise comprenait les cinq tribus susnommées, et plus tard une sixième, les Touscaroras, mais elle n'a jamais englobé toute la race Iroquoise, dont faisaient partie les Hurons, maintenant les Wyandottes, les Eriès, la Nation neutre, les Susquehannocks et les Conestagas. Le siège des Touscaroras fut en Virginie, jusqu'à ce qu'ils vinssent au nord se joindre à la confédération. Celle-ci traita en ennemi les Eriès, les Susquehannocks et la Nation neutre et conduisit contre eux une guerre d'extermination. Comme organisation, la confédération était une ligue, consciemment formée, pour l'agression et la défense. Un grand conseil de cinquante sections, ayant un rang et une autorité, était investi du pouvoir suprême pour tout ce qui concernait la communauté. Dans toutes les affaires purement tribales, les tribus restaient indépendantes. Le conseil de chaque tribu pouvait convoquer le conseil fédéral qui, sinon, ne pouvait pas se réunir. Derrière cette constitution, consciemment établie, cependant, il y avait des faits de communauté de lignage et de langage et, surtout, de liens compliqués de parenté qui empêchaient la confédération d'être autre chose qu'une intégration de pure forme de tribus qui étaient, par essence, un seul peuple. Les mêmes lignages totémiques s'étendaient dans toutes les tribus de la confédération et les liaient ainsi, comme conséquence de l'origine commune. Lorsqu'une tribu se scindait en deux, comme lorsque les Mohawks se séparèrent des Oneidas, des membres de chacun des clans de la tribu-mère allèrent dans l'autre.

Les tribus des îles Tonga étaient unies en une monarchie matronymique, douée d'une double organisation, civile et religieuse. Le Tooï-Tonga, que l'on supposait descendre en ligne féminine de la grande déesse des Tongans, était le chef religieux de tout ce groupe d'îles. Le plus haut dignitaire de l'ordre séculier était le roi ou grand chef. A l'origine, le roi descendait par les femmes de la famille dans laquelle la charge de Tooï-Tonga était héréditaire. Mais une dynastie usurpatrice s'en empara de vive force. Tous les parents de la famille du Tooï-Tonga, cependant, étaient plus nobles que le roi qui respectait le plus humble d'entre eux. Le rang se transmettait partout dans la ligne féminine. Si un homme épousait une femme d'un rang supérieur, les enfants héritaient du rang de la mère et il devait respecter elle et eux. Si l'épouse était de rang inférieur, la mère et les enfants étaient soumis au père.

Sans aucun doute, beaucoup des nations patronymiques étaient matronymiques à l'origine. « Dans la trente-troisième année de Ptolémée Philadelphe, la matronymie était encore la loi d'Égypte. Les parties comparaissaient dans les actes publics comme fils de leur mère, sans que le nom du père fût mentionné. L'homme qui se mariait renonçait à son nom pour prendre celui de sa femme, lui abandonnait tout ce qu'il possédait pour pourvoir à la famille future, ne se réservait rien pour lui et demandait seulement à être entretenu jusqu'à la fin de ses jours et, alors, convenablement inhumé. » Les parentés se comptaient d'abord par les mères chez les Germains et probablement chez les Grecs.

Un excellent exemple du type le plus archaïque de tribus patronymiques est offert par les Santals des montagnes occidentales du Bengale inférieur. Ils comptent d'un million et demi à deux millions de personnes et occupent un territoire long de quatre cents milles et large de cent. Cette population est divisée en sept, d'autres disent en douze tribus subdivisées en groupes de parents. La parenté vient toujours des pères. En conséquence de ce système, et à l'opposé du plan et de la description des tribus matronymiques, les tribus étaient descendues non pas de quelque mère, animal ou plante, mais des sept fils du premier ancêtre de leur race. De même, chacun des groupes entre lesquels se subdivise une tribu est réputé comprendre les descendants, par les mâles, d'un ancêtre dont ce groupe porte le nom. Les lignages sont exogames. Nul ne peut prendre une femme qui lui soit parente du côté paternel. Théoriquement, le groupe doit donc comprendre tous les fils et toutes les filles de tout ascendant mâle des groupes, mais jamais les descendants des femmes. Ceux-ci devraient appartenir au lignage de leurs mères. En fait, le lignage n'est jamais aussi strictement constitué. Comme le lignage totémique du système matronymique, il contient des membres d'adoption, dont la parenté n'est que fictive, et les membres, soit nés, soit adoptés, peuvent être bannis en punition de sérieux méfaits. Lorsqu'une fille se marie, elle doit recourir à son lignage et à ses dieux pour adopter ceux de son mari.

On verra que, à tous égards, sauf deux, l'organisation

du lignage chez les Santals est pareille à celle des Indiens d'Amérique, des Damaras, des Tongans et autres tribus matronymiques. Le lien n'est pas totémique, mais est la parenté paternelle; les femmes en se mariant perdent les alliances de leur naissance et entrent par fiction dans le lignage de leurs maris.

Il vaut mieux employer le nom générique « clan » pour toutes les formes de lignage plus larges que la famille et se différenciant d'elle en comprenant seulement les parents, réels ou fictifs, d'une seule ligne de descendance. Si le clan est matronymique, on pourrait l'appeler totémique si l'on veut énoncer son caractère totémique, ou énotique si l'on veut rappeler la parenté maternelle. Patronymique, il peut se nommer patronymique, agnatique ou patriarcal. Le γένος des tribus grecques, la *gens* des Romains, étaient d'une organisation pareille en substance à celle du clan patronymique des Santals, et des ethnologues ont employé le mot *gens* pour désigner un clan d'un genre quelconque. Il vaut mieux, cependant, réserver ce mot au clan romain.

L'organisation gouvernementale d'une tribu, susceptible de beaucoup plus de développement avec le patronymat que dans le matronymat, a un remarquable exemple chez les Ostiaques qui habitent le pays septentrional, sur les bancs de l'Obi et de ses affluents. Les tribus ont chacune un grand chef qui juge les graves offenses. Chaque tribu se compose de clans et chaque clan est une communauté, comptant plusieurs centaines de maisons, présidée par un doyen, qui juge les délits moins graves. Les communautés de clan sont si indépendantes l'une de l'autre que les voyageurs parlent souvent d'elles comme de tribus, mais elles sont exogames et alliées pour la défense et d'autres buts dans l'organisation plus large de la vraie tribu qui, elle, est endogame.

Dans l'Afrique du Sud, les Cafres, les Bechuanas et les Hottentots, à l'opposé de leurs voisins, les Damaras, ont des organisations patronymiques de tribus. Les Cafres sont associés en beaucoup de grandes tribus. Chacune d'elles est composée de nombreux villages et constituée par des clans exogames. Chacune a son chef secondaire. Les tribus errantes des Hottentots sont subdivisées en villages ou kraals de deux à quatre cents personnes chacun. Ces kraals sont endogames. Litakum, le principal établissement des Bechuanas, montre comment les villages d'une tribu peuvent se réunir et devenir une ville. Burchell, écrivant en 1812, sur Litakum, dit qu'elle avait une superficie de deux milles sur un et demi, mais qu'elle était bâtie sans le moindre souci de la régularité. « Une ville pareille ne peut être considérée que comme une collection de petits villages, chacun sous la direction de son propre chef. Un espace considérable de terrain inoccupé sépare en général la circonscription de chaque chef. Le nombre de ces circonscriptions ou amas de maisons semble..... être entre trente et quarante. Le nombre total des habitations était d'environ huit cents et la population était portée à 5.000 habitants ».

La composition des sociétés démotiques ne demande qu'une courte description. Comme dans les sociétés ethniques, le groupe unitaire est la famille. Les familles s'unissent en hameaux ou villages. Dans la Nouvelle-Angleterre, les villages et les habitations éparses forment la ville; dans les États du midi ou de l'ouest, le « township ». En Angleterre, ils forment la paroisse; en France, la commune. Dans les autres contrées d'Europe, ils composent des divisions locales de divers noms, mais pareilles à la commune ou à la paroisse. Toutes les grandes villes sont composites. Londres comprend l'ancienne cité et trente-neuf paroisses autrefois indépendantes. New-York a absorbé Chelsea, Greenwich, Bloomingdale, Harlem et beaucoup de villages plus petits. Il absorbera Brooklyn et dix-neuf ou vingt grandes villes. Les municipalités américaines et les paroisses anglaises sont réunies en comtés. Les comtés américains forment des États ; les comtés anglais, le royaume, jadis composé de plusieurs royaumes. Les comtés français composaient autrefois le royaume, ils composent aujourd'hui les départements qui composent la République. Les États Américains composent la nation fédérale des États-Unis. Les anciens royaumes d'Angleterre et de Galles, d'Écosse et d'Irlande, composent le Royaume-Uni de la Grande-Bretagne et d'Irlande. Le Royaume-Uni, le « dominion » fédéral du Canada, les États de l'Inde et d'Australie, divers États de moindre importance composent l'empire Britannique. L'empire Allemand comprend vingt-cinq anciens royaumes, principautés et villes libres. La Suisse et le Mexique sont des républiques fédérales ; l'Italie, un royaume composite ; l'Autriche et la Russie, des empires éminemment composites. Les modernes sociétés démotiques sont ainsi doublement, triplement et quelquefois plus encore complexes.

Une intégration partielle plus avancée encore se voit dans les arrangements comme la Triple-Alliance et dans les relations diplomatiques des nations qu'un traité relie par les obligations des lois internationales.

Les divisions provinciales des sociétés démotiques ne sont pas simplement administratives. Elles correspondent, en général, à des différences originaires de manières, de mœurs, de pensée et de langage, au sein des communautés indépendantes. Beaucoup de ces différences persistent et il est évident qu'elles précèdent en date les caractéristiques que les provinces ont en commun.

Tous les degrés de composition sociale au-dessus de la famille et de la horde impliquent l'auto-conscience de l'esprit social. La fédération de tribus ou d'États s'opère par l'action délibérée de l'esprit social sous la pression des nécessités extérieures, surtout de celles de défense et d'attaque. Lorsque l'intégration est accomplie, une certaine nécessité intérieure oblige l'esprit social à maintenir l'union après que le but principal de celle-ci est atteint. La conscience d'espèce est la puissance d'impulsion. L'esprit social met son empreinte sur chaque groupe composant, et l'oblige à se conformer à un certain type. Ainsi, dans une communauté donnée, toutes les variétés de la famille peuvent avoir existé ou reparaître de temps à autre; mais l'esprit social approuve et sanctionne un type, la monogamie ou la polygamie par exemple, et prohibe ou déprécie tous les autres. De même, chaque ville formant l'État, ou chaque État dans la fédération doit se conformer à un type ou à un modèle.

La composition sociale est donc un fait psychologique plutôt que physique. Envisagée comme un phénomène psychologique, elle doit être décrite comme une tolérance et une alliance mutuelles entre les éléments individuels dissemblables d'une société, secondées par une alliance des semblables, par la non-tolérance des dissemblables, parmi les groupes qui la composent.

CHAPITRE IV

La Constitution sociale

La constitution d'une société est l'organisation de ses membres individuels dans des associations spécialisées pour divers buts sociaux. Par exemple, une ville a un gouvernement municipal, des églises, des écoles, des corporations industrielles, des organisations de travailleurs, des sociétés littéraires et scientifiques et des cercles. Ces associations, mises en harmonie, sont la constitution sociale de la communauté. Ensemble, elles portent sur les activités sociales diversifiées. Ainsi les associations constituant la société ont un but. Chacune a en vue un objet défini, que ses membres sont supposés connaître et à l'obtention duquel ils sont présumés consacrer leur effort.

Une association ayant un but peut comprendre les deux sexes, mais seulement pour d'autres objets que le mariage et la reproduction. Être membre de la constitution sociale ne vient donc pas, comme dans la composition sociale, d'un hasard de naissance. De nouveaux membres sont admis dans une telle association uniquement avec leur consentement et l'agrément des membres. Là où les membres semblent être appelés par la naissance, comme dans une église qui retient les fils de ses membres, ce n'est pas le lignage, mais un droit consciemment donné et accepté, qui est la vraie base de l'admission. Les associations avec un but n'ont donc pas d'existence indépendante. Elles dépendent l'une de l'autre et présupposent la composition sociale. Elles ne se trouvent que dans une société autogène et compréhensive.

Les individus qui composent une association avec un but se ressemblent davantage, quant au but qui les unit, que deux associations entre elles. Si les membres d'une « trade-union » donnée ne se ressemblaient pas davantage en idées et en intérêts que deux unions également accessibles, les membres dissemblables se joindraient à d'autres organisations. Il n'est pas deux églises qui se ressemblent autant, en sentiment et en croyance, que deux membres d'une même église. Les membres des trade-unions prises collectivement, ou des églises envisagées de même, se ressemblent mutuellement plus que les trade-unions ne ressemblent aux églises. Les membres des corporations d'affaires, ou des sociétés scientifiques, pris respectivement en bloc, se ressemblent entre eux plus que les corporations ne ressemblent à ces sociétés.

Comme chaque association accomplit un travail spécifique dans la constitution sociale, elle peut être considérée comme remplissant une fonction sociale. A ce point de vue, l'association avec un but peut se décrire comme une association fonctionnelle. La combinaison des associations est donc une coordination et leur aide mutuelle ne se borne pas à un simple accroissement de masse et de force ; elle s'effectue aussi par une division du travail.

La coopération des animaux pour la pêche, la chasse, la défense est une association fonctionnelle, mais elle n'est ni suffisamment différenciée ni assez régulière pour être regardée comme une constitution sociale. L'organisation permanente et systématique de quelques espèces de fourmis est peut-être une exception.

De même, il n'y a pas de vraie constitution sociale dans les bandes inférieures de sauvages, quoiqu'il y ait une coopération dans ces communautés et que la famille y devienne une sorte de confrérie artificielle par l'adoption de membres.

Dans les sociétés à forme de tribus, les associations qui possèdent un but sont tellement développées qu'elles forment une constitution sociale élémentaire. Cependant, la composition tribale n'est pas séparée de la composition sociale. Certains groupes de celle-ci et certaines organisations qui en dérivent, servent aussi comme associations. Par exemple, le groupe domestique est à la fois une famille et un ménage. Comme famille, il est une unité de la composition sociale. Comme ménage, c'est une association économique, destinée à se procurer et à préparer la nourriture, à fabriquer les étoffes et les outils. Le clan, qui dérive de la famille par un processus que nous décrirons au chapitre de l'association ethnogénique, est une association avec un but, qui fortifie les droits et les devoirs et honore la tradition juridique. Morgan décrit comme représentatives l'organisation et les fonctions d'un clan Iroquois. Chacun d'eux avait un sachem élu, dont les devoirs étaient ceux d'un juge primaire. Il interprétait et appliquait la tradition juridique du clan, qui avait aussi un conseil qui discutait et réglait les matières politiques. Tous les membres, hommes et femmes, avaient droit de vote pour élire ou déposer les officiers du clan. Aucun ne pouvait se marier dans le clan, tous devaient aide et protection aux membres du clan, ainsi que le venger. Tous participaient au droit de porter le nom totémique du clan, d'hériter les propriétés des membres décédés et d'adopter des étrangers dans le clan. Tous prenaient part aux devoirs religieux et pouvaient être ensevelis au lieu d'inhumation. La tribu est toujours essentiellement une organisation militaire régie par un conseil de chefs vainqueurs dans les expéditions et, quelquefois, par un chef unique. En outre, il y a d'ordinaire dans les tribus beaucoup d'associations secrètes qui ont des fonctions religieuses.

Dans les sociétés civilisées, la constitution sociale est

complètement développée et, habituellement, séparée de la composition sociale, quoique la séparation ne soit jamais complète en tous points. Toujours, cependant, dans ces sociétés, la composition sociale est subordonnée à la constitution sociale, tandis que dans les tribus la constitution n'influe qu'incidemment sur la composition.

La grande organisation à but de la société civilisée, c'est l'État, par le moyen duquel l'esprit social domine l'entière société autogène, prescrit des formes et des obligations à toutes les associations secondaires et modèle la composition sociale. Coordonnant toutes les activités et tous les rapports, l'État maintient ces conditions dans lesquelles tous ses sujets peuvent vivre « une vie parfaite et se suffisant à elle-même ».

Au-dessous de l'État, qui s'occupe de toutes les actions et de tous les intérêts de ses membres, sont les associations particulières d'ordre moins large et aux fonctions plus spécialisées. « Imaginez un grand cercle dans lequel en sont d'autres, plus petits, se combinant de mille façons pour former les figures les plus variées sans franchir la limite qui les enserre; c'est l'image de la grande association qui est l'État et des associations particulières qu'il embrasse ».

Les associations particulières sont de quatre classes. Celles de la première s'occupent directement d'intérêts politiques. Indépendantes du gouvernement, elles font et défont les gouvernements. Dans une seconde classe, sont les organisations privées qui assument des fonctions juridiques, souvent, mais non toujours, opposées à la loi! Tels, les Comités de Vigilance, les Ku Klux Klans, et les Bonnets-Blancs. Dans la troisième, sont les diverses organisations de sociétés industrielles qui pourvoient aux besoins physiques de la vie et harmonisent les rapports mobiles du besoin et de la satisfaction. Dans la quatrième classe, sont toutes les organisations qui se consacrent aux matières de sentiment, de pensée ou de conduite; les associations éducatrices dont le but est d'aider au développement spirituel. Elles comprennent l'Église et ses organisations annexes, les sociétés philanthropiques, les associations scientifiques et les innombrables organisations du plaisir social.

Chaque association poursuivant un but a, non seulement une fonction, mais aussi une constitution et une composition, adaptées à l'accomplissement de la fonction.

Dans la composition, les individus sont combinés comme personnes et comme catégories ; par exemple, les catégories d'employeurs et d'employés dans la composition d'un groupe industriel. La composition des associations doit être étudiée en rapport avec le trait ou l'intérêt commun qui unit leurs membres.

La constitution d'une association est l'organisation de ses membres. Les catégories d'individus qui la composent sont combinées selon quelque principe de subordination ou de coordination et tous ses membres peuvent être répartis en sous-sociétés, bureaux ou comités.

De plus, l'organisation d'une association volontaire peut être secrète ou non. Le secret et l'exercice rigoureux de l'autorité sur les membres sont les traits principaux des associations dans les tribus sauvages et, presque autant, dans les grands empires orientaux de la Chine, de l'Inde, de la Perse. Au moyen âge, ils caractérisaient l'organisation sociale de l'Europe occidentale, mais elles y sont exceptionnelles aujourd'hui et sont rares aux États-Unis, relativement au nombre total d'associations. Il n'est peut-être pas de contraste plus intéressant que celui qui existe entre les systèmes sociaux d'Amérique et de Chine. L'Amérique est, sociologiquement, un vaste réseau d'associations libres, dont la plupart montrent clairement leur objet et leur méthode. La Chine est un lacis de sociétés secrètes liées par le serment, dont les membres encourent la mutilation et la mort s'ils révèlent les mystères de leurs confréries. Il y a probablement une proche connexité entre ce contraste et le caractère de l'association, économique en Occident, religieuse, fraternelle et défensive dans l'Orient.

L'étude détaillée de l'État appartient à la science politique. La sociologie générale ne s'occupe que des grands traits de l'organisation politique et de quelques-uns des rapports entre l'État et les associations secondaires.

Une étude soigneuse de la composition de l'État aurait épargné beaucoup de confusion dans la théorie politique. L'État comprend-il tous les membres d'une société naturelle? Le professeur Burgess répond en disant que « l'État comprend le tout. Son organisation embrasse toutes les personnes naturelles ou légales, et toutes associations de personnes. La science politique et la loi publique ne reconnaissent pas, en principe, l'existence d'aucun individu sans état dans les limites de l'État ». C'est comme sujets, cependant, que tous les individus sont compris dans l'État. Entre les sujets et les membres de l'État, il peut y avoir une différence. Tous sont sujets de l'État sur lesquels l'État exerce son autorité. Ceux-là seuls sont membres de l'État qui participent à sa conscience, qui, par leur loyauté et leur aide volontaire, contribuent à son autorité et à son pouvoir. Le rebelle, le traitre, le récalcitrant sont bien dans l'État mais n'en font pas partie.

C'est pourquoi, dans la composition de l'État, les individus sont combinés par catégories. Ces catégories sont : les sujets d'autorité, les autorités générales, les autorités légales, et les agents de l'autorité légale. Tous ceux qui ont part à la conscience de l'État et y contribuent librement en pensée et en effort, sont les auteurs de l'autorité en un sens général. C'est l'autorité générale qui est, finalement, personnifiée dans la loi et dans l'organisation politique. Mais tous ceux qui aident à créer l'autorité générale n'aident pas à lui donner les formes légales. Les auteurs de l'autorité légale sont ceux qui exercent librement leur droit et autorisent, par leur vote, les actes légaux de l'État. Les électeurs sont donc une association dont le but est parfaitement défini au sein d'une autre, plus large, moins définie et, comme dans toute autre association définie dans sa forme, de nouveaux membres ne sont admis à l'électorat que du consentement des membres actuels.

Les agents de l'autorité légale sont ceux que les électeurs autorisent à mettre leur volonté en forme finale et à exécution. Collectivement, les agents de l'autorité légale sont le gouvernement.

Dans la constitution de l'État, les plus importants des corps secondaires sont les corporations publiques. L'État s'incorpore d'abord lui-même, limitant son territoire et ses membres, décrivant son organisation, établissant les règles de procédure avec lesquelles il conduira ses affaires. Il s'incorpore après les subdivisions locales de la société, telles que comtés, municipes, cités et leur donne à chacune certains droits, certains devoirs, certains pouvoirs. Le reste des organisations secondaires de l'État consiste dans les corporations publiques. Ce sont les corps parlementaires et législatifs qui formulent les lois ; les cours qui les interprètent et les appliquent ; les bureaux, les comités et les commissions.

Les fonctions de l'État sont généralement discutées par rapport à une théorie de ce qu'elles devraient être ou ne pas être. Le sociologue les étudie comme elles sont. Actuellement, les fonctions de l'État ont pour limites celles des intérêts humains. Il n'y a pas d'État dans la chrétienté qui n'ajoute à ses fonctions de gardien et d'arbitre diverses activités éducatrices et économiques.

Le premier but de l'État est la parfaite intégration sociale. Dans ce but, il entretient des armées et une diplomatie afin de protéger la nation contre l'agression ou pour agrandir son territoire et sa population, et il entretient des tribunaux et une police pour assurer la paix dans ses propres limites. La première affaire des parlements, des cours et des pouvoirs exécutifs est de combiner, de défendre et d'harmoniser les groupes, les classes, les individus et les intérêts de la société.

Il est inévitable, cependant, que l'accomplissement de sa tâche amène l'État à des activités économiques. Tous les États modernes frappent de la monnaie et interviennent dans les valeurs. Les opérations de crédit et de banque sont, dans une large mesure, contrôlées par les gouvernements. Les États agissent aussi sur la valeur soit par la législation et la taxation, quelquefois sur une vaste échelle comme dans les systèmes compliqués de tarifs protecteurs des États-Unis, d'Allemagne et de France. Tous les États mettent sous l'administration du gouvernement les grands moyens de communication, les Postes. En Europe, le télégraphe est aussi une institution gouvernementale. Le réseau ferré du monde est géré principalement par des corporations privées ou, comme certains les appellent, quasi-publiques, mais, partout, les affaires des chemins de fer sont surveillées, plus ou moins, par le gouvernement. Beaucoup d'États ont essayé la gestion par le gouvernement aux États-Unis, ces expériences ont été autant de désastreux échecs et elles n'ont réussi nulle part sauf, peut-être, en Allemagne et en Autriche. L'exécution des tramways par les corporations municipales promet davantage. Tous les États sont, plus ou moins, producteurs. Les produits officiels des États-Unis consistent en armes à feu et dollars d'argent. Les produits officiels de l'Europe sont les munitions de guerre et le tabac français.

Il est non moins inévitable que l'État assume des fonctions éducatrices. Les membres de l'État voient que la cohésion sociale est une union spirituelle plutôt qu'une compulsion extérieure, qu'elle dépend des idées des individus. Ils la croient aussi nécessaire pour guider les esprits des hommes que pour supprimer le crime et l'insurrection. A tort ou à raison, ils croient que la direction serait fausse ou pernicieuse si l'État lui-même n'était le guide suprême. Tous les États, par suite, ont fait des institutions religieuses, comme l'Église grecque en Russie, ou un système compliqué d'éducation séculaire, comme les États-Unis ou la France. Accidentellement un État, comme l'Angleterre ou la Prusse, réussit à maintenir côte à côte une religion d'État et une instruction d'État; mais on reconnait généralement qu'une pareille politique crée un équilibre instable. Tout État, aujourd'hui, reconnait ses devoirs envers la littérature, la science et l'art et tâche de s'en acquitter en entretenant des universités, des institutions comme l'Académie française et les nombreux bureaux scientifiques des États-Unis, des bibliothèques, des musées, des galeries d'art. Les États européens prennent souci de la beauté de leurs villes et, quelquefois, pour ces restes de beautés naturelles qui ont survécu à un siècle d'impitoyable industrialisme. On peut se demander si le peuple des États-Unis recevra jamais la beauté des mains des politiciens qui le guident. Ce n'est vraisemblablement pas au « Boss » que nous devons l'originalité de nos rues, avec leur patriotique mépris de ces qualités étrangères qui sont l'harmonie des couleurs et des proportions. Le peuple lui-même gaspille la beauté naturelle d'un merveilleux continent par une soif de destruction que l'histoire humaine ignorait encore. Il reste à savoir si les esprits pour lesquels un pin séculaire est de la pulpe de bois et les palissades des blocs de moellons forment « le vrai type américain ».

L'assertion que l'État n'a que des fonctions de défense et d'arbitrage n'est pas plus fausse que celle, plus ordinaire, suivant laquelle l'organisation volontaire n'a que des fonctions économiques et éducatrices. Les plus importantes des associations volontaires sont des associations politiques.

Dans la composition de celles-ci, entrent des hommes de vues et d'intérêts semblables. En bloc, néanmoins, c'est la conscience d'espèce plutôt que quelque contrat purement intellectuel qui est le lien de l'union. Un monarchiste sait qu'un autre monarchiste lui ressemble instinctivement et qu'un républicain ne lui ressemble pas. Beaucoup adhèrent à un parti politique où les ont amenés, non leurs convictions, mais leurs goûts. Aucun fait de l'histoire Américaine n'est aussi significatif que la persistance avec laquelle les Fédéralistes, les Whigs et les Républicains se sont crus d'une espèce différente de Démocrates (1).

Des clubs, non pas secrets, mais exclusifs, qui unissaient des fonctions politiques et sociales, comme les clubs de l'Union League qui se fondèrent dans les grandes villes américaines pendant la guerre civile, comme le « Reform » et le « City Reform » de New-York, le « Reform » le « Conservation » le « Marlborough » de Londres, ont été pendant longtemps une forme préférée d'organisation politique privée. Le premier club politique sur le continent en Europe, fut le Club politique, fondé à Paris, en 1782. Le plus ancien de ceux qui existent est le « Civil Club » de Londres qui remonte à 1669.

Dans les pays qui jouissent de la liberté garantie par la Constitution, l'œuvre active de la politique est accomplie par des associations ouvertes, dans lesquelles sont accueillis tous les électeurs qui le désirent de bonne foi. Les grands partis politiques d'Angleterre et des États-Unis sont les plus grands ; ils sont aussi les plus mobiles et les plus effectifs des organisations volontaires. Chacun comprend parmi ses adhérents des hommes de tous les degrés d'évolution mentale, de presque toutes les nationalités. Chacun est si parfaitement distribué sur une vaste superficie, qu'il compte des votants dans chaque hameau. C'est par exception qu'un des principaux partis des États-Unis

(1) Suivent quelques lignes intraduisibles et que nous ne pourrions transcrire qu'en embarrassant le lecteur de toute la terminologie politique des Etats-Unis.

n'atteint pas, dans une élection présidentielle, le quart des votes.

Un grand parti politique ne représente aucun intérêt particulier. Il a pour règle générale de veiller aux affaires publiques et de s'occuper d'elles. Tout essai de l'identifier longtemps avec une politique particulière échouera, parce qu'il est toujours contrôlé par le sentiment de classe et que les intérêts d'une classe ne restent pas les mêmes pendant de longues années. Ainsi, on parle ordinairement du parti démocratique des États-Unis comme du parti du constructionnisme strict, mais il n'a jamais été fidèle à ses principes. Il a été longtemps le parti de l'esclavagisme ; mais il n'aurait pu continuer à l'être, car des changements économiques minaient sûrement l'esclavage lorsque la guerre civile précipita son abolition. Le même parti s'enorgueillissait de son opposition aux améliorations intérieures, mais Andren Jackson signa plus de bills en décrétant qu'aucun autre Président . . . .

. . . .

Il n'y a jamais, et ne peut jamais y avoir plus de deux grands partis politiques dans une nation. La politique de chaque parti sur un point particulier doit osciller. . . . .

. . . .

Les fonctions des organisations politiques volontaires peuvent être révolutionnaires ou légales. Dans la nature des choses, une révolution ne peut aboutir que par l'association volontaire. Si ce n'est pas aussi évident, il est vrai, du moins, qu'une forme républicaine de gouvernement ne peut durer que par l'activité, infatigable et multiple, des associations politiques qui la tiennent dans les limites de la loi. Elles prennent l'initiation de la législation, elles critiquent l'administration, elles achèvent les réformes. Ce sont des vérités que les écrivains politiques ont été lents à saisir. Chacun comprend que les gouvernants ne se critiquent ni ne se réforment eux-mêmes, mais tous ne comprennent pas que, dans notre temps, les gouvernements n'ont qu'une faible part de l'initiation des lois. Le ministère anglais ne propose que quelques mesures importantes, de même le président des États-Unis, lorsqu'il est une personnalité puissante, de même les gouverneurs des États, les maires des villes. Mais la grande majorité de tous les bills naissent dans les conseils des associations volontaires et sont introduits dans la législature, au congrès, au parlement, par les soins des associations dont les délégués s'en occupent jusqu'au rejet final ou l'adoptation définitive. En un mot, sans de pareilles associations il ne peut y avoir de vrais républicains au vrai sens du mot. L'alternative est entre la bureaucratie ou la monarchie absolue.

Il n'y a pas grand'chose à dire des associations privées qui assument des fonctions juridiques. Avec peu d'exceptions, ce sont des organisations illégales qui viennent à exister en l'absence de tribunaux légalement constitués ou lorsque les tribunaux manquent à leur devoir de protéger les propriétés et les existences. C'est, d'ordinaire, l'élément violent et déréglé d'une population qui composait ces organisations judiciaires légales ou non. On peut citer une exception dans le cas du Comité de Vigilance de San Francisco, qui fut organisé en 1851. Beaucoup de ses membres étaient des hommes d'ordre qui virent la nécessité, en l'absence d'un gouvernement constitué, de recourir à des moyens extraordinaires pour mettre fin à une anarchie intolérable. Le Ku Klux Klan, qui surgit en plusieurs États du Sud, vers 1866 et 1867, et qui tâcha, par des exécutions nocturnes, de mettre à néant la législation nationale qui avait confié aux affranchis les droits civils, était, jusqu'à un certain point, composé d'hommes sincèrement convaincus que l'édifice social s'écroulerait si la conception qu'avait le Sud des droits et des propriétés n'était pas écoutée. Ses façons, cependant, n'eurent jamais l'approbation générale. Les Bonnets Blancs de l'Indiana et des États voisins ne comprenaient aucun élément respectable, quoique leur but prétendu fût de fortifier le code social de moralité.

Dans leurs constitutions, les associations privées de juridiction sont d'habitude secrètes, comme le requièrent leurs desseins illégaux. Il est possible, cependant, que dans la nuit des temps, des associations de jugement soient organisées ouvertement et légalement pour juger des différends ou arranger des réclamations pécuniaires. En fait, des conseils volontaires d'arbitrage sont dès maintenant institués en certaines occasions, pour connaître des dissensions d'un caractère juridique entre employeurs et employés.

Les associations économiques privées sont, en général, formées d'individus d'aptitudes et d'éducation semblables. Dans l'organisation économique, la conscience d'espèce détermine, moins que partout ailleurs dans la société, les alliances ; l'utilité est le principe dominant, mais, même là, la conscience d'espèce a son influence. Aux États-Unis elle est la cause d'un phénomène qui cause souvent des troubles, le refus des ouvriers blancs, aussi bien dans le Nord que dans le Sud, de travailler avec des nègres, et l'exclusion de fait du nègre de tout métier mécanique. La conscience d'espèce est la base de l'immense antipathie des unionistes pour ceux qu'ils nomment les « scabs », les ouvriers non syndiqués, qu'ils considèrent comme un Brame fait d'un paria. Cela complique aussi beaucoup le service domestique.

Les patrons et les employés ne font pas, d'ordinaire, partie de la même association. Ils sont unis en groupes industriels qui rassemblent deux associations ou davantage, comme, par exemple, dans un groupe manufacturier qui comprend un membre d'une association ou d'une corporation comme l'entrepreneur, et des membres de plusieurs trade-union comme les employés.

La constitution des associations économiques privées prend la forme de sociétés commerciales, de corporations, d'associations mixtes non reconnues. Les sociétés à responsabilité illimitée de chaque associé, et à capital restreint, ne sont propres qu'aux petites entreprises. C'est aux progrès de la corporation, avec la responsabilité de chaque actionnaire, la puissance de capital par l'amas des épargnes individuelles, la possibilité d'employer les services des hommes d'une habileté supérieure, que nous devons les gigantesques entreprises industrielles des temps modernes. « Il est en vérité douteux que les assurances, la banque, les entreprises de transport, telles que les requièrent notre existence économique, eussent pu se développer ou puissent durer en dehors de notre système de sociétés. » Malheureusement, il n'y a pas de statistique générale de ces sociétés. Personne ne sait combien ont eu leurs statuts approuvés et combien existent maintenant. Cela est singulier, si l'on songe au rôle énorme qu'elles jouent dans le monde économique, et à l'intérêt que depuis quelque temps les gouvernements prennent aux enquêtes statistiques. Le nombre des classes particulières de sociétés est cependant connu.

De toutes les associations sans statuts approuvés avec des fonctions économiques, les plus importantes sont les « Trusts » et les « organisations de travailleurs ».

En pratique, toute industrie est dominée ou affectée par les combinaisons qui tentent de régler la production et les prix. Quelques-unes de ces combinaisons sont de simples contrats, alors que d'autres sont des organisations minutieuses, ayant la faculté d'imposer des conditions strictes aux producteurs isolés et d'édicter des pénalités contre l'infraction. Un comité du congrès, qui étudiait les « Trusts », en 1889, n'a pas essayé de les énumérer, pour cette raison qu'il s'en forme constamment de nouveaux, que les anciens étendent tous les jours leurs relations de façon à dominer toutes les branches de l'industrie, à envahir tous les territoires. M. Henry D. Lloyd a fait une liste des « Trusts », essayés ou réussis, et elle comprend plus de mille noms.

Parmi les associations de salariés, la Fédération américaine du travail est un bon exemple d'une organisation complexe, mais cependant flexible et efficiente. Elle comprend 81 associations nationales et internationales et elles embrassent 7.182 trade-unions locales avec 610.200 membres. De plus, 1.500 unions locales, qui n'appartiennent à aucune association nationale, sont affiliées à la Fédération. Les Chevaliers du Travail, « Knights of Labour », à leur apogée, en 1886, avaient 160 assemblées de district, près de 9.000 assemblées locales, 730.000 membres. Ce nombre est, depuis, tombé à moins de 200.000.

L'étude des fonctions des associations économiques particulières rentre dans les limites de l'économie politique. Les fonctions comprennent la production en agriculture, dans les mines, dans les manufactures, au moyen de groupes industriels qui vont, comme complexité, depuis la combinaison du patron isolé et de ses ouvriers, jusqu'à l'association de grandes sociétés, agissant comme unités, et leurs milliers d'ouvriers syndiqués; les transports et l'échange par les chemins de fer, les steamers, les compagnies d'expédition et par les sociétés de négociants; l'équilibre des valeurs par les marchés ordinaires, par les bourses et les bourses de commerce, par les banques; l'accumulation du capital et l'assurance contre le besoin par les caisses d'épargne, les assurances, la coopération; et enfin l'attaque et la défense économiques par le mécanisme des « Trusts » et des trade-unions.

Dans la composition des associations privées éducatrices, il entre une alliance de personnes douées de croyances, de goûts, de natures semblables. C'est d'ordinaire le but proclamé d'une telle association qui fait de la croyance ou du goût la condition d'admission, mais cet idéal n'est jamais réalisé. La conscience d'espèce est toujours là pour unir ceux dont les croyances diffèrent, pour diviser ceux dont les opinions concordent. La constitution des associations culturales ne demande pas de description spéciale. Elle prend la forme soit de corporations, soit de sociétés libres, secrètes ou non. Leurs fonctions sont religieuses, philanthropiques, scientifiques, pédagogiques, esthétiques ou simplement récréatives.

L'Église, comme organisation volontaire, peut exister dans un pays comme l'Angleterre, qui a une religion établie, mais elle ne peut se développer complètement que dans un pays où l'Église et l'État sont complètement séparés, comme les États-Unis. Il y avait, en 1890, 143 dénominations religieuses et 165.177 organisations ecclésiastiques dans notre pays. Le nombre total des fidèles était de 20.612.806. Les organisations Méthodistes étaient de 51.489, les Baptistes 42.909, les Presbytériennes 13.476, les catholiques Romaines 10.276, les Luthériennes 8.595, Les fidèles catholiques étaient 6.257.871, les Méthodistes 1.278.332, et les Luthériens 1.231.072.

La population religieuse du pays est organisée aussi en un nombre surprenant d'associations spéciales. Elles comprennent les ordres monastiques et les sociétés de l'Église catholique romaine, et les nombreuses sociétés protestantes. Depuis la fondation de la Nouvelle Compagnie d'Angleterre, en 1649, pour convertir les Indiens de l'Amérique du Nord, plus de cent sociétés de missions ont été organisées par les protestants. Quelques-unes le sont supérieurement. La plus parfaite de toutes, l'Association des Femmes pour les Missions étrangères, est une fédération des cercles locaux et des succursales de comtés et d'États.

Dans une large mesure, les organisations philanthropiques privées ont assumé ce souci amical des malheureux qui, auparavant, était dévolu à l'Église. Elles sont aussi nombreuses, aussi variées que les maux de l'humanité et on n'a jamais pu les énumérer complètement.

Si vaste que soit le terrain occupé par les bureaux scientifiques gouvernementaux, les universités de l'État, les écoles publiques, la moitié de l'activité scientifique et éducatrice est défrayée par des sociétés privées : les corps savants, les écoles particulières, les collèges dont le nom rappelle leur fondateur. Aux États-Unis, chaque branche de recherches, depuis la physique, la chimie et l'astronomie jusqu'à la philologie et au folklorisme, est encouragée par une association. La grande majorité des 451 collèges et universités dotés de la collation des grades sont des fondations privées et la plus large partie des 95 millions de dollars qui forment leur capital provient de libéralités individuelles.

Les sociétés fraternelles combinent d'ordinaire l'aide mutuelle et le plaisir social comme, par exemple, les Francs-Maçons et les Vieux-Compagnons. Quelquefois, les sociétés pour l'encouragement de l'art ou de la musique n'ont pas d'autre but ; les clubs, quelquefois, deviennent des centres politiques actifs, mais en général les buts principaux de toutes ces organisations sont la culture personnelle et les divertissements sociaux. Elles sont trop nombreuses pour être décrites.

De la description de la constitution sociale, on peut faire dériver certaines généralisations.

L'analogie de cette constitution sociale avec une constitution biologique est réelle. La description que fait M. Spencer de l'organisation politique d'une société comme un système régulateur qui correspond au système cérébro-nerveux de l'animal, et de l'organisation industrielle comme un système de sustentation correspondant à l'appareil alimentaire, n'est pas fantaisiste. L'analogie, cependant, a une valeur scientifique limitée, jusqu'à ce qu'elle soit secondée par une étude minutieuse des traits caractéristiques de l'organisation sociale.

Le plus important a été éclairé par cette découverte que

les gouvernements et les organisations privées se doublent naturellement pour des fonctions pareilles. Quoique, dans l'animal, beaucoup d'organes vitaux soient doublés, il n'y a jamais duplication complète des systèmes élémentaires, circulatoires ou nerveux. Dans la constitution sociale, toute association, publique ou privée, peut assumer toute fonction sociale, au besoin. C'est comme si le système cérébro-nerveux d'un côté, pouvait organiser un nouveau système alimentaire et circulatoire avec les tissus du corps et si, d'un autre côté, le système nerveux sympathique pouvait, au besoin, remplacer le cerveau et la moelle épinière. Les associations publiques ou privées ont une telle faculté parce que, on l'a vu, il y a toujours une grande duplication de fonctions dans toutes les classes essentielles des services sociaux. Aux époques de périls, l'État peut construire des flottes et des chemins de fer, construire des ponts, fabriquer des marchandises, faire des opérations financières, parce qu'aux époques de calme et de sécurité, il fait tout cela sur une petite échelle. Aux moments de révolution ou d'anarchie, les associations privées peuvent protéger les vies et les propriétés, rendre la justice, organiser un gouvernement provisoire, parce qu'en temps normal elles provoquent les lois.

Cette généralisation a une valeur pratique, aussi bien que scientifique. Elle est le seul principe adéquat qui serve à apprécier les prétentions du socialisme et de l'individualisme. Les socialistes ont raison lorsqu'ils disent que, si cela était désirable ou nécessaire, l'État pourrait accomplir toutes les entreprises sociales par des agents officiels. Les individualistes ont également raison lorsqu'ils affirment que la société pourrait exister et atteindre son but, sans gouvernements coactifs. Socialistes et individualistes ont tort de supposer que l'une ou l'autre de ces hypothèses soit réalisable avec une évolution sociale normale. La distribution actuelle des fonctions entre les agents publics et privés est une variable; elle change avec les circonstances.

Aussi longtemps que les conditions sont normales, les mouvements qui tendent à accroître l'activité publique ou, d'un autre côté, à augmenter les opportunités de l'initiation privée, se limitent eux-mêmes. Ils constituent des tendances à l'équilibre. Tout ce qui amoindrit l'État ou détruit la foi populaire en son pouvoir d'accomplir les services sociaux, comme tout ce qui entrave la coutume populaire de recourir à l'initiative privée et à l'organisation volontaire, est un danger pour la société et empêche la pleine réalisation de ses fins.

Une autre généralisation, issue de la description de la constitution sociale, est que les diverses organisations de sociétés sont non seulement corrélatives, mais subordonnées, quelques-unes à d'autres organisations, toutes à un but général. La fin suprême de la société, en général, est la protection et la perfection de la vie sensible. La fin de la société humaine est le développement de la vie rationnelle et spirituelle de ses membres. Les associations éducatrices sont seules dirigées immédiatement vers cette fonction. Les institutions pédagogiques, religieuses, scientifiques, éthiques et esthétiques, la société policée pour le bien et le mal directement sur l'individu. Les organisations économiques, légales, politiques, leur sont subordonnées, au sens fonctionnel, puisque, dans ce sens fonctionnel, elles existent en vue de l'organisation et de l'activité éducatrice. L'esprit social a toujours perçu cette vérité et a toujours essayé de mettre la constitution sociale d'accord avec elle. Les associations, les relations sont ou encouragées ou supprimées en vue des buts culturaux autant que du but de protection.

Pour ces deux buts, la spécialisation et la division du travail sont nécessaires. C'est pourquoi, alors que la société maintient l'homogénéité de sa composition, elle doit tolérer et promouvoir la différenciation dans sa constitution. Psychologiquement, donc, la constitution sociale est l'inverse précis de la composition sociale ; elle est l'alliance des semblables, la tolérance des dissemblables dans toute association simple, secondée par la tolérance et la coordination des dissemblables dans l'association plus complexe, c'est-à-dire, dans les rapports de chaque association avec les autres et avec la société en général.

LIVRE III

L'Évolution historique de la Société

CHAPITRE PREMIER

L'Association zoogénique

Si la vie animale des siècles primitifs ne différait pas entièrement de la vie animale actuelle, l'association a préparé sa transformation pendant des millions d'années avant que l'humanité n'apparaisse sur la terre.

Les groupes génitiques ou congrégés se sont élargis ou restreints ; là ils ont prospéré et là ils ont péri, de même que les variations de l'orbite terrestre, les oscillations de la surface terrestre, les modifications des courants aériens et océaniques, ont rendu fertile telle région ou désolée telle autre. Le contact a causé la souffrance, la terreur, la répulsion et le plaisir, l'attraction, la joie. La ressemblance et la différence d'espèce sont devenues perceptibles. La communication des sentiments et des idées simples par les attitudes, les tons, les gestes, a été mise en pratique par des millions de créatures. L'attaque et l'imitation ont harmonisé et assimilé ; elles ont différencié et scindé. Le conflit a abouti souvent à l'équilibre de la tolérance. L'aide mutuelle, l'ivresse du jeu, la camaraderie, la sympathie, sont devenues des liens d'union pour d'innombrables bandes. Une conscience sociale élémentaire s'est développée et probablement les rudiments de la tradition sont apparus, sous forme d'habitudes de pêche, de chasse, de migration et dans les arts de bâtir des nids ou de creuser des repaires. Les relations familiales étaient établies et des débuts simples ont eu lieu dans la division du travail et dans l'association fonctionnelle.

Peut-on croire que ces acquisitions sociales n'ont joué aucun rôle dans la différenciation et dans la survivance des types animaux ? N'y a-t-il pas une lacune fatale dans la philosophie biologique qui ignore le facteur social et tâche d'expliquer la variation uniquement par le processus physiologique ? L'intelligence animale n'a-t-elle pas été un agent de sélection qui a uni et réuni les facteurs d'évolution ? L'association n'a-t-elle pas été un facteur dans le développement de l'intelligence ?

Nous avons montré comment l'association a modifié les natures des individus associés. Nous devons maintenant résumer l'exposition eu égard uniquement à la vie animale, afin d'exposer clairement le rapport de l'association et de tout le merveilleux processus de variation. Toute reconstruction du passé est une induction ; ce qui suit également. Nous n'adoptons la forme dogmatique qu'en vue de la simplicité.

Les conséquences mentales de l'association furent, d'abord, un développement original des susceptibilités et facultés natives, c'est-à-dire : 1° de la susceptibilité à la suggestion ; 2° de l'aptitude à l'imitation ; 3° des antipathies ; 4° des sympathies ; 5° de la faculté de distinction ; 6° et enfin, de la capacité de coordination. Ce fut, ensuite, une accumulation considérable des connaissances. En troisième lieu, un développement ultérieur de toutes les acquisitions, facultés, susceptibilités, par d'infinies combinaisons et réactions. Par la suggestion et l'imitation, toute connaissance du milieu, des ressources et des périls, qui était acquise par l'un devenait commune à tous. Le talent particulier d'un seul à capturer ou à s'évader devint, de même, le talent de tous. L'action réunie, à la chasse, à la pêche, au combat, fut une constante discipline pour les antipathies et les sympathies, pour les facultés de distinguer et de coordonner.

Ces modifications réagissent sur les nerfs et les cerveaux, puis physiologiquement et morphologiquement sur l'organisme entier. Tout progrès dans l'association amenait nécessairement une certaine modification dans l'organisme, correspondant au développement du sentiment et de l'intelligence.

Outre cette action indirecte sur le système physique, l'association agit sur lui directement, par une nutrition meilleure, par une sécurité relative, par la reproduction, par les sélections naturelle et sexuelle.

L'animal social avait, d'ordinaire, des ressources alimentaires plus grandes que celles de l'animal non social. Par la suggestion, l'imitation, la coopération, le groupe pouvait souvent trouver des opportunités meilleures, en profiter; l'individu solitaire fut mis à l'écart des fêtes de ceux dont il ne partageait pas l'existence.

Parfois, cependant, la population d'un groupe social se multipliait rapidement tant que la nourriture était abondante et, plus tard, ne pouvait se procurer le nécessaire. La disette commençait son œuvre par les plus faibles et laissait les plus forts comme reproducteurs. Plus grand était le groupe, plus efficace était cette terrible mais bienfaisante sélection.

De plus, dans les groupes importants, la sélection sexuelle avait plus libre carrière, surtout lorsque l'association devenait plus étroite. Un procédé faible, sans importance dans des créatures qui se mêlaient à peine, devenait un facteur efficient de l'évolution chez des oiseaux réunis en associations actives, des mammifères intelligents, avides de jeu et de camaraderie.

Ici encore, la plasticité, la modificabilité de la population et, par suite, son aptitude au progrès, étaient en raison directe de la variété d'éléments unis dans sa composition démotique, de la perfection du mélange par l'association.

L'aide mutuelle, comprenant toutes les formes de coopération, amenait des changements dans le milieu. Dans la faune, les espèces dangereuses hostiles à un groupe puissant furent chassées du voisinage ou détruites. D'autres, devenues un aliment, furent exterminées sur une large surface. Des changements pareils survinrent dans la flore. Des transformations furent faites dans le milieu inorganique par des animaux constructeurs comme, par exemple, les termites avec leurs villages, les castors avec leurs digues. Plus important, et plus étendu encore, fut le réseau de sentiers tracés à travers la forêt et la plaine par les bandes migratrices des troupes animales.

Si le milieu, l'intermélange, la sélection, l'adaptation organique, furent des causes coopérant à la variation, et si chacune d'elles fut influencée dans une large mesure, l'association a été évidemment une des grandes causes coefficientes de l'origine des espèces.

C'est peut-être une proposition hardie que d'attribuer aux relations sociales un rôle si important. Elle est moins hardie encore que celle que nous allons énoncer. Non seulement l'association a agi sur ces causes de variation que les biologistes ont perçues, mais encore elle a fourni une cause qu'ils n'ont pas reconnue pour une de celles qui ont continuellement opéré sur les animaux inférieurs aux siècles qui ont précédé l'homme.

Cette cause n'était néanmoins que la sélection consciente. Il est indubitable que pendant des milliers d'années avant que l'homme n'existât, la sélection naturelle était partout secondée par le choix conscient, produit direct de l'association.

C'est, nous l'avouons, une assertion hasardée, mais on ne saurait la nier qu'en admettant une alternative absurde. Ce serait admettre qu'après que la conscience et le choix eurent parus dans la création animale, ils ne réagirent pas sur le mécanisme de l'évolution. Ce serait admettre que les sympathies et les antipathies, la conscience d'espèce et l'aide mutuelle ne guidèrent pas les croisements de souches, n'influèrent pas sur la stabilité des conditions environnantes. De telles propositions portent en soi leur réfutation.

Du moment où l'association consciente commença, elle fut un agent de combinaison parmi les facteurs de l'évolution. Chez les animaux se déplaçant, elle facilita sans cesse les combinaisons d'hérédité d'une façon impossible aux animaux fixés ou aux plantes; elle rendit difficiles certaines autres combinaisons, impossibles d'autres encore. Lorsque les variations eurent ainsi opéré, elles se fixèrent en types et en espèces, mais seulement lorsque les nouvelles variétés se trouvaient pendant une longue période à l'abri des influences qui les auraient modifiées encore. La protection qui couvrait les plantes et les animaux fixés venait simplement de leur incapacité à la locomotion. La faculté de se mouvoir, dès qu'elle fut acquise, supprima cette sécurité. Par quoi fut remplacée la stabilité, en tant que condition protectrice? Il n'y a d'autre réponse satisfaisante que celle que fournissent les faits de l'association. C'est l'association qui a maintenu l'isolement nécessaire ; qui a tracé les lignes de démarcation dans le règne animal ; qui a éliminé les éléments nocifs de chaque groupe ; qui a réuni les éléments adéquats dans une étroite réciprocité jusqu'à la fixation des types.

Bref, l'association a été une cause principale de variation et de caractérisation. Elle a créé des variétés nouvelles et elle a reproduit en elles, avec une force toujours croissante, l'instinct de l'association.

Nous passons du problème de la variation à celui de la survivance.

Le grand résultat organique de la vie sociale chez les animaux fut une organisation plus parfaite du système nerveux et du cerveau individuel, et, par suite, une transformation notable dans le caractère de la lutte pour l'existence. Dorénavant, l'intelligence, comme l'a montré M. Wallace, compta plus que la force brutale. Si ce fut, alors, l'association qui développa l'intelligence et avec elle la faculté de coopérer, l'association fut une des causes-maitresses de la survivance aussi bien que de la variation. La vie sociale elle-même, néanmoins, se développa par l'élimination progressive des créatures non-sociales qui devinrent une proie plus facile pour les forces physiques et les ennemis vivants. Une apparente objection à cette explication vient du fait que quelques-uns des plus puissants animaux, les carnivores par exemple, sont singulièrement insociaux et féroces. Mais on peut se demander si les carnivores ont toujours été insociaux. Il est au moins possible qu'ils soient dégénérés et que, dans une vie plus sociale, en des temps plus éloignés, quand leur nombre était plus grand, ils acquirent la force et la ruse qui leur permit de vivre seuls et de se défendre contre leurs ennemis. Dans l'isolement, tout sentiment sympathique disparut et le côté cruel de leur nature fut seul à se développer.

Comme preuve plus ample de l'influence de l'association sur la survivance, nous avons le témoignage offert par la vie actuelle animale que nous donnent les remarquables écrits de M. Kropotkin, dont nous devons extraire quelques citations.

« La fourmi, dit M. Kropotkin, vit sans aucun des détails protecteurs indispensables aux animaux vivant isolément. La couleur la décèle à ses ennemis et les nids de beaucoup d'espèces sont très apparents dans les sillons et dans les forêts. L'aiguillon d'un seul individu n'est guère formidable. Les œufs et ses larves sont recherchés par bien des habitants de la forêt. Cependant les fourmis ne sont guère détruites par les oiseaux, pas même par les fourmiliers et sont redoutées par des insectes beaucoup plus vigoureux.

« Les cigognes ne pondent d'ordinaire que des œufs, mais n'ont pas besoin d'une nombreuse progéniture pour conserver leur espèce ; leurs habitudes sociales, leur intelligence, leur prudence leur permettent souvent d'atteindre un âge avancé.

« Dans leurs sociétés, les perroquets trouvent une protection infiniment supérieure à celle qu'ils pourraient trouver dans un développement quelconque de leur bec ou de leurs griffes. Très peu d'oiseaux de proie ou de mammifères osent attaquer même les plus petites espèces de perroquets. Il est très probable que les grands perroquets meurent plutôt de vieillesse que sous les griffes de leurs ennemis.

« Les chevaux, mal organisés en somme pour résister à la fois à leurs dangereux ennemis et aux conditions défavorables du climat, disparaîtraient bientôt de la surface du globe, n'était leur esprit de sociabilité. Lorsqu'une bête de proie s'approche d'eux, plusieurs familles s'unissent aussitôt ; elles repoussent, et, souvent, chassent l'agresseur. Ni le loup, ni l'ours, ni même le lion, ne peuvent capturer un cheval ou un zèbre, s'il ne se détache pas de sa bande... Si une tempête de neige fait rage dans la steppe, chaque famille se serre étroitement et se réfugie dans un ravin. Mais si la confiance disparaît, si la panique s'empare du groupe et le disperse, les chevaux périssent et les rares survivants se retrouvent après la tempête à demi morts de fatigue.

« Que la vie en société soit l'arme la plus puissante dans la lutte pour la vie, prise dans son sens le plus large, cela a été montré par plusieurs exemples dans les pages précédentes et pourrait être prouvé à l'évidence. La vie en société permet aux plus faibles insectes, aux plus faibles oiseaux, aux plus faibles mammifères de résister, de se défendre contre les plus terribles oiseaux ou bêtes de proie; elle permet la longévité; elle met l'espèce à même d'élever sa descendance avec la moindre dépense d'énergie et de conserver son chiffre même avec un taux de natalité plus élevé, elle permet aux troupeaux d'émigrer en quête de nouvelles ressources. Donc, pendant que nous admettons pleinement que la force, la vitalité, les couleurs protectrices, la ruse, l'endurance à la faim et au froid, sont autant de qualités qui rendent l'individu, ou l'espèce, les plus aptes sous certaines circonstances, nous maintenons que, sous n'importe quelles circonstances, la sociabilité est le plus grand avantage dans la lutte pour la vie. Les espèces qui, volontairement ou non, l'abandonnent, sont condamnées à la décadence; au contraire, ceux des animaux qui savent le mieux comment s'unir ont les plus grandes chances de survie et d'évolution ultérieure, quoique, peut-être, ils soient inférieurs aux autres en chacune des qualités énumérées par Darwin et Wallace, sauf la faculté intellectuelle. Les hauts vertébrés, et en particulier la race humaine, sont la meilleure preuve de cette assertion. Quant à la faculté intellectuelle, si tout Darwiniste convient, avec Darwin, qu'elle est l'arme la plus puissante dans le combat pour la vie et le facteur principal de l'évolution, il doit reconnaître aussi que l'intelligence est une faculté éminemment sociale. Le langage, l'imitation et l'expérience accumulés sont autant d'éléments de développement intellectuel dont l'animal insociable est dépourvu. C'est pourquoi nous trouvons, au haut de chaque classe d'animaux, les fourmis, les perroquets et les singes, réunissant tous la plus grande sociabilité au plus haut développement de l'intelligence. Les plus aptes sont ainsi les animaux les plus sociables et la sociabilité apparaît comme le grand facteur d'évolution à la fois directement, en assurant le bien-être de l'espèce par la diminution de la dépense d'énergie, et indirectement, en favorisant la croissance de l'intelligence ».

En bloc, nous pouvons accepter la conclusion de

M. Kropotkin, que la société a été, dans la lutte pour la vie, une aide plus puissante que toute autre. Mais elle a été telle, non pas par suite d'un mystérieux pouvoir mis en elle, mais parce qu'elle a agi directement sur les caractères des individus associés, les transformant par degrés, et par degrés développant le pouvoir mental.

Au courant des siècles préhumains, l'association était donc zoogénique. Elle causait la variation et amenait la survivance. Elle différenciait les animaux en genres et portait à une haute perfection les genres mieux doués de nature sociale, d'habitudes, d'aide mutuelle, de formes élémentaires d'organisation sociale.

En accomplissant tout cela, l'association préparait la voie à l'homme et à la société humaine. Elle dotait quelques variétés qui n'étaient pas encore des espèces, de capacités telles qu'une d'elles pût être choisie pour les plus hautes destinées. Elle développait assez les instincts sociaux des autres pour qu'elles pussent devenir les utiles auxiliaires de l'homme, après que celui-ci se serait fait le maître de toutes les espèces inférieures. S'il n'avait su domestiquer les animaux, l'homme n'aurait jamais achevé sa civilisation. Il n'aurait pas domestiqué les animaux, si ceux-ci n'avaient d'abord pris dans l'association l'aptitude à être dressés et une haute intelligence. L'éléphant, le cheval, le bœuf, le mouton, le lama, le chien, ont été les plus fidèles serviteurs de l'homme et ce sont les animaux sociaux par excellence. Des milliers, peut-être des millions d'années, avant que l'homme naquit, les bases de son empire furent posées sur les associations zoogéniques des plus humbles formes de la vie consciente.

CHAPITRE II

Association anthropogénique

Aucune raison ne permet de mettre en doute la continuité de la société humaine et animale. Le fait auquel nous nous rapportons ne doit pas se confondre avec la descendance de l'homme de quelque ancêtre inférieur. La doctrine de la descendance repose sur des preuves qui appartiennent au domaine de la biologie et de la géologie. La sociologie accepte leur conclusion et recherche si les premiers hommes étaient des couples isolés, issus peut-être d'un couple unique, ou si la transition de l'animalité à l'humanité eut lieu par groupes sociaux entiers. Il n'y a aucun témoignage pour l'hypothèse qui fait d'un couple unique, ou de nombreux couples isolés, les ascendants des différentes variétés d'hommes. Au contraire, un grand nombre s'élèvent contre elle, et invinciblement.

Tous les restes des hommes primitifs montrent qu'ils vivaient comme les sauvages actuels, en groupes. L'ancêtre (simien) de l'homme a dû être aussi un animal social. Y a-t-il une raison de supposer qu'entre l'anthropoïde social et l'homme primitif social, il fut intercalé un couple vivant en dehors des relations sociales et si différent, mentalement et physiquement, de toutes les autres créatures, que toute société lui fût impossible? Si cela est, il faudrait en revenir à l'hypothèse des créations spéciales; car les différences physiques et mentales qui distinguent les hommes des autres créatures sont celles qu'a produites l'intercourse sociale et, sans la société, elles n'ont pas de genèse naturelle. Le langage est le signe spécifique qui sépare l'homme de la brute et ouvre la voie au développement de ses plus hautes qualités intellectuelles. « Sans quelque langage, si imparfait soit-il, il est douteux que l'intelligence de l'homme eût pu s'élever au niveau qu'implique la domination de l'homme à une période très reculée. » De plus, la théorie patriarcale de l'origine de la société a été renversée en une foule de points et, avec elle, la plupart des conceptions qui impliquaient l'idée d'un couple unique.

Nous avons trois moyens pour déterminer approximativement les caractéristiques sociales des hommes primitifs. Le premier est la masse considérable de faits géologiques et biologiques qui nous amènent à connaitre la nature de l'homme primitif, les conditions dans lesquelles il vivait. Le second, c'est la somme croissante de matériaux archéologiques qui nous apprennent beaucoup sur la vie des premiers hommes qui laissèrent des traces positives de leur existence. Le troisième est le parallélisme général entre des traits de la société primitive et des traits des sociétés inférieures de sauvages actuels.

Il y a de nombreuses raisons pour accepter ce parallélisme. Une provient du fait que les croyances et les coutumes des peuples civilisés contiennent de nombreuses survivances des croyances et des usages qui existent encore, en pleine vigueur, dans les communautés sauvages. Elles indiquent, non seulement que les nations civilisées se sont développées de la sauvagerie, mais que les hordes sauvages actuelles sont à un moment de développement stationnaire et, par suite, à peu près dans la condition des hommes primitifs. Une autre raison vient du fait que les plus anciens restes de l'industrie humaine montrent que les hommes paléolithiques et néolithiques avaient les mêmes arts que les sauvages de nos jours.

Néanmoins, aucune société actuelle ne peut être classée

comme anthropogénique. Aucune n'est aussi basse dans l'échelle de l'évolution qu'ont dû l'être les premières sociétés humaines. Aucune n'est totalement dépourvue de ces embryons d'organisation en clan ou en tribu qui lui donnent droit à être considérée comme ethnogénique.

En outre, le parallélisme a des limites importantes qu'il faut se rappeler toujours. Les groupes sauvages modernes vivent dans les régions de la terre relativement nues, inhospitalières, inaccessibles, où les ont relégués les peuples plus forts. Il est pratiquement établi que le premier habitat de l'homme était une superficie fertile et hautement salubre. Ces différences de circonstances en ont amené d'importantes entre les caractéristiques sociales, mentales et physiques des hommes modernes inférieurs et celles des hommes primitifs. Les sauvages actuels sont certainement dégénérés à un certain degré, débilités et en voie d'extinction. Les hommes primitifs n'avaient pas une intelligence plus grande que n'ont les sauvages et avaient à peu près les mêmes idées que ceux-ci, quoique peut-être ils se rapprochassent plus clairement de l'animal; mais il est probable que les hommes primitifs étaient relativement bien nourris, et qu'ils vivaient en bandes relativement nombreuses et dépensaient une large dose d'énergie dans le combat pour la vie. Les différences influeraient plutôt sur le taux de l'évolution que sur sa forme et ses périodes, et pour l'étude de ces dernières nous pouvons employer le parallélisme avec confiance. La sociologie anthropologique est donc l'étude des sociétés d'hommes primitifs, reconstituées par induction, et des communautés actuelles de sauvages, en tant qu'on peut croire que celles-ci apportent des données à l'intelligence des origines humaines.

Il est abondamment prouvé que la conquête des aliments modifia la congrégation sociale chez les hommes de la préhistoire. Des amas de coquilles, comme ceux de la Terre de Feu, laissés par les hommes néolithiques, se trouvent « ça et là sur toutes les côtes du monde ». Sur celles du Danemark, quelques-uns de ces « débris de cuisine » ont neuf cents pieds de long, de cent à deux cents de large, de trois à cinq, quelquefois dix, de haut. Les plus vieux restes, sérieusement identifiés, de l'homme primitif (les autels et armes paléolithiques trouvés dans les lits de rivières et les environs du Nord de la France et du Midi de l'Angleterre), sont mêlés aux os des animaux qui servirent à la nourriture. Les quantités de ces restes prouvent le nombre considérable des participants à des festins grossiers. Les débris archéologiques, en général, impliquent l'association humaine et la montrent reliée à la recherche de la nourriture. Les premières associations d'hommes, pourtant, doivent avoir été soumises à des conditions plus simples encore que celles que nous révèlent les plus vieux restes artificiels. Les premiers hommes n'ont pas laissé de traces archéologiques; ils n'étaient pas allés au delà de l'emploi de bâtons ou de pierres brutes, — et c'est là un fait qu'on doit garder présent dans les discussions sur l'antiquité de l'homme. Si on ne trouve aucun reste paléolithique antérieur à la dernière période quaternaire, il ne s'ensuit pas que l'homme n'existait pas avant l'époque quaternaire. Il est certain, au contraire, que si alors les hommes préparèrent les pierres, des hommes antérieurs avaient vécu qui n'y avaient pas songé. L'association de ces hommes antérieurs, comme celle de beaucoup de hordes sauvages actuelles, a dû être déterminée par l'abondance et l'accessibilité des genres de nourriture qui pouvaient être obtenus par les mains aidées seulement par le bâton ou la pierre brute. Les hordes des forêts du Brésil vivent de racines, de bulbes et de noix, de calebasses et de baies, de miel sauvage, d'œufs d'oiseaux et d'insectes. Les hommes primitifs ont dû vivre ainsi, mais peut-être plus abondamment, probablement en ajoutant à ces ressources les poissons, les coquilles et les animaux de facile capture.

Les autres conditions physiques de l'existence des hommes primitifs seraient certainement connues si nous savions où, et à quelle période géologique, est d'abord apparu l'homme. Les témoignages que nous avons confirment l'opinion de Darwin, — à laquelle a acquiescé l'éminent anthropologiste anti-darwinien Quatrefages, — que l'homme a vécu dans une période tertiaire. Ils ne confirment pas l'avis, — d'ailleurs hésitant, — de Darwin, que la transition de la brute à l'homme eut lieu entièrement en Afrique, beaucoup moins celui de Quatrefages, que l'homme est originaire du Nord de l'Asie. Ils indiquent plutôt que la transition s'est effectuée par de nombreuses variations cumulatives, par des croisements des sélections, partie dans une région, partie dans une autre, pendant que l'espèce humaine était distribuée dans un habitat qui s'étendait à la moitié du globe.

Les raisons qu'invoquait Darwin en faveur de l'origine africaine de l'homme étaient celles-ci. Dans chaque grande région du monde, les mammifères vivants sont en étroite parenté avec les espèces éteintes de la même région. L'homme est plus proche parent des singes catarrhins du Vieux-Monde que des platyrrhins du Nouveau-Monde. Les espèces vivantes les plus rapprochées de l'homme sont le gorille et le chimpanzé, qui vivent tous les deux en Afrique. Deux ou trois singes anthropomorphes, cependant, en y comprenant le dryopithèque de Lartet, presque aussi grand qu'un homme, existaient en Europe à l'époque miocène. « A l'époque et dans le pays, — où et quand que ce fût — où l'homme, pour la première fois, perdit les poils qui le protégeaient, il habitait probablement un pays chaud, circonstance favorable pour le régime frugivore qui était le sien, si on en croit l'analogie. Nous sommes loin de savoir depuis quand l'homme s'était séparé du genre catarrhin, mais cela peut être survenu à une époque aussi reculée que la période éocène. En effet, les singes supérieurs ont différé des singes inférieurs avec la période miocène supérieure, comme le démontre l'existence des dryopithèques ».

Les objections scientifiques à cette conclusion que le développement d'un homme du type inférieur s'est complètement accompli en Afrique, sont nombreuses et sérieuses.

Un climat très chaud et très humide peut avoir aidé l'homme à perdre son poil, mais il aurait été extrêmement défavorable à l'activité physique et mentale essentielle à un haut développement cérébral ; au contraire, un climat chaud, devenant tempéré dans les montagnes, aurait été très favorable.

La distribution des races noires est, en apparence, inconciliable avec toute théorie qui voudrait limiter la demeure primitive de l'homme à un espace à l'ouest de l'Océan Indien et au sud du Sahara. Les noirs de l'Extrême-Orient, qui sont surtout représentés par les Mincopis des Iles Andaman, sont très probablement un reste d'une des plus anciennes souches humaines, et il semble prouvé que les races noires sont allées du sud-est de l'Asie vers l'Ouest, et non pas de l'Afrique vers l'Est. Serait-il prouvé qu'à une époque géologique reculée, un continent équatorial allait de la Guinée à la Nouvelle-Guinée, que la difficulté n'en subsisterait pas moins.

Non moins difficile à concilier avec la théorie qui restreint à l'Afrique équatoriale le premier habitat humain, est la distribution des plus vieux restes de l'homme et des restes fossiles des singes anthropoïdes qui lui ressemblaient le plus. Le groupement de ces restes a fortement appuyé la possibilité que la race humaine ait commencé dans l'Europe Occidentale. C'est la certitude que des singes anthropomorphes erraient à l'Ouest de l'Europe pendant la période miocène et les périodes ultérieures qui a troublé la foi de Darwin en sa propre conclusion à cet égard. Le *Dryopithecus fontani*, d'une hauteur égale à celle de l'homme normal, avec des dents comme celles des Australiens, a été trouvé dans les vallées supérieures de la Garonne et en Italie. Une espèce de catarrhin habite encore le rocher de Gibraltar. C'est en Europe que se sont faites les premières découvertes de restes incontestables de l'homme quaternaire et, nulle part ailleurs, on n'a fait de découvertes d'égale valeur. « Que l'on admette ou non, disait Tylor, que l'Europe fut une partie du globe habitée par les plus anciennes des tribus humaines, il est certain que les restes trouvés en Europe fournissent à présent les meilleurs preuves de l'antiquité de l'homme ». Des instruments paléolithiques se trouvent dans les vallées de l'Ouse et de la Tamise en Angleterre, de la Somme et de la Garonne en France, du Tage en Espagne et en Portugal. Le crâne du Neanderthal fut trouvé en 1857, dans la vallée du Neander, entre Dusseldorf et Elberfeld. Un fragment pareil fut recueilli en 1865 à Eguisheim et un autre quelques années après à Brüx en Bohême.

Le docteur Brinton a essayé de concilier l'évidence européenne avec les vues de Darwin, en suggérant que le sens général de la conclusion du grand naturaliste était simplement « que l'homme se développa d'abord dans les chaudes régions de la portion occidentale ou atlantique du Vieux-Monde, et non en Asie ». Ainsi expliquée, l'Afrique où l'on place l'origine de l'homme n'est plus l'Afrique équatoriale au sud du Sahara, mais cette vaste péninsule ancienne qui comprenait l'Afrique du Nord et l'Europe de l'Ouest. En d'autres termes, ce n'est plus l'ancienne Afrique, mais l'ancienne Europe.

On sait que dans la première période tertiaire, l'Europe et l'Afrique du Nord étaient unies, qu'elles étaient séparées de l'Afrique équatoriale par des mers *peu profondes* où sont maintenant le désert du Sahara, la moitié orientale de la Méditerranée et la vallée de l'Euphrate. Réunissant l'Atlantique et l'Océan Indien, la mer Saharienne divisait ainsi le Vieux-Monde en deux continents, un au nord, qui comprenait l'Afrique du Nord, l'Europe du Sud et de l'Ouest, l'Asie du Sud et de l'Est, et un au sud, qui comprenait la plus grande part de l'Afrique. L'Arabie et l'Hindoustan étaient des îles. L'Europe du Nord et l'Asie du Nord-Ouest étaient submergées sous l'Océan du Nord. La Scandinavie était une île. L'Europe de l'Ouest était reliée avec l'Amérique par la voie de l'Angleterre, de l'Islande et du Groënland, pays qui jouissaient tous d'un climat tropical. Le continent du nord a longtemps été connu parmi les géologues par le terme très clair d'Eurasie. Le Dr Brinton, impressionné par l'idée que les vues de Darwin devaient, de quelque façon, être mises d'accord avec l'évidente antiquité de l'homme en Europe, influencé peut-être plus encore par l'étude de la distribution historique de la race blanche, a proposé d'appeler Eurafrica la péninsule de l'Ouest. Cette proposition, cependant, a cet inconvénient que, si le nom d'Eurafrica exprime heureusement un fait actuel très important, l'unité physiologique, botanique, zoologique et ethnologique de l'Europe et de l'Afrique du Nord modernes, depuis qu'elles ont été géographiquement séparées et que l'Afrique équatoriale et celle du Nord ont été géographiquement unies — ce nom n'a plus de sens si on se rapporte aux temps primitifs. A l'époque tertiaire, il y avait une Eurasie, mais pas d'Eurafrica.

Néanmoins, il est juste de conclure que si des groupes d'hommes primitifs vivaient en Europe, l'habitat de l'espèce s'étendait au sud et à l'est, à travers ce qui est l'Afrique du Nord actuellement et qui, alors, ne faisait pas partie de l'Afrique. Cette conclusion tirée de la géographie tertiaire est confirmée par la coïncidence de la paléontologie et de l'archéologie. La distribution des singes anthropoïdes s'étendait certainement au sud et à l'est de l'Europe occidentale. Le Droypithèque, on s'en souvient, a été trouvé en Italie. Les restes paléolithiques, si abondants dans l'ouest de l'Europe, se trouvent aussi dans les vallées de l'Atlas et en Tunisie.

Mais si, en face d'une telle évidence, nous plaçons le premier habitat de l'homme et ses ancêtres immédiaux aussi à l'est que le point où la Tunisie et l'Italie actuelles se joignaient sur la côte sud de l'Europe tertiaire, nous ne pouvons pas arbitrairement nous arrêter là et supposer que la race s'est développée « quelque part sur la superficie, ancienne ou actuelle de l'Afrique, et non pas en Asie ». La côte sud du continent septentrional continuait, ininterrompue, le long de la base sud-ouest de la chaine de montagnes qui relie, au nord-ouest, la vallée de l'Euphrate, celle du Tigre et le golfe Persique; de là, le long de l'Océan Indien; le long du côté nord de ce qui est aujourd'hui la vallée de l'Indus; le long du côté nord-est de ce qui est la vallée du Gange et, enfin au sud-est, vers la péninsule Malaise, à Sumatra et Java. A l'extrémité est de cette longue ceinture, les anthropoïdes vivent encore en nombres considérables, et à cette même extrémité est, se trouvent les vestiges de races humaines non développées et ressemblant de très près aux singes anthropomorphes. Les outils paléolithiques se trouvent vers Madras, dans les Indes, qui était une île et sur d'autres points de l'Asie méridionale. Ces faits suffisent certainement à établir la possibilité que l'homme simien a vécu dans l'extrême Asie et aussi d'un habitat qui s'étendait au nord-ouest vers l'Europe.

A ces considérations, s'ajoute maintenant la découverte, dans les dépôts pliocènes de l'île de Java, de restes que le Dr Dubois, en les décrivant le premier, a trop hâtivement déclarés ceux du type intermédiaire entre l'anthropoïde et l'homme, qu'il a appelé le « Pithecanthropus erectus » et que Hæckel, en 1868, a supposé être « le chaînon manquant ». Ces restes, peut-être ceux d'un homme du type du Neanderthal, consistent en la partie supérieure d'un crâne, un fémur et une molaire. L'arche crânienne est à peu près entre celle d'un chimpanzé et celle d'un homme bien développé, tandis que la capacité crânienne est double de celle d'un gorille et s'approche du minimum physiologique humain. Le fémur a les caractéristiques simiesques, mais sa forme et ses dimensions sont celles de l'homme. Cette découverte rend l'hypothèse de l'origine orientale de l'espèce humaine aussi solide que celle de l'origine occidentale.

Le raisonnement poussé jusque-là [illegible]ite, cependant, un retour à l'Afrique tertiaire, oblige [illegible]mettre que l'habitat de l'espèce humaine a pu s'étendre aussi à travers la partie septentrionale du continent, le long de la côte sud de la mer Saharienne. Pendant l'émersion du Sahara et la submersion du bassin Méditerranéen, il y eut indubitablement des ponts de terre d'un continent à l'autre. L'Afrique est le domicile des plus hauts anthropoïdes survivants, le gorille et le chimpanzé. Les négrillos de l'Équateur sont, en apparence, identiques ethnographiquement avec les Mincopis des îles Andaman et les négritos des Philippines.

Il y a peu à dire sur les indications qui tendent à faire du Sud-Afrique, ou de l'Amérique, ou de l'Asie du Nord-Est, le berceau de l'homme. Des instruments paléolithiques sont retrouvés aussi au sud que le cap de Bonne-Espérance, mais il n'y a aucun témoignage local qui permette de relier l'homme paléolithique au singe anthropoïde indigène. En Amérique, on n'a trouvé aucun catarrhin sans queue et les prétendues découvertes de l'homme quaternaire n'y ont pas été vérifiées. L'authenticité des paléolithes des graviers de Trenton ou de la vallée de l'Ohio est discutée. Peu ou point de restes paléolithiques ont été trouvés en Scandinavie, en Allemagne, en Russie ou en Sibérie. Il n'y a pas de catarrhins au nord des Alpes ou de l'Himalaya.

En présence de tous ces faits, il semblerait que nous devrions chercher l'habitat des ancêtres immédiats de l'homme là où nous savons qu'a prévalu, dans la période tertiaire, un climat allant du tropical au tempéré; où nous savons qu'a existé le singe catarrhin; où ont été découverts les premiers restes humains; d'où les races inférieures humaines pouvaient être distribuées comme elles le sont. Une région ou une zone, remplissant toutes ces conditions, fut probablement la suite du développement de l'homme d'un type inférieur. Les régions où sont les restes paléolithiques, mais qui n'étaient pas habitées aux époques miocènes et ultérieures par des catharrins ou dont le climat était défavorable, ou qui n'ont pu être des centres de dispersion, furent probablement celles où erra l'homme dès sa première sortie de sa première demeure. Celles où ne se trouvent pas de débris paléolithiques furent sans doute les dernières peuplées.

En appliquant ces règles à des faits connus, on voit que l'habitat de l'espèce humaine fut, probablement, une zone tropicale et sous-tropicale qui suivait la moitié d'un grand cercle, de Java jusqu'à l'Angleterre. Plus exactement, ce furent les côtes sud-ouest du vaste continent tertiaire d'Eurasie, l'île tertiaire de l'Hindoustan, et la côte nord de l'Afrique tertiaire. De cette zone, l'homme erra d'abord sur la côte est de l'Afrique vers le cap de Bonne-Espérance, tandis que par l'Islande et le Groënland, il arrivait jusqu'en Amérique. Ce n'est que beaucoup plus tard qu'il trouva son chemin à travers l'Himalaya jusqu'à l'Asie du Nord-Est et, à travers les mers du Nord, jusqu'à la Scandinavie.

Evidemment, les idées populaires hésitent à concevoir le premier habitat de l'homme comme une zone extrêmement longue et très étroite, au lieu d'une vallée circonscrite ou d'un plateau délimité. Mais il n'est pas nécessaire de dire que les idées populaires sur ce sujet n'ont jamais été basées sur des recherches scientifiques. Nous savons qu'avant l'homme, les singes supérieurs étaient distribués le long de la zone Indo-Européenne que nous avons décrite. Nous savons que l'homme quaternaire était, de même, réparti sur cette zone. A moins que nous ne voulions croire qu'un cerveau aussi mauvais que celui d'un chimpanzé devint un cerveau aussi bon que celui d'un

Tasmanien ou d'un Mincopi dans moins de temps que le cerveau d'un sauvage des forêts germaines n'en mit à devenir celui d'un Européen actuel, nous devons admettre que le type intermédiaire à l'homme et au singe exista assez longtemps pour se répandre dans toute la zone des singes antrhopoïdes et des hommes quaternaires. A moins que nous ne voulions croire que les acquisitions qui constituent la supériorité de l'homme sur le singe furent faites de façons qui ne ressemblent en rien à celles dont sont faites les acquisitions qui constituent la supériorité de la civilisation sur la sauvagerie, nous devons admettre que ce n'est pas un seul petit groupe d'anthropoïdes semi-humains qui fit toutes les acquisitions humaines et que ce ne peut pas être une seule région qui les vit toutes éclore. La civilisation s'est faite par d'innombrables mélanges de peuples, de sangs, des amalgames de traditions, par lesquels les gains mentaux et physiologiques de chacun des groupes se sont étendus à mille autres groupes. Aucune raison suffisante ne permet de douter que les gains qui ont fait de l'anthropoïde l'homme, n'aient été faits, échangés, multipliés de cette façon.

En un mot, ces gains, si merveilleux dans leur total, si insignifiants peut-être dans le détail, ont été accumulés par un mécanisme sociologique. Les groupements génétiques et congrégatifs se sont combinés, croisés, heurtés et unis, dans d'infinies variations de dimension et de composition. Parfois de petites bandes, vivant longuement en sécurité, dans un milieu plus ou moins isolé, maintenant l'exclusivisme de leur association, ont vu se développer des traits distinctifs. D'autres fois, des bandes réunies comme le sont maintenant les hordes d'animaux et de sauvages, par des changements de ressources alimentaires, par le feu, par les ennemis, se sont massées en agrégats énormes. Dans de telles vicissitudes, les variations instables disparaissaient rapidement ; les variations stables et utiles se transmettaient de chaque centre original à tous les individus, à toutes les hordes de l'espèce. Dans cette conception d'une espèce distribuée à travers une longue zone, où sont beaucoup de particularités locales de milieu et beaucoup de centres d'association, mais où se produisent de nombreuses émigrations et de fréquents mélanges, se trouve peut-être la fusion des éléments de vérité essentielle des deux grandes théories contraires, polygénistes et monogénistes.

Si les conclusions jusqu'ici exposées sont vraies, nous devons croire que l'association, plus extensive, plus intime, plus variée dans ses phases que celle pratiquée par les espèces inférieures, fut la cause maîtresse du développement mental et moral et des modifications anatomiques qui transformèrent en homme une sous-espèce. L'induction que l'association était plus intime chez les ancêtres immédiats de l'homme que parmi les autres mammifères est confirmée par l'examen des caractères de l'association parmi les plus hauts animaux et les hommes inférieurs. Dans le monde animal, l'aide mutelle atteint son plus haut degré chez les singes sociables. Qu'elle fut développée parmi les premiers hommes des cavernes, cela est démontré par leurs luttes heureuses contre des ennemis tels que le mastodonte et l'ours des cavernes. Les quadrumanes dépensent mieux dans le jeu leur surcroit d'énergie que les autres mammifères et il est superflu de rappeler l'affection presque humaine des singes. Chez les hommes inférieurs, le jeu a reçu une organisation sous la forme de fêtes. S'il y eut une forme transitoire entre les quadrumanes et l'humanité, il y a eu sans aucun doute un développement de l'association intermédiaire entre l'aide mutuelle, les plaisirs sociaux des quadrumanes et la coopération, les fêtes des hommes.

Le développement de l'association en intimité, par dessus tout, celui des fêtes, convertirent le langage élémentaire des animaux en ce langage qui fut, dès ce moment, la base du progrès humain. Romanes a montré exactement où était le fossé à combler. Il n'est pas vrai que, comme on l'a dit d'Aristote à Locke, et comme beaucoup le croient encore, la différence mentale entre l'homme et les animaux inférieurs réside dans la faculté humaine de former des idées générales. Les animaux peuvent généraliser. Ils peuvent même exprimer et communiquer des idées générales par le ton, les gestes, mais ils ne peuvent ni nommer leurs pensées abstraites ni, dès lors, combiner leurs noms en des propositions.

Les idées peuvent être de simples souvenirs de perceptions, simples, particulières, concrètes. Elles peuvent être un composé d'idées simples que le sujet ne reconnait pas cependant comme différent de ces idées simples qui le composent, quoiqu'il en diffère beaucoup. Elles peuvent être, en un mot, les abstractions non-perçues que Romanes appelle des récepts. Enfin, elles peuvent être de vrais concepts, c'est-à-dire elles peuvent être les idées abstraites que le sujet conscient lui-même distingue et reconnait comme abstraites, dont il pense comme d'une abstraction, auxquelles il donne des noms qui lui permettent, à lui et aux autres, de les identifier comme abstraites. Comme exemples de la faculté qu'ont les animaux de former une idée générique qu'il nomme récepts, Romanes cite la différence reconnue par les oiseaux pêcheurs qui plongent sans crainte dans l'eau d'une grande hauteur, mais descendent avec précaution sur la glace ou le sol; l'habitude des éléphants ou des ours de faire des courants dans l'eau pour attirer les objets flottants qu'ils ne peuvent atteindre. Ces exemples, et d'autres dont est rempli l'ouvrage de Romanes, montrent nettement que les animaux intelligents ont quelque faculté de généraliser; mais il n'y a aucune preuve qu'ils fassent d'une idée abstraite, comme telle, un objet de contemplation.

Le langage, le système des signes qui expriment les

idées simples, les récepts et les concepts, peut consister en gestes, grimaces, tons, en interjections inarticulées, en sons articulés, ou en combinaisons de sons articulés, de tons et de gestes. Le langage des gestes et des tons est celui des récepts. Il est développé chez les animaux et est la langue naturelle des enfants, des adultes mentalement défectueux et des sauvages. L'articulation est le langage secondaire des récepts et est le seul propre aux concepts. Les oiseaux parleurs et les mammifères emploient les sons articulés comme langage de récepts.

Les signes qui constituent le langage, gestes, tons ou sons articulés, acquièrent la profondeur de la signification à mesure qu'ils expriment des sensations, des perceptions, des idées simples, des récepts et des concepts. Suivant la gradation de Romanes, ils sont : d'abord indicatifs, quand ils expriment simplement un état mental, comme lorsque le perroquet baisse sa tête pour qu'on le gratte ou lorsque le chien guette un os; les seconds, notatifs, lorsqu'ils marquent ou désignent, mais ne nomment pas d'un nom distinct des objets particuliers, des qualités ou des actions, comme, par exemple, lorsqu'un perroquet apprend à appeler Jack un certain chien, associant ainsi un signe verbal avec un objet, mais sans le nommer délibérément ; les troisièmes, connotatifs, lorsqu'ils sont étendus par association (mais encore sans appellation délibérée) à beaucoup d'objets de la même classe : quand le perroquet, dressé à appeller Jack un certain chien, en vient à appeler Jack n'importe quel chien ; quand l'enfant, instruit à dire : étoile, appelle étoile une bougie, une flamme de gaz, ou tout objet brillant ; les quatrièmes, dénominatifs, lorsque un signe connotatif est délibérément employé comme un nom, ce signe lui-même étant devenu un objet de contemplation ; les cinquièmes, prédicatifs, quand deux termes dénominatifs sont mis en opposition conceptuelle, avec l'intention parfaitement consciente de noter quelque chose de l'un au moyen de l'autre. L'emploi prédicatif des signes articulés est la parole.

Par ces distinctions, on arrive à tracer avec quelque exactitude la limite entre l'homme et les animaux inférieurs. Les animaux emploient le geste, la grimace, le ton, l'interjection et, dans une faible mesure, l'articulation, indication et dénotation. Par occasion, les plus intelligents se servent des signes, vocaux ou autres, connotatifs. Ils n'emploient dénominativement aucun genre de signe, parce qu'ils n'ont pas acquis la faculté mentale de distinguer le signe de la chose signifiée. Donc, ils ne peuvent pas les employer comme des types muables ; ils ne peuvent pas les employer prédicativement. Ils peuvent se servir de la logique des récepts et non de celle des concepts. Ils ont le langage et non la parole.

Comment les signes des idées sont-ils devenus des objets de contemplation, des types muables, des noms, changeant ainsi la pensée réceptuelle en conceptuelle, le langage du ton et le geste en parole ? C'est la grande question dans le problème des origines des facultés humaines. La vraie réponse a été indiquée, selon moi, par le Dr Donovan, et moins sûrement par d'autres penseurs conduits à examiner l'association intime du discours et de l'idéation avec la musique chorale. « Je pense, dit le Dr Donovan, qu'on trouvera que l'origine du langage ne fut possible qu'avec l'aide du mécanisme psychologique qui appartient aux plaisirs musicaux. » Nous avons donné assez de preuves, dans le chapitre de « la population sociale », à l'appui de son assertion que l'esprit commun trouve sa première et plus rude expression dans l'imitation des jeux corporels, et que, dans les plus anciennes formes découvertes, cette rude expression était déjà devenue l'habitude sociale de la célébration des fêtes, les éléments constants de ce que sont les mouvements des jeux corporels dans l'imitation des actions, le battement rythmique, quelque chose s'approchant du chant, et l'intérêt social. L'argument est donc bien fondé que dans l'exaltation mentale de telles occurrences, plutôt que dans des circonstances moins stimulantes, l'attention se fixera sur des sons vocaux employés comme signes, et la conclusion est admise que c'est sous le stimulant de l'excitation sociale que les signes furent d'abord mentalement séparés des choses signifiées et conventionnalisés en noms, en caractères mobiles du discours.

Du jour où l'espèce humaine a commencé à user du discours, si faiblement, si timidement que ce fût, elle a commencé à développer une nature humaine. Ce terme, « nature humaine », a été si longtemps associé à des vues économiques et à l'individualisation que sa signification s'est corrompue. La nature humaine n'est pas la nature *insociale*, égoïste. L'intérêt personnel n'est pas le trait humain distinctif. C'est un trait animal primordial que l'homme, un animal, après tout, possède encore et doit cultiver s'il veut vivre. La nature humaine est la nature éminemment sociale. Son premier facteur est une conscience d'espèce qui est plus profonde, plus compréhensive, plus discernante, plus variée que toute conscience d'espèce qui puisse se trouver parmi les animaux inférieurs. Son facteur secondaire est un volume différencié de désir, violent, expansif, modifiable à un degré inconnu à toute autre espèce. Le facteur secondaire dérive en partie du facteur primaire ; le développement du désir est en partie le résultat du développement de la conscience d'espèce. Un haut développement de ces deux facteurs a été rendu possible par le discours.

Le discours a développé la phase humaine de la conscience d'espèce à travers des réactions directes ou indirectes.

En tant que le discours était une conséquence de l'association, sa réaction directe a dû agir sur l'association. Rien n'a jamais délimité aussi nettement une espèce des autres espèces que le discours n'a distingué l'homme primitif — lorsqu'il a commencé à parler — de ses rivaux dans la lutte pour la vie. Rien d'autre n'a été un terrain aussi évident d'antipathie et de sympathie. La réaction sur la conscience d'espèce doit nécessairement avoir été immédiate, directe, profonde.

Outre la réaction directe du discours sur la conscience d'espèce, il y eut une réaction indirecte, aussi positive dans son caractère et d'une plus longue portée dans ses conséquences. Ce fut le discernement plus subtil, la classification plus exacte de toutes actions, personnes et choses, qui devinrent possibles, lorsque l'usage, pour la dénomination, des signes vocaux convertit en logique des concepts celle des récepts. Par cette conversion, la pensée conceptuelle et la conscience d'espèce, commencèrent à agir et à réagir sans cesse l'une sur l'autre.

La parole développa aussi le désir humain, des réactions tant directes qu'indirectes.

La réaction directe fut la constante stimulation de la curiosité. La grande différence entre le désir tel qu'il est chez les animaux et le désir tel qu'il existe chez l'homme, réside dans le prodigieux développement, dans le dernier des éléments du désir qui proviennent de ses activités intellectuelles. Les éléments primaires des désirs proviennent des mécanismes fondamentaux de la nutrition et de la reproduction. Ils sont les composantes de tous les désirs plus hauts, mais, d'eux-mêmes, ne peuvent se développer indéfiniment. Les éléments secondaires du désir naissent de l'activité des organes de perception et de pensée. Ils sont le schéma de l'excitation qui accompagne l'activité de l'appareil psychologique. Ces schémas admettent une infinie multiplication. Ils admettent les combinaisons entre eux dans d'infinies variétés de détail. C'est leur évolution qui constitue le développement progressif du désir. La curiosité est le développement final du désir intellectuel. C'est le désir intellectuel franchissant ses anciennes limites, une passion de scruter des choses nouvelles, d'entrer dans des relations nouvelles. Il est donc évident que le désir se développe par l'évolution de la curiosité et le rapport direct des désirs à la parole est clair, car, au début, la parole a dû agir sur la curiosité de la race, comme elle agit, maintenant, sur la curiosité dans l'enfant. C'est lorsque l'enfant commence à appliquer des noms aux choses que sa curiosité devient insatiable. Dans l'effort pour découvrir si l'objet nouveau ressemble ou non à ce qu'il a déjà classé et nommé, il l'examine de toutes les façons par le toucher, le goût, l'ouïe, en l'élevant et en l'abaissant, en le jetant, en le pesant jusqu'à épuisement complet de ses facultés d'attention. De même dans l'excitation mentale d'employer cette nouvelle et merveilleuse faculté de la parole, l'homme primitif, nous pouvons en être sûr, voyait naître cet intérêt intense aux qualités, aux rapports des objets qu'il commençait à nommer, qui devait devenir, chez ses descendants, l'inépuisable soif du savoir. Lorsque Adam eut nommé les animaux, il était trop tard pour l'empêcher de cueillir les fruits de l'arbre de vie et de connaître le bien et le mal.

La réaction indirecte de la parole sur le désir eut lieu par sa tendance à mettre en lumière l'inégalité, d'une part, et, de l'autre, à développer la conscience d'espèce. Les inégalités fatales dans tout groupe d'animaux ou d'hommes, et dues aux différences d'hérédité, de nourriture, de milieu et d'opportunités étaient déjà devenues plus prononcées chez les plus hautes espèces sous-humaines qu'elles ne l'étaient chez les espèces inférieures, comme nous le voyons au rôle important des chefs dans les troupeaux de mammifères. Sur ces inégalités, la parole a dû agir irrésistiblement, pour élargir la distance entre l'intelligent et le sot et pour aiguiser, dans chaque esprit, la perception de cette différence. Celui qui possédait les facultés d'une conception claire, d'une parole intelligente devint l'objet de distinction le plus intéressant. En même temps, par ses dons de pensée conceptuelle, il put faire de cette distinction un objet de pensée pour son propre esprit. Le désir de surpasser ses compagnons, né des siècles auparavant des luttes et des imitations des groupes animaux, renforcé par les rivalités dérivées de la sélection sexuelle, pouvait devenir maintenant un désir de distinction, clairement conçu. Chez ses compagnons cependant, la conscience d'espèce devenant profonde ne pouvait que fortifier la conviction que la distinction conquise par eux était accessible à tous. Le désir de rivaliser, créé par des habitudes d'imitation qui remontaient à un nombre infini de générations, devint ainsi, à la longue, dans leurs esprits, un désir consciemment conçu, aussi clair et aussi puissant que le désir qu'a l'homme exceptionnel d'exceller. Dès que furent nés ces deux désirs, celui d'exceller et celui de rivaliser, le progrès humain commença.

L'évolution de la nature humaine s'est enregistrée dans l'organisation physique de l'homme, d'abord dans son cerveau et dans son système nerveux, plus tard dans toute sa structure corporelle.

Dans les conceptions de l'évolution que la publication de *la Descendance de l'homme* a rendues courantes, le développement de l'homme a été dépeint comme débutant par une transformation physique, se continuant par un développement mental et moral, se complétant par une évolution des relations sociales. M. Fiske a converti ces conceptions en une théorie de toute venue, dans sa doctrine de la prolongation de l'enfance comme antécédent de l'organisation sociale. Il suggérait que la prolongation de l'enfance chez l'homme, en amenant la famille à rester unie pendant un temps relativement long, a préparé la voie à la croissance des sentiments sociaux et, par suite, à l'évolution sociale. Cette explication a été généralement acceptée.

Des faits et des arguments que j'ai présentés jusqu'ici,

il semble résulter que la théorie de M. Fiske doit être considérée comme renversant l'ordre probable des causes et effets. La vie sociale élargit et stimule la vie mentale, jusqu'à ce qu'elle ait créé la parole et la pensée conceptuelle. A l'aide du discours et de la pensée conceptuelle, l'association continua à développer l'activité mentale avec une rapidité toujours croissante, jusqu'à ce qu'elle devînt l'activité suprême et l'intérêt dominant de l'homme. C'est le chemin qu'a suivi l'évolution du cerveau complexe et du système nerveux de l'homme. Un plus lent développement de l'individu et une enfance plus longue en résultèrent nécessairement. La prolongation de l'enfance a dû nécessairement amener de grands changements anatomiques et physiologiques. Une longue période de faiblesse, en retardant l'usage des bras et des jambes à la façon des ancêtres, a dû contribuer aux changements amenés par la position verticale et la spécialisation des membres antérieurs. Une période d'allaitement relativement longue, avec l'incapacité de se servir des aliments nécessitant la force des mâchoires, a dû grandement modifier l'angle facial et l'expression de la physionomie.

La réaction de l'activité mentale sur la structure corporelle n'a pas été identique chez tous les individus et dans tous les groupes. Elle a surtout différé suivant les endroits, selon les variations de climat et d'alimentation. C'est pourquoi la tendance constante à varier, qui avait déjà différencié le règne animal en genres et en espèces, continua à agir sur l'espèce humaine. Elle commença à diviser l'humanité en variétés ou races. L'association qui, par les croisements et les mélanges, avait été probablement un facteur de contrôle dans la différenciation des formes animales, fut sans conteste un facteur plus décisif encore dans la différenciation humaine, lorsque la pensée conceptuelle eut perfectionné la différence et les ressemblances et approfondi la conscience d'espèce.

Parmi des milliers de variations produites par l'action

combinée du croisement, de l'association, de l'activité mentale, la sélection naturelle eut bientôt choisi certaines caractéristiques qui devaient devenir des éléments permanents dans les races différenciées. Dans ces différences physiques stables sont : les cheveux frisés, à section elliptique, les cheveux droits à section circulaire ; les peaux blanches et noires, les crânes longs et larges ; les faces basses et larges, ou hautes et étroites ; les orbites larges ou étroits ; les nez minces ou camus ; les mâchoires rentrant ou proéminentes ; le bassin large ou étroit.

Nous savons que les grands types ethniques actuels, tels que le noir Africain, le jaune Asiatique et le blanc Européen, remontent à une antiquité extrême, mais il n'en est pas moins certain qu'avant qu'ils n'existassent, les différences physiques s'étaient combinées de toutes les façons possibles. La vérité de cette assertion devient évidente si l'on compare les particularités physiques des races et sous-races actuelles. Ainsi, par exemple, le nègre d'Afrique est dolichocéphale, prognate et très noir. Le Suédois est aussi dolichocéphale mais orthognate et très blanc. Le Mongol est brachycéphale, orthognate et jaune. Le Danois est brachycéphale, mais prognate et blanc.

Il a, cependant, pu arriver qu'à une période très primitive, plusieurs des différences physiques se soient combinées de façon permanente dans une race forte et persistante, que d'autres différences se soient unies dans une autre race, persistante aussi, mais diverse. Après que deux ou trois races de ce type ont évolué, des races dérivées ont pu naître de leur mélange.

L'idée en faveur aujourd'hui chez les anthropologues est que le nègre d'Afrique, le jaune d'Asie et le blanc Caucasien sont les figures originales dont sont dérivés les Tasmaniens, les Boshimans, les Papous, les Malais, les Peaux-Rouges, les Esquimaux, les Lapons et les Finnois. Elle a été énoncée, il y a dix ans, par le Prof. Flower et forme la base de la théorie du Dr Topinard, des trois espèces humaines. Une légère modification à cette idée, qui fait de la race blanche un dérivé possible des nègres et des jaunes, est soutenue par de nombreux chercheurs et est ainsi exposée par Taylor : « Tous ces témoignages concordent pour montrer deux types extrêmes : l'Africain, à la longue tête, aux longs orbites, aux cheveux aplatis, et le Mongol, à la tête ronde, aux orbites ronds, aux cheveux circulaires. Le type Européen est intermédiaire, — la tête, l'orbite, les cheveux sont ovales ».

En tant que simple caractérisation des types les plus remarquables d'hommes existant aujourd'hui, l'assertion du chanoine Taylor est vraie et le plan tracé par Flower et Topinard est plus exact que les classifications prétentieuses qui multiplient les types primitifs. Mais, si l'on admet que les Africains et les Asiates sont des races originales, qui remontent à la première différenciation de l'espèce humaine ou même, simplement, que ce sont des races plus vieilles qu'aucune de celles qui existent, des difficultés s'élèvent aussitôt qu'un examen soigneux démontre insurmontables.

En premier lieu, une telle assertion rend nécessaire de caractériser les Mincopis des Iles Andaman, les négritos des Philippines, les Esquimaux du Nord, comme des races dérivées du croisement du jaune et du noir. Les Mincopis et les négritos sont noirs, aux cheveux laineux, mais brachycéphales et, relativement, orthognates. Les Esquimaux sont éminemment dolichocéphales comme le nègre, mais blancs, aux cheveux longs et, sous beaucoup d'aspects, voisins du type Mongolique. Probablement tous les anthropologues conviendraient avec Quatrefages que les Mincopis offrent un nombre remarquable de traits des races pures et accepteraient l'opinion de Taylor qu'« ils peuvent être le reste d'une souche humaine très ancienne, peut-être des meilleurs représentants du type nègre primitif, qui depuis s'est notablement altéré, en se répandant à travers le monde ».

En second lieu, l'hypothèse en question se détruit elle-même, parce qu'elle ne peut être vraie que si une race nègre et une race jaune, toutes deux primitives, avaient fait des migrations dans le territoire l'une de l'autre, qui eussent détruit la pureté de chacune. Je vais le prouver.

Une race migratrice est une race conquérante. Dans toutes les migrations, les mâles de la race conquérante se croisent avec les femelles de la race conquise, et non *vice versâ*. Or, il semble qu'un des résultats bien établis des recherches anthropologiques est que, dans une race mêlée, les cheveux, les couleurs, les yeux de la race mère tendent à persister. Au cours de sa vaste enquête anthropologique sur les Indiens de l'Amérique du Nord, le Dr Berry a trouvé que les métis avaient presque toujours les yeux et les cheveux de leurs mères indiennes. D'un autre côté, l'observation des races mêlées à travers de nombreux siècles a montré que les caractéristiques mentales d'une race mixte proviennent en général de la race paternelle, ou conquérante. Il ne s'ensuit pas nécessairement que le type céphalique de la race paternelle soit transmis avec le type psychologique paternel ; mais, pourtant, l'association de la pensée avec la forme crânienne est assez étroite pour créer la probabilité que l'indice céphalique d'une race mixte est déterminé surtout par celui de la race paternelle et dominante. A l'appui de cette probabilité, vient le fait reconnu que lorsque les types brachycéphales et dolichocéphales se croisent, le résultat n'est généralement pas un type mésocéphale. En ceci, comme dans d'autres traits, les rejetons d'une race mixte obéissent à la tendance qu'a le premier démontrée M. Galton dans ses études sur l'hérédité, de remonter aux types ancestraux et de ne pas former de types composites.

En appliquant ces principes au problème de l'origine des Mincopis, à une extrémité du premier habitat humain, et des Esquimaux à l'autre extrémité, on obtient des résultats intéressants. Si les Mincopis et les négritos tiraient leur chevelure laineuse et leur peau noire d'une race-mère, et si cette race était les nègres d'Afrique ; s'ils tiraient leurs têtes larges d'une race paternelle, qui fut le jaune Asiate, alors le nègre aurait été le premier occupant de l'Asie du Sud et aurait été plus tard conquis et dominé par la race jaune. Si l'Esquimau tient sa chevelure soyeuse d'une race maternelle qui fut la race jaune et sa longue tête étroite d'une race paternelle qui fut la noire, alors la race jaune aurait habité d'abord l'Europe du Nord-Ouest, l'Islande, le Groënland et y aurait été conquise par les nègres.

Par suite, si les nègres et les jaunes étaient des races primitives, si leur origine respective était l'Afrique équatoriale et l'Asie centrale, chacune doit avoir évolué vers le Sud-Est et le Nord-Ouest ; le nègre d'abord au Sud-Est puis au Nord-Ouest ; le jaune à l'inverse. Certes, cette distribution a été admise par beaucoup d'anthropologues, qui ont vu, dans les nègres et les jaunes, des races primitives, mais, comme nous l'avons vu dans ce chapitre, elle ne peut s'accorder avec ce que nous savons de la distribution de l'homme pendant les périodes tertiaire et quaternaire.

Si, pour envisager l'autre alternative, la race nègre est originaire de l'Asie du Sud ou de l'Archipel Indien, et si la race jaune provient de l'Europe du Nord-Ouest et si chacune envoya des courants d'émigration vers l'autre, il est certainement improbable que les courants qui divergèrent en Asie centrale et en Afrique centrale fussent des races pures, surtout en présence du fait que, dans les circonstances supposées, la séparation était due à des conflits.

Si, néanmoins, avant que les hommes noirs et à tête longue du Sud-Est trouvassent leur voie vers le Nord-Ouest, une branche de leur colonne migrative pénétra, par un hasard quelconque, dans l'Afrique équatoriale et s'y établit comme une race pure, elle fut bientôt rencontrée par une seconde colonne qui, elle, n'était pas de race pure, suivant l'hypothèse que nous examinons. L'habitat du vrai nègre dolichocéphale est une zone qui serpente irrégulièrement à travers l'Afrique, environ cinq degrés au Nord de l'Équateur. Au sud de cette zone, dans le bassin du Congo, ont vécu de temps immémorial les négrillos brachycéphales qu'on croit être de la même race que les Mincopis et les négritos.

Il n'y a donc aucun moyen d'accorder les faits des premières migrations avec l'hypothèse que les nègres dolichocéphales sont une race pure et originale.

En troisième lieu, si les noirs dolichocéphales et les jaunes brachycéphales sont d'une race plus pure que les noirs brachycéphales et les Esquimaux dolichocéphales, le fait est en irrémédiable contradiction avec tout ce que nous savons des effets des mélanges ethniques. Les Esquimaux sont de petite stature, les négrillos, les Mincopis et les négritos sont nains. Aucune de ces races n'est prolifique, aucune n'a jamais montré une grande aptitude au développement intellectuel ou à l'organisation sociale. Les vrais Mongols, quoique petits si on les compare aux Blancs ou aux Malais, sont plus grands que les Esquimaux ; ils sont prolifiques et intelligents. Les vrais nègres sont hauts, forts, prolifiques, à l'imagination excessive, aptes aux progrès intellectuels, et socialement organisés en un système tribal développé. Les œuvres d'anthropologie disent souvent que le nègre est le type humain inférieur. Ce n'est pas exact au point de vue de ses qualités mentales et sociales et, en dépit du grand nombre de survivances simiennes de son anatomie, ce n'est même pas exact de son corps entier, si on tient compte de la capacité crânienne. Devons-nous donc supposer que les races vigoureuses, hautes, prolifiques sont plus pures et plus anciennes que les races faibles qui disparaissent ? Ce n'est pas ce qu'ont enseigné jusqu'ici les anthropologues et il serait étrange de les voir abandonner leur conviction, que les croisements renouvellent et accroissent la vitalité, juste au moment où l'observation vient la confirmer. Les mensurations et les énumérations du Dr Boaz ont montré clairement que les métis sont toujours plus grands que les pur-sang, que les métisses sont plus fécondes que les femmes de pur-sang, que les petits métis grandissent plus vite que les enfants de pur-sang.

Les conclusions conjecturales que l'on peut tirer de la critique précédente peuvent, je crois, se formuler comme suit :

D'abord, il peut y avoir deux races primitives d'hommes ; l'une, race dolichocéphale, aux cheveux laineux, noire, vivant à l'extrémité méridionale de la zone originaire de l'homme ; l'autre, dolichocéphale, aux cheveux droits, au teint plus clair, vivant plus à l'Ouest et au Nord. Chacune peut avoir envahi le territoire de l'autre et, de leur mélange, ont pu naître l'Esquimau dolichocéphale, aux longs cheveux, au teint clair et les Mincopis, Négritos et Négrillos dolichocéphales, aux cheveux laineux, à la peau noire. Les raisons qui nous font douter que l'Esquimau et le Mincopi fussent des races primitives et admettre qu'ils résultent d'un mélange sont, d'abord ce fait que les noirs dolichocéphales d'Australie et de Tasmanie peuvent être considérés comme descendant (non sans intermélanges) d'une race dolichocéphale indigène et, ensuite, que les blancs brachycéphales de basse stature de Laponie et de Finlande peuvent être envisagés comme descendant d'une race brachycéphale primitive indigène dans le Nord de l'Europe. Il est donc probable que les blancs brachycéphales de courte taille (Lapons-Finnois), les blancs de courte taille dolichocéphales (Esquimau) et les noirs de courte taille brachycéphales (Négritos, Mincopis et Négrillos) sont les plus anciennes races vivant aujourd'hui.

En second lieu, après que les blancs de courte stature eurent pénétré dans l'Afrique équatoriale, ils purent être subjugués par la race dolichocéphale européenne, quand celle-ci fut refoulée au Sud, à travers l'Espagne et le Maroc par la glace mouvante de l'âge glaciaire. Le mélange a pu engendrer la race nègre, dolichocéphale, aux cheveux laineux. Cette supposition a, du moins, le mérite d'être infiniment plus probable que celle qui lui est opposée, que la race nègre subjugua l'Europe et légua au blanc de nos jours son indice sous-dolichocéphale. Elle s'harmonise parfaitement aussi avec ce fait que les races à tête longue de l'Afrique habitent plus au Nord que les races brachycéphales et subbrachycéphales.

En troisième lieu, une branche de la race primitive blanche et brachycéphale poussant vers le Nord-Est et l'Est put éviter l'intermélange pour un temps et faire son chemin en Laponie et en Finlande, où en subsistent encore des restes clairs ou colorés; de là à travers la Russie et, enfin, en Asie où, se mêlant à une population au teint foncé, déjà très mêlée, probablement aux cheveux longs, venus du Sud-Ouest et du Sud-Est, elle engendra la grande race mongolique ou jaune.

Quatrièmement, il a pu y avoir une race primitive aux yeux bleus, aux cheveux rouges ou blonds, comme le croient le professeur Topinard et d'autres, différenciée de bonne heure des autres souches humaines, dans une région éloignée des grandes voies de migration — au nord du Caucase, peut-être, selon la tradition — ou au nord de l'Europe centrale, ou même, comme incline à le croire le Dr Brinton, dans les régions désolées de l'Atlas, dans l'Afrique du Nord. Si cette race primitive n'exista pas, et si la race blanche est le produit du croisement de la race finnoise primitive avec une race sombre du Sud, il est probable que son origine fut relativement tardive, lorsque une vague réflexe de migration courut du Nord-Ouest au Sud et à l'Est. En ce cas, une branche allant au Sud devint la race mélanochroïque ou type blanc sombre, tandis qu'une autre, restant plus au Nord, devint la leucochroïque et la xanthochroïque, ou types blanc pâle et blanc rose.

En tout cas, la race blanche actuelle est composite au

dernier degré, comprenant, parmi ses traits typiques, la large tête et la longue tête, les orbites ronds et les orbites étroits, les iris noirs et bleux, les cheveux droits et noirs, les cheveux noirs et frisés, bruns et ondulés, rouges et frisés, rouges et droits, blonds et droits, blonds et ondulés.

Toutes ces conclusions, pourtant, et je dois en avertir soigneusement le lecteur, sont simplement hypothétiques. Elles ne sont pas des vérités scientifiques vérifiées. Je les publie, pourtant, comme hypothèses : en partie comme des sujets de recherches anthropologiques, parce que je crois qu'elles expliquent les faits connus mieux que ne le font les théories courantes et souvent enseignées dogmatiquement dans les écoles ; en partie, parce qu'elles servent à montrer l'énorme complication des migrations et des mélanges, des associations et des dissociations qui ont produit la base ethnique de l'organisation sociale moderne, l'importance énorme du facteur social dans l'évolution humaine, depuis les premiers jours ; et en partie, enfin, parce que je crois que les recherches ultérieures démontreront que les races nègre et jaune, évidemment destinées à jouer un grand rôle dans le développement futur des habitants du globe, ne sont pas des races primitives, d'une composition biologique trop simple pour être aptes à une évolution plus complète, mais sont déjà des races hautement composites et capables de progrès.

La différenciation des races aiguisa les distinctions qui entrent dans la conscience d'espèce, et qui devinrent, par suite, d'une précision et d'une clarté toujours croissantes. La ségrégation des races réagit sur l'intensité de l'association dans chacune d'elles. La langue de chacune devint plus flexible et plus précise. Les individus de chaque race devinrent de plus en plus sensibles aux modes transmis de penser et de sentir, et par suite, plus aptes à partager une commune pensée ou un sentiment commun. L'intermélange des races communiqua à chaque agrégation locale les importantes connaissances acquises par les diverses races dans les diverses parties du monde, acquisitions déjà enrichies par les idées que la parole rendait possible. La combinaison de tous ces résultats amena le plus haut des produits de l'association anthropogénique, l'esprit social. Dans l'évolution de la conscience commune et du trésor d'idées communes, les résultats de l'association passée étaient désormais fixés et conservés.

Parmi les idées communes qui forment l'esprit social, les idées économiques peuvent être envisagées comme fondamentales. Leur origine est dans les expériences individuelles de l'utilité initiale qui, comme nous l'avons admis dans un chapitre précédent, étaient antérieures à l'association. Elle ne se développèrent, cependant, que sous l'égide de l'association. Par l'évolution de la curiosité, de la façon décrite plus haut, et sous l'aiguillon du désir grandissant, les idées humaines primitives de l'utilité se développèrent sans doute à un degré relativement haut, si on les compare avec les idées d'utilité dont sont capables les animaux les plus intelligents. Le rapport entre la satisfaction et ses causes externes était devenu un sujet d'intérêt intellectuel, la conscience de la satisfaction était devenue une véritable utilité subjective. Ce rapport avait été recherché dans des exemples relativement nombreux. Beaucoup d'espèces de nourriture avaient été essayées, beaucoup de modes d'abri avaient été appris, la convenance de beaucoup d'objets comme ornements, et peut-être même l'aptitude de beaucoup de choses à servir à la protection du corps, avaient été découvertes. Peut-être la différence entre les utilités initiales et marginales avaient été découvertes. Probablement le rapport entre l'utilité et l'effort — le coût subjectif — avait pris forme dans la pensée conceptuelle, et la valeur subjective avait peut-être émergé aussi dans la conscience comme une estimation grossière des utilités entrevues. Toutes ces notions, ces relations, ces découvertes, quand elles furent communiquées et discutées, devinrent les idées économiques permanentes dans l'esprit social.

Seulement quand elles eurent été assez discutées pour devenir un domaine commun, les idées primitives d'utilité et de valeur se combinèrent en une conception primitive de la richesse. Car les choses désirables ne sont pas la richesse jusqu'au moment où elles sont appréciées par la communauté aussi bien que par les individus qui, les premiers, découvrirent leurs qualités désirables. Les économistes expriment imparfaitement cette vérité lorsqu'ils disent que la richesse consiste dans les choses utiles qui peuvent être échangées ou qui ont une valeur d'échange. L'échange actuel est inutile pour convertir les moyens matériels de satisfaction en richesse, mais une opinion générale ou sociale est nécessaire. Une telle opinion naît lorsque les hommes commencent consciemment à comparer leurs besoins, leurs efforts, et leurs satisfactions, et quand, par ce consentement commun qui est un produit aussi bien de l'émulation que de la discussion, ils commencent à ranger les moyens de satisfaction en une hiérarchie de *désirabilité*. Dans ces jours d'alternatives tranchées de festins et de jeûnes, la simple quantité de choses comestibles impressionnait l'imagination, et l'abondance grossière fut mise à la tête des objets d'estime sociale. Découvrir ou conquérir cette abondance, c'était gagner la distinction. Venaient après les choses qui, par la qualité ou la quantité, servaient comme marques de distinction, telles que les trophées, les ornements et les outils et, enfin, les choses qui répondaient à de nouveaux désirs. L'idée primitive de richesse ne différait pas essentiellement de l'idée de richesse d'aujourd'hui. C'était la notion d'une abondance des choses socialement estimées nécessaires à la vie, aux destructions sociales, à l'émulation ou à l'imitation des nouveautés. Elle s'étendit avec l'augmentation de l'inégalité, qui augmenta les désirs de rivaliser et d'exceller. M. Mallock a absolument raison lorsqu'il dit que sans l'inégalité il n'y eût jamais eu d'autre richesse que les strictes nécessités de l'existence et même que, de celles-là, il n'y eût probablement jamais eu abondance.

Le reste des idées économiques de l'esprit social primitif était celles qui constituaient les arts utiles ou productifs. La découverte et l'intuition étaient alors, comme aujourd'hui, les premiers facteurs de la production économique. Mais les découvertes des hommes primitifs étaient peu nombreuses et simples ; leurs inventions ne dépassaient pas les outils et les procédés les plus élémentaires. Le professeur Tylor remarque qu'il est faux que l'homme se distingue des animaux par l'usage des outils, puisque des singes, et peut-être d'autres animaux, emploient les outils qu'ils trouvent tout faits, comme des gourdins et des pierres, mais que l'homme, seul, améliore ces outils naturels et peut, par suite, être appelé l'animal constructeur d'outils. Mais toutes ces simples découvertes, toutes ces inventions simples d'outils et de procédés, étaient communiquées, discutées et imitées. Elles devenaient un fonds commun, ce qui était la chose importante, essentielle. Tous les arts, convenons-en, sont des phases de l'esprit social. Nous sommes tellement habitués à les voir sous la forme de leurs produits que nous oublions qu'ils sont des groupes d'idées, des conquêtes du talent, qui n'existent que dans les esprits, les muscles et les nerfs des hommes vivants. La continuité d'un art dépend de sa transmission d'esprit en esprit et de main en main.

Les habitudes de tolérance existaient depuis longtemps lorsqu'elles devinrent des sujets de pensée conceptuelle. Leur origine, comme il a été dit au chapitre de la Population sociale, était dans ces conflits qui aboutissaient à démontrer l'équilibre des forces. La tolérance avait commencé dans le plus bas des groupes animaux et s'était développée à travers d'innombrables expériences d'agression et de revanche, qui témoignaient de l'équilibre de la force. Elle avait été développée encore par la coopération, le plaisir mutuel et la sympathie et par la découverte que le groupe pouvait, à tout instant, avoir besoin des services actifs de tous ses membres pour la défense, ou toute autre forme de l'aide mutuelle. Dans un sens, peut-être, les coutumes de tolérance étaient déjà des règles quand la parole fut acquise, mais il est mieux de dire qu'elles devinrent des règles lorsqu'elles furent nommées, conçues et discutées.

Dès l'abord, les idées de tolérance ont dû se classer, dans l'esprit social primitif, en deux classes qui sont encore les deux catégories fondamentales de la pensée légale, c'est-à-dire, la notion de respect de la vie, celle de respect de la propriété.

La conception du respect de la vie fut limitée, d'abord, par une conscience d'espèce intense et étroite. L'homme primitif pouvait avoir de l'affection pour un associé, prendre plaisir à sa compagnie, estimer le danger probable de l'offenser, apprécier l'importance que sa vie avait pour la bande. Pour l'étranger, l'homme primitif ne pouvait avoir de semblables sentiments et la vie de l'étranger ne pouvait lui être sacrée. L'homme qui tuait un membre de sa bande pouvait compter sur l'exécration de tous ses associés. L'homme lésé par un étranger était sûr de l'aide de tous ses associés pour le poursuivre et le châtier.

L'idée de possession, qui puise son origine dans l'instinct de propriété des animaux, devint dans l'esprit social primitif, la notion de la propriété ou du droit de propriété, produit de deux facteurs : l'un, l'affirmation de la possession de la part de l'individu possédant, l'autre, la tolérance ou la reconnaissance de cette affirmation de la part de la communauté. Dans la société primitive, la propriété s'étendait aux simples possessions personnelles, aux objets d'ornement, aux trophées de chasse et de guerre, aux armes et aux outils. Probablement les munificences en reconnaissance de la bravoure ou de la capacité étaient un facteur important de l'évolution de l'idée de propriété. Rien n'a pu être une propriété plus évidente que les choses données par la communauté à ses chefs favoris.

Les germes d'idées politiques dans l'esprit social primitif consistèrent dans les notions d'un territoire commun, d'une défense et d'un intérêt communs, d'une obéissance et d'un commandement communs, d'une commune culture.

Rien ne serait plus inexact qu'une division entre la société ancienne et la société moderne basée sur l'assertion que l'ancienne reposait sur l'idée de parenté et non sur l'idée de territoire et que la moderne repose sur l'idée de territoire et non sur celle de parenté. Morgan, en affirmant que l'humanité n'a suivi que deux plans de gouvernement — ce qui est faux ; il y en a eu trois — a eu soin de dire que dans l'un « le gouvernement avait affaire aux personnes par leurs rapports avec une *gens* ou une tribu », et que dans l'autre « le gouvernement avait affaire aux personnes à travers leurs rapports avec le territoire ». Prises littéralement, ces deux assertions sont exactes. A une époque, la simple base administrative du gouvernement était les relations de *gens* ; elle est aujourd'hui le territoire. Mais, à toutes les époques, la société elle-même, distincte des formes de gouvernement, a été aussi bien unifiée par l'idée de territoire que par celle de descendance. Les hordes les plus infimes ont des notions de « terres » grossièrement délimitées qu'elles ont le droit de revendiquer et de défendre, et il est probable que ces notions ont une origine lointaine et préhistorique.

Les grands intérêts communs des hommes primitifs étaient ceux d'agression mutuelle et de défense mutuelle; et nous pouvons être sûrs que les habitudes d'aide mutuelle dans l'attaque et la défense, acquises dans les périodes animales de l'évolution, furent examinées par l'esprit social primitif; qu'elles furent dénommées et discutées; et que les notions qui en résultèrent de la conduite qui recevrait la louange publique dans un cas donné, se combinèrent bientôt dans la conception de la loyauté et de la solidarité.

Le commandement a joué souvent un rôle important dans des situations critiques et a fixé l'attention de l'homme primitif sur les différences de facultés personnelles, sur les relations d'inférieur à supérieur. L'homme doit scruter ces formes simples d'admiration et de cérémonie que la race humaine avait héritées d'une existence animale. Il n'avait pas perdu cet émerveillement naïf qu'avaient toujours ressenti les créatures inférieures devant un degré inusuel de force et d'éclat. Comme les animaux, il exprimait encore sa déférence à ceux qu'il admirait ou qu'il craignait par des attitudes de supplication, par des actes de service, par un hommage de ses propriétés. En retour de sa déférence, il attendait, comme les animaux les attendent toujours, divers bienfaits de son supérieur. En réfléchissant à ces choses, l'homme primitif ne s'analysa cependant pas lui-même d'abord; il n'analysa même pas ses compagnons. L'enfant se juge une unité concrète. De même l'homme primitif. Toute différence entre lui et un autre était surtout dans l'amplitude des facultés. L'un était inférieur et devait admirer, obéir, suivre et implorer des faveurs; l'autre était supérieur, et pouvait ordonner, guider, exiger le respect et le service et répandre des bienfaits.

Les notions concentrées dans le domaine commun de l'esprit social devinrent des idées d'une propriété commune aux personnalités dirigeantes de la communauté; des idées de bienfait et d'obligation dans les relations de chef et d'inférieur; des idées de formes communes de cérémonie. Ces idées reliaient les hommes lorsqu'ils pensaient à eux-mêmes en tant qu'inférieurs et supérieurs, comme les idées d'intérêt commun les reliaient lorsqu'ils se jugeaient des alliés égaux. Dans la notion grossière de bienfait et d'obligation étaient ces germes intellectuels qui devaient plus tard se développer sous la forme féodale de gouvernement — cette forme oubliée par Morgan — basée sur l'allégeance personnelle à un chef ou seigneur. Des idées cérémoniales, devaient évoluer ces formes diverses de commandement et d'obéissance, de redevance et de tribut, d'exaction et de service, de grâce et d'hommage qui sont la substance de toute espèce de gouvernement.

Dans la masse d'idées communes sur tous les rapports et les intérêts de la vie, dans les formes communes du cérémonial et dans la parole qui transmettait idées et formes, la communauté puisa les éléments d'une culture commune. Lorsque l'esprit social perçut ces éléments, y réfléchit, il les convertit en culture, en un intérêt suprême et précieux. Dans cette conception d'une culture commune, apparut le germe d'une des plus importantes idées politiques.

Une culture commune dépend de l'autogénie. Le concept d'une culture commune a son premier facteur dans l'idée d'une langue commune qui, en règle générale, s'identifie avec la parenté. C'est pourquoi ce concept doit avoir été étroitement lié avec celui de parenté. Ces deux concepts furent les germes intellectuels dont est sortie la forme de gouvernement basée administrativement sur la parenté.

Toutes ces idées politiques de l'esprit social primitif, c'est-à-dire les idées d'un territoire commun, de solidarité et de loyauté, de commandement et de vassalité, de parenté et de culture commune, ont été les facteurs de toutes les formes de gouvernement essayées jusqu'ici ; mais l'idée de parenté fut la première ; celle de vassalité, la seconde ; celle du territoire, la dernière à être utilisée dans un but administratif.

Jusqu'ici, l'esprit social réfléchissait sur des idées que l'homme partageait avec d'autres espèces. Elles appartenaient toutes à ces rapports fondamentaux qu'a un organisme conscient avec le monde tangible des créatures palpables et des choses matérielles.

Mais, par le seul fait de réfléchir sur ses propres idées, l'esprit de l'homme commença à chercher en lui-même, à saisir ce dont l'esprit de l'animal n'avait jamais été conscient. Il commença à avoir des idées d'idées : idées de volition, de vie et de cause; idées des sources de ces manifestations de pouvoirs qui avaient éveillé sa crainte et son admiration. Il commença à percevoir un monde intangible.

Alors, pour la première fois, l'homme s'analysa lui-même. D'ordinaire, le corps et la pensée semblaient indivisibles. D'ordinaire, les corps des autres hommes lui semblaient pareils au sien ; ils agissaient comme le sien et répondaient si exactement à sa pensée parlée ou agie que le corps et la pensée semblaient un tout concret. Mais il avait vu cet accord cesser d'être. C'était comme si quelque chose de réel, quoique impalpable et fugace, était parti avec l'haleine. Y avait-il donc deux êtres dans l'homme? Il lui semblait que c'était possible, et plus cet homme primitif songeait à ce problème, parlait de cette question avec ses camarades, plus son esprit pensait que c'était probable. Ses propres expériences paraissaient fournir la preuve finale. N'avait-il pas vu souvent dans son imagination des choses invisibles à ses yeux ? Ses rêves ne l'avaient-ils pas fait errer dans la forêt, pendant que son corps gisait immobile dans le sommeil ?

Ainsi, dans l'esprit individuel et social, était née enfin l'idée de l'être ou de la personnalité comme une vie consciente, âme ou esprit, habitant un corps ou en restant distincte et pouvant s'en séparer.

De cette conception, il déduisit par un raisonnement primitif que toute vie manifestée était personnelle et guidée par des mobiles pareils à ceux de l'homme. Une volonté consciente était dans tout ce qui se mouvait, ou changeait, et cette volonté était déterminée, comme la volonté humaine, par l'appétit, la curiosité, le désir, l'affection ou la malveillance. Le monde était une colossale agrégation de pouvoirs conscients, les uns faibles, dont l'homme pouvait user ou abuser, les autres terribles, subtils, mystérieux et remplissant l'âme humaine d'un mélange de terreur et d'admiration. Le serpent, qui courait sans jambes, la tortue amphibie, le faucon qui des nuages distinguait sa proie, la plante nourricière ou empoisonneuse, l'ouragan, l'éclair, le soleil étaient autant d'êtres à regarder avec effroi et qu'on devait se rendre propices par ces formes respectueuses accordées aux hommes tout-puissants.

Il y avait une classe de phénomènes dans laquelle un être vivant, d'ordinaire uni au corps quoiqu'en étant séparable, semblait à l'homme primitif déjà séparé en partie ou sur le point de l'être. Marchant au soleil, il voyait toujours une ombre, se mouvant quand il marchait, s'arrêtant quand il s'arrêtait, mais qui ne se détachait jamais complètement de lui : qu'était-ce sinon un être conscient, appartenant à l'être corporel, ordinairement fusionné avec lui, mais capable de le quitter, de vivre seul ? Regardant dans l'étang, il voyait cet être-ombre plus distinctement. Lorsqu'il appelait ses camarades, sa voix retournait de la montagne. Son « double » pouvait donc s'éloigner, se faire invisible et cependant parler en conservant sa propre voix.

Ici se trouvaient des données pour de curieuses inductions. L'ombre et l'écho étaient des parties d'un être intangible. Les mots, dès lors, et les noms, devaient faire partie de l'être spirituel ; savoir le nom d'un homme, c'était avoir la possession d'une fraction de sa personnalité, et, par suite, un mystérieux contrôle sur lui. Cette croyance se retrouve chez tous les sauvages d'aujourd'hui.

Peut-être, avant qu'elle ne s'élevât, quelqu'un avait tracé sur le sable, avec un bâton, les contours d'une ombre et ces grossiers traits depuis purent devenir des noms écrits. Qu'il en soit ou non ainsi, la pensée vint qu'avoir l'image d'un objet conçu comme personnel, c'était posséder une part de cet objet. Les mots et les images étaient alors des charmes en eux-mêmes, et médiatement par leurs noms. Par les mots et les images, on pouvait entrer en étroites relations avec l'esprit d'autrui. Le sens esthétique était né. Ce sont les origines vitales de l'écriture, de la littérature, de tous les arts plastiques d'expression.

Croyant en un esprit séparable du corps, l'homme primitif ne pouvait plus longtemps voir dans la mort la fin de la vie consciente. Elle ne fut plus qu'une séparation prolongée et quelquefois permanente de l'âme et de son domicile matériel.

De nombreuses circonstances étranges convainquirent que les esprits reviennent quelquefois aux corps qu'ils ont paru quitter et passent quelquefois d'un corps à un autre. Dans le coma, le corps peut rester pendant des jours dans un état semblable à la mort. Dans l'épilepsie et la folie, l'esprit du malade n'était évidemment pas en lui ou était dérobé par un esprit malveillant. Aujourd'hui encore, l'ignorant croit qu'un fou est « possédé » et dans le langage usuel nous disons : « Il n'est pas dans son esprit ».

La croyance aux ombres ou aux esprits survivants des morts qui peuvent quelquefois revenir à leurs corps mais qui, plus fréquemment, errent dans les airs, entrant ici et là, devint enracinée dans l'entière race humaine. Le monde se peupla d'ombres et les esprits de tous les humains, de tous les animaux, de toutes les plantes, devinrent interchangeables. L'homme devait rendre propices non-seulement les vivants puissants, mais les ombres de ces vivants morts.

Tous les esprits, néanmoins, rentraient dans deux grandes classes : les amis et les ennemis, les bons et les méchants.

En raisonnant sur l'interchangeabilité des esprits et sur l'identification des noms et des images avec des personnalités spirituelles, l'esprit social primitif arriva à des croyances extrêmement importantes sur le rapport de la communauté et des individus aux classes particulières d'objets. Les observations de sauvages et d'enfants montrent que l'homme primitif imitait de près les animaux inférieurs autant dans ses plaisirs que dans ses occupations plus sérieuses, et que, en nommant les choses et les gens et en raisonnant sur eux, il se guidait, ou par des analogies imaginaires ou par des associations bizarres, accidentelles ou triviales. C'est l'habitude universelle des sauvages de nommer les individus d'après les animaux ou d'après des particularités personnelles. Les surnoms sont partout coutumiers aux sauvages et aux enfants, et les jeux d'imitation, les ressemblances imaginaires, les associations accidentelles suggèrent les idées. Admettant que les hommes primitifs se sont, pendant des générations, nommés et surnommés d'après des objets naturels, se sont décorés avec des trophées de chasse comme les plumes, les becs, les cornes, les serres, ou même avec des têtes et des peaux entières, nous voyons qu'une seule conclusion restait possible quand ils pensaient au rapport de ces faits, à leur conception des esprits. Un homme qui était nommé d'après un aigle croyait nécessairement qu'il partageait l'esprit de l'aigle d'une façon intime et permanente et se sentait parent de tous les aigles. De cette croyance à la conclusion que les aigles le protégeraient de façon mystérieuse, et qu'il devait préserver de toute offense tout aigle, comme il préserverait un associé humain, la transition était aisée pour son esprit simple. L'aigle devint son médecin et son tuteur.

Cette conclusion une fois atteinte, les noms devaient

avoir une nouvelle signification. Ils devaient provenir d'une parenté spirituelle qui déterminerait le sort d'un enfant dans les diverses occurrences de la vie. On ressentait une frayeur extrême à l'idée d'encourir une telle responsabilité sans une indication surnaturelle, et nous en retrouvons la trace. Par exemple, dans des parties du monde aussi éloignées que Samoa et l'isthme de Téhuantepec, c'était d'abord la coutume, quand on attendait un enfant, de dessiner sur le sol des figures d'animaux, une après l'autre. Celle qui subsistait lorsque l'enfant naissait devenait son totem. La chance en décidait, mais elle obéissait aux esprits. Les Indiens de l'Amérique du Nord prennent ordinairement comme protecteurs le premier animal dont ils rêvent dans le long jeûne qui leur est imposé à la puberté.

Les six groupes d'idées dont l'ensemble représente tous les intérêts de la vie humaine primitive, transmises de génération en génération, lentement enrichies et accrues avec le savoir s'accroissant, devinrent les trois grandes traditions primaires et les trois grandes traditions secondaires de l'esprit social, les traditions économiques, juridiques et politiques, celles personnelles, esthétiques, religieuses.

Par ces traditions, le nouveau savoir, sitôt acquis, était interprété et assimilé. Dans une faible mesure, sans doute, les vieilles et les nouvelles idées furent mises en codes, en fois, en politiques. Le totémisme, au moins, était une foi, la tolérance un code, l'alliance une politique. Dans une mesure plus légère encore, les traditions et certains modes de sentir et d'agir se combinaient en valeurs sociales, telles que les valeurs des types raciaux et sociaux, la loyauté, le territoire, les héros, les totems, les arts et les cérémonies.

Les éléments de tradition étaient mêlés davantage aux débuts de ces traditions historiques, aux temps des simples légendes de voyages et d'aventures qui devaient influer sur les groupements militaires et politiques, dans la dernière évolution de la société, en se combinant avec la race et le langage.

La dispersion et le mélange des souches, en créant des races différentes, avaient créé aussi des formes diverses de langage. Pendant un temps, sans doute, la race et la langue étaient identifiées, mais dès la première différenciation de race ou de langue, la confusion, résultat du mélange ou de la migration, était inévitable. Le temps passa et l'humanité, augmentant de nombre, devint de plus en plus hétérogène, la race et le langage divergèrent de plus en plus. Une race parla souvent plus d'une langue. Chaque langue fut commune à des hommes de plus d'une race.

Au contraire, le langage et la tradition tendirent toujours à une étroite union. La communauté de langue portait avec elle celle de la culture et, en quelque mesure, celle de l'histoire. L'humanité fut ainsi différenciée en divisions de civilisation, comme en races. Les grandes divisions de culture actuelles se sont produites longtemps après que les races existantes eurent évolué du mélange des races primitives. Les langues et les traditions Malo-Polynésiennes, par exemple, réunissent, dans une culture facilement reconnaissable, des groupes d'hommes appartenant à plusieurs races mixtes différentes. Cela est aussi vrai du langage des Bantous et des traditions de l'Afrique du Sud, du langage aborigène et des traditions d'Amérique et de l'Asie septentrionale et centrale. Ce l'est surtout des grandes familles de langues et de traditions connues comme Hamitiques, Sémitiques et Aryennes, ou Indo-Européennes. Cependant, dans toutes ces divisions de culture, survivent incontestablement des éléments caractéristiques qui remontent aux différenciations primitives.

Pendant de nombreuses années après la naissance de la philologie comparée, la philologie et l'histoire furent toutes deux perverties par l'admission à la légère de l'identité de la race avec le langage et il n'est pas surprenant que des savants distingués aient été disposés à repousser la conception de race comme étant à peine plus qu'un rêve de l'imagination. Néanmoins les faits, si nous les connaissions tous, justifieraient à peine la conclusion que la race et le langage sont souvent unis. Au contraire, nous pouvons à meilleur titre, admettre que l'identité de culture et de langage tend toujours à créer l'identité de race. Les hommes et les femmes de même langue se marient ensemble. Tandis, par suite, que Renan, Darmesteter, le professeur Sayce et d'autres ont parfaitement raison de maintenir qu'un phénomène tel que la langue Aryenne, ou que la religion juive, est un fait de tradition plutôt que de race, il n'en est pas moins vrai que, sauf de rares exceptions, les hommes de langue Aryenne, ou de culte judaïque, sont dans une large mesure du même sang. Ces divisions de l'humanité, dans lesquelles il y a une identification partielle de la race et du langage au sein d'une unique tradition culturale, ont joué un rôle important dans l'histoire et devraient être désignées par un terme qui les distinguât des races, au sens physique du mot, et ne méconnût pas cependant l'élément social. Elles pourraient, très-bien, être appelées les races de culture.

Les effets de l'association chez les hommes primitifs et leurs ancêtres immédiats furent donc du caractère le plus radical. L'esprit animal fut transformé en esprit humain ; le corps animal en corps humain. Ces transformations placèrent l'homme tellement au-dessus de la compétition effective des autres créatures qu'il les subjugua, elles et son milieu physique, dans la mesure de ses besoins. Le centre de transformation fut la vie mentale et morale. Par son évolution psychique, son développement physique s'accomplit et les évolutions mentale et physique devinrent des moyens de suprématie. Ce point de virage de l'évolution fut la genèse de la parole, et le pouvoir, qui en résulta, de pensée abstraite. Les idées inconnues à l'esprit animal apparurent alors dans la conscience et devinrent une possession permanente. L'ensemble de ces acquisitions — parole, idées de richesse, de tolérance, et de combinaison; de personnalité, d'esprit, de culte, de traditions et de valeurs sociales, — constitue l'esprit humain, distinct de l'esprit animal. Créer l'esprit humain, fut l'œuvre grande de l'association anthropogénique.

CHAPITRE III

Association ethnogénique

La société humaine commence véritablement lorsque la conscience et la tradition sociales sont développées à ce point que tous les rapports sociaux existent, non seulement objectivement, comme les habitudes d'association, mais aussi subjectivement, dans la pensée, les sentiments et les desseins des individus associés. C'est cette phase auto-consciente qui la distingue des communautés animales. En effet, lorsque la société existe dans les idées comme dans les habitudes de l'association, l'idée commence à réagir sur tous les rapports objectifs. L'idée sociale, d'abord simple perception ou conception, devient un idéal que la communauté s'efforce de réaliser. Dès lors, les formes d'association et d'activité associée, déterminées en partie par la causation physique directe, le sont aussi en partie par l'esprit social.

Dans les premières et plus simples formes de société humaine, la constitution sociale ne se différencie pas de la composition sociale. A quelques égards, le groupe, pris comme un tout, est le corps coopérant. A d'autres, ce corps coopérant est un groupe composant. Il n'y a d'autre division du travail que celle qui résulte incidemment de la composition des groupes sociaux qui se suffisent et se perpétuent, comme la famille et la horde. A une époque moins lointaine, cependant, la constitution sociale se différencie et se sépare largement de la composition sociale.

Ainsi, à travers une longue suite de périodes, l'action de l'esprit social sur la structure sociale est surtout une formation de la composition sociale. Lorsqu'il agit directement sur la constitution sociale, il modifie encore et grandement la composition sociale. Travaillant d'accord avec les forces inconscientes, il crée les formes définies de la famille, de la tribu, de la nation. Seulement, quand l' « ethnos » est fixé, l'esprit social commence à agir directement sur la constitution sociale et dès lors à organiser et à développer le « démos. »

Il en résulte, comme l'a montré un chapitre précédent, qu'une étude de la composition sociale se confond presque avec la sociologie ethnogénique, que la sociologie ethnogénique est surtout l'étude de la composition sociale bien que, incidemment, elle doive observer plusieurs développements, connexes, de la constitution sociale.

Les problèmes sociologiques les plus importants et les plus ardus de l'association ethnogénique sont ceux des premières formes de la famille et du rapport de la famille aux origines du clan et de la tribu. Leur centre commun est la théorie du clan. Si nous pouvons découvrir l'origine du clan, éclaircir ses relations avec la famille et la tribu, nous expliquerons tout ce qui est caractéristique dans l'organisation de la société tribale.

En examinant ces problèmes, nous devons nous rappeler la distinction entre 1° les modes d'intercourse et d'aide qui engendrent les diverses relations dont naissent la composition et la constitution sociale, et 2° la composition et la constitution sociales elles-mêmes, qui sont ces formes relativement permanentes d'aide et d'intercourse qu'a approuvées l'esprit social, que la sélection naturelle a confirmées. Ainsi, quoique les relations des sexes puissent être un facteur important dans les phénomènes de population, elles ne créent pas la famille comme unité dans la composition sociale, pas plus que les activités transitoires de coopération ou les divisions du travail temporaires ne créent la constitution sociale.

Cette distinction simplifiera grandement le problème de la famille primitive. Si, par exemple, on démontre que, dans les communautés primitives, les rapports des sexes étaient proches voisins de la promiscuité, cela ne prouvera pas qu'il n'y avait pas de relations de famille dans ces communautés, pas plus que l'existence de rapports de famille définis ne prouverait qu'il n'y avait pas de relations sexuelles en dehors de la famille.

Il y a quatre origines possibles pour la tribu matronymique. On peut admettre que les clans sont plus anciens que les tribus et que celles-ci diffèrent de ceux-là par l'intégration. Cette hypothèse a souvent été faite par des ethnologues qui n'avaient aucune idée des difficultés qu'elle soulevait. En second lieu, on peut croire qu'une simple horde non différenciée s'est accrue jusqu'aux dimensions d'une tribu et, alors seulement, s'est différenciée en clans. Troisièmement, on peut supposer que chacune des hordes voisines s'est différenciée en organisations de clans, et que chacune, par suite du rapt des femmes et de l'exogamie, est en même temps représentée dans toutes les autres, que, par la guerre ou autrement, ces hordes, devenues hétérogènes, se sont à la fin réunies en une tribu nécessairement composée de tous les clans représentés dans toutes les hordes. Enfin, on peut admettre que chaque horde, dans un groupe de hordes, devient en fait un clan comprenant une majorité de tous les membres de ce clan et seulement quelques individus des autres et que ces sortes de clans-hordes arrivent ensemble à l'organisation tribale.

La réflexion montrera que la vraie difficulté d'une quelconque de ces hypothèses est de concilier les faits de l'exogamie des clans, de parenté féminine et de résidence.

Peu d'écrivains ont vu combien le problème est ardu ; à quelques-uns, il a paru relativement facile d'expliquer le clan comme une horde que sa combinaison avec d'autres hordes transforme en une section de tribus. Cette vue est pareille en substance à celle qui croit les clans antérieurs aux tribus et voit dans les tribus des agrégations de clans. Mais elle est inconciliable avec l'exogamie du clan. Évidemment, si un homme est obligé de prendre une femme d'un autre clan que le sien, aucun clan n'existera indépendamment des autres et aucune horde ne sera exclusivement composée des membres d'un seul clan.

On peut, cependant, prétendre, que quoiqu'une horde ne puisse être exclusivement composée de membres d'un seul clan, la majorité de la horde peut être d'un seul clan, le reste provenant d'un clan divers. Pour tous les objets pratiques de la société et du gouvernement, une horde pouvait être un clan et ces clans-hordes pouvaient facilement exister lorsque plusieurs hordes, quoique n'étant pas unies en tribus, vivaient près l'une de l'autre et que les mariages se faisaient de l'une à l'autre. De nombreux faits montrent l'existence de tels groupes avant que les tribus ne fussent formées; par exemple, dans les tribus Indiennes d'Amérique, chaque clan avait son chef.

Cette identité pratique de la horde et du clan serait possible dans un groupe de hordes matronymiques et exogames, si l'homme venait toujours vivre dans la horde et le clan de sa femme. Elle serait possible, de même, dans un groupe de hordes patronymiques où l'homme resterait là où il naitrait et y amènerait sa femme. Elle serait impossible pour les hordes exogames où la femme suivrait son mari, mais soumises cependant au matronymat.

La vraie difficulté est dans ce dernier cas. Il existe des hordes pareilles. Nous devrions nous attendre à ce qu'elles devinssent, ou trouver qu'elles ont toujours été, soit privées de clans, soit dotées d'autant de clans qu'il y a d'épouses, puisque l'épouse sera toujours d'un autre clan que celui du mari, et que les enfants seront du clan de leur mère. Dans ces conditions pouvait-il y avoir un groupe local de dimensions considérables et dans lequel un simple clan pût comprendre la moitié, ou d'avantage, des membres du groupe ?

Au début même de l'organisation du clan, pendant une seule génération, cela était possible. Une horde pouvait ne comprendre que des frères et des sœurs. Les frères amenèrent dans le camp des épouses qu'ils prirent dans des hordes différentes. Les épouses représentèrent de nombreux clans divers, mais les maris et les sœurs de ceux-ci formaient un clan prépondérant. Pourtant, ces sœurs se marièrent, allèrent dans d'autres hordes. Le clan fut réduit aux seuls maris. Les enfants vinrent, mais ne suivirent pas le clan paternel. Avec la mort des pères, le clan paternel disparut et fut remplacé par plusieurs clans nouveaux — ceux des mères — et ceux-ci constituèrent la horde.

De telles complications rendent évident que les problèmes de la composition sociale doivent être étudiés comparativement, comme des incidents du mécanisme global de l'évolution sociale. D'inutiles difficultés ont été soulevées dans les théories de la famille, du clan, de la tribu, parce qu'on a trop étudié en lui-même chacun de ces rapports sociaux. La vraie spécialisation ne peut marcher que de concert avec la généralisation. Nous aurons une vue erronée ou fausse de la genèse de la famille et de la tribu, si nous ne les étudions pas dans leur rapport avec tous les autres aspects de l'organisation sociale.

Par conséquent, dans les pages qui suivent, l'évolution, dans son ensemble, sera prise dans ses divers stades ethnogéniques. La ligne étendue, parfois sinueuse, de son développement sera retracée d'abord à travers les sociétés ethnogéniques de la première classe, c'est-à-dire les petites hordes voisines non encore combinées en tribu ; secondement, dans les sociétés matronymiques des deux autres classes ; puis, dans les sociétés patronymiques. Mais, tandis que les vues générales ou organiques doivent dominer, les problèmes de la famille, du clan et de la tribu occuperont principalement l'attention dans les recherches de tous les stades.

Lorsqu'une région, trop pauvre pour faire subsister une nombreuse population, peut cependant nourrir plusieurs hordes sur un espace assez étroit pour être facilement parcouru, des formes diverses d'intercourse disparaissent. De cette intercourse, une partie est hostile, une autre amicale. D'ordinaire, il y a un mélange de bataille et d'hospitalité ; quelquefois, l'inimitié atteint ce degré extrême associé avec la pratique du rapt des femmes ; quelquefois la bienveillance est aussi grande que chez les Esquimaux, où chacun peut aller vivre dans un camp voisin et où l'hospitalité n'a d'autres limites que celle des ressources. S'il y a un degré quelconque de bienveillance, si le climat et la topographie s'y prêtent, des fêtes périodiques rassemblent les hordes en grandes masses. Un pareil contact élève les facultés mentales et émotives, développe le langage. Il élucide la conscience sociale et élargit les idées sociales. Il amplifie la tradition et donne une base à la coopération permanente.

Comme résultat immédiat des fêtes, vient la complication des relations génétiques. Quelle que soit la forme de la famille dans la vie sauvage, les bornes mises à la liberté sexuelle y sont fréquemment transgressées. Les fêtes surtout deviennent des explosions de lubricité. Par suite, il y a un échange considérable d'hommes et de femmes entre es hordes voisines. Que ces festins amicaux alternent avec des querelles ou des petites guerres dans lesquelles les femmes sont ravies à la horde vaincue, ou que les hommes passent d'un camp à l'autre, s'attachant aujourd'hui à l'un, demain à l'autre, ou, encore que, comme l'ont vu Mitchell et d'autres en Australie, les femmes d'une horde défaite aillent toutes volontairement avec les vainqueurs, le résultat est une hétérogénéité croissante dans la composition démotique de chaque horde et les rapports dus à la naissance relient des personnes de hordes différentes. En somme, l'hétérogénéité démotique améliore le type physique et mental. De plus, par l'hérédité, les individus de toutes les hordes tendent vers l'homogénéité du type qui supprime une base d'hostilité.

Une inégalité personnelle croissante, qui devient un fait social de plus en plus considérable, est une autre conséquence importante des fêtes périodiques. Les vainqueurs des luttes de force et d'adresse acquièrent des distinctions, non seulement dans leur propre lignage, mais aussi parmi les membres des autres hordes. Les hommes intelligents et les vieillards qui ont accumulé le savoir et la tradition deviennent distingués par leur sagesse. Une telle inégalité est la base du commandement et de cette utile subordination dans l'aide mutuelle qui dépend d'une obéissance volontaire.

L'intercourse, s'étendant, est de même favorable par l'intelligence, la compréhension mutuelle. Sous le stimulant d'un plaisir, de la rivalité, d'un danger commun, chaque membre d'une foule peut partager suffisamment les pensées et les sentiments de ses compagnons pour rendre possible une coopération considérable. Une coopération de ce genre, aussi bien que la coopération sous un commandement naturel, se trouve souvent chez les sauvages.

Ces formes d'aide mutuelle ont fréquemment un but délibéré ; mais la coopération est temporaire et n'est pas organisée. Ainsi, chez les Blackfellows d'Australie, les réunions occasionnelles ont pour but de chasser, de guerroyer, de se divertir, tout à la fois. Le même groupe de personnes exerce aujourd'hui une activité commune et une autre demain.

De ces formes simples d'intercourse et d'aide mutuelle, l'esprit social, par la reconnaissance, l'approbation, la sélection, fait naître les relations plus durables de la composition et de la constitution sociales.

Lorsque l'opinion, jadis universelle, que la première famille humaine était patriarcale, disparut devant cette évidence que les premières parentés suivaient la ligne maternelle et non pas la ligne paternelle et que, de nos jours mêmes, l'organisation de nombreuses tribus est matronymique, on alla trop vite à l'extrême opposé. On accepta d'emblée les théories de la primitive communauté des femmes, incompatible avec toute espèce de vie de famille, des familles consanguines issues de l'union des frères et des sœurs, et d'autres aussi radicales. Une plus soigneuse investigation, une plus mûre critique, ont prouvé que les théories communiste et patriarcale sont également insoutenables comme explication de la société primitive. La liberté excessive dans les relations des sexes ne prouve pas l'une, car la liberté peut coexister avec des formes définies de la famille, comme chez les Innuits, les Todas, les Khonds, comme elle coexistait chez les Tahitiens et certainement, jadis, chez les peuples Aryens. L'autorité paternelle ne prouve pas l'autre, car l'autorité peut être faible ou de peu de durée. Les hommes peuvent déserter habituellement leur foyer et envahir celui d'autrui.

Rien ne permet de déterminer avec exactitude les caractères de la famille humaine primitive. L'étude géologique ne les révèle pas et, nous l'avons déjà vu, nous ne pouvons pas être sûrs que les sociétés sauvages de nos jours reproduisent exactement les traits des communautés primitives. Vivant dans un milieu plus favorable que celui des hordes actuelles, les hommes primitifs étaient probablement massés souvent en bandes relativement fortes et leurs relations sexuelles ont pu être plus irrégulières encore que celles des hordes existantes. Mais il y a, au moins, une présomption raisonnable que la famille de l'homme primitif était une forme intermédiaire entre celle des animaux supérieurs et celle des hommes inférieurs existants. S'il en était ainsi, c'était un couple durant peu.

Des animaux inférieurs aux animaux supérieurs, il y a une tendance uniforme vers des relations de famille définies.

Dans les plus basses des sociétés inférieures, le mariage le plus commun est une monogamie temporaire. D'ordinaire, l'époux déserte tôt ou tard sa femme pour en prendre une autre, ou il l'échange avec un autre homme, mais, à tout moment donné, la population est, en majorité, répartie en groupes monogames.

Si le mari abandonne sa famille, les enfants, soumis à leur mère et à ses parents mâles, prennent le nom de la mère. Cela explique l'apparente contradiction sur laquelle l'attention a été appelée dans la controverse entre Maine et les adversaires de la théorie patriarcale. Maine s'appuyait sur le fait de la jalousie du mâle, pour prouver que la famille primitive obéissait au père et que la promiscuité ne pouvait pas avoir jamais été générale. Mac-Lennan et d'autres se fondaient sur la descendance par les mères, pour prouver que la famille paternelle était d'origine moins reculée. La vérité semblerait être que la famille primitive peut avoir été fondée sur la puissance masculine et que, cependant, la parenté s'est comptée par les femmes.

Que les conditions de vie soient si dures que le mari et le père doivent soutenir la famille ou que, pour toute autre raison, la famille reste réunie jusqu'à ce que les enfants soient adultes et soit pendant ce temps soumise au père, elle sera probablement patronymique. Il y a des hordes où la descendance se compte par les pères. Il en est ainsi chez les Esquimaux du Groënland, peut-être chez les Fuégiens et dans quelques hordes des forêts brésiliennes. En ce cas, le milieu est tel que les familles qui dépendraient du seul labeur d'une femme périraient bientôt. C'est surtout vrai des Innuits, dont la grande ressource pour s'habiller et se nourrir est le wabrus, qu'on n'obtient qu'au prix de périlleux efforts, auxquels les femmes sont impropres. La sélection naturelle a donc conservé le type dans lequel les hommes aident activement la famille jusqu'à ce que les enfants soient capables de pourvoir à eux-mêmes. Dans les forêts tropicales des Iles Andaman, sèches, salubres et abondantes en ressources, une femme et son enfant peuvent se nourrir sans l'aide du mari et il n'est donc pas étrange que, chez les Mincopis, le mariage se dissolve dès que l'enfant est sevré.

Il semble donc que c'est une condition économique qui, dans les communautés inférieures, détermine la durée du mariage et, peut-être aussi, la ligne de descendance, par les pères ou les mères. Par suite, la stabilité de la famille augmente à mesure que la division du travail devient plus parfaite. Cette différenciation primaire des occupations est la condition antérieure à tout progrès de la sauvagerie vers un meilleur mode de vie. Elle provient de la différence des natures physiques du mâle et de la femelle et des conditions d'une existence primitive. La vie sauvage est une suite de petites guerres. A tout instant, la communauté doit être prête à affronter ses ennemis. Pendant les meilleures années de leur vie, les femmes sont rendues impropres par leurs grossesses au combat ou à la chasse. Comme cela est réservé aux hommes, les femmes doivent se livrer à l'industrie domestique, autant qu'elles le peuvent. Non seulement elles doivent veiller aux devoirs domestiques, garder le feu, faire la cuisine, faire les filets, mais elles doivent aider activement à se procurer la nourriture qu'elles peuvent attraper, porter les fardeaux dans la marche, en outre de leurs petits. Ce dernier usage est universel chez les sauvages et les femmes n'y font aucune objection. Les hommes doivent être libres de combattre à tout instant, de déjouer toute surprise. Les charger d'autres fardeaux que leurs armes serait risquer de la vie de tous. Il ne faut donc pas conclure que les femmes sauvages sont toujours des esclaves et leurs maris des tyrans. Certes, leur condition est malheureuse, mais elle l'est plus par les conditions sociales que par la volonté de l'homme. Il est évident que loin d'être des esclaves, les femmes de ces basses sociétés organisées sur la base du lignage et où la descendance se compte par la ligne féminine, sont les égales des hommes, tant au point de vue privé qu'au point de vue public. Plus le travail de la femme est important pour l'homme, plus la protection de l'homme est nécessaire à la femme, et plus il tient aux aises qu'elle lui procure, plus elle dépend du supplément de nourriture qu'il trouve à la chasse, en faisant ce qui dépasse ses forces à elle, comme bâtir des canots, des huttes, et plus les relations de famille deviennent durables dans les communautés sauvages.

Que la descendance se compte par les mères ou par les pères, le groupe familial dans la horde sauvage est d'ordinaire exogame. L'habitude de prendre sa sœur pour épouse est exceptionnelle, sinon inconnue. L'horreur de l'inceste est sans doute une hérédité instinctive d'un ancêtre préhumain ; les animaux supérieurs évitent généralement les unions trop consanguines. L'instinct dériva probablement de l'effet stimulant de la nouveauté sur le désir sexuel, secondé par la sélection naturelle. Strictement parlant, l'instinct est pareil contre l'accouplement de compagnons de nid et de hutte, parents ou non, et n'empêche pas celui de parenté, s'ils sont élevés séparément. Il devient l'horreur de l'accouplement des parents rapprochés seulement après que beaucoup de savoir a été acquis et après que les facultés de pensée réflective ont été développées à un point difficile à trouver dans l'état sauvage.

Quand des hordes sont mises en contact, la simple famille couple, basée sur la cour que se font d'ordinaire les animaux, est communément altérée par une des deux voies, et ses rapports avec la horde changent dans le même sens. Dans la famille-couple, basée sur cette cour, les rapports des sexes sont empreints d'égalité. Elle semble n'être possible dans la vie sauvage que si l'homme prend sa femme dans sa propre horde, comme cela a lieu chez les Veddahs. Dans la famille qui provient de l'intercourse de hordes indépendantes, soit le mari, soit la femme deviennent subordonnés. Si les hordes sont unies, un homme laisse souvent la sienne pour s'attacher à un groupe voisin. Y trouvant une femme à son goût, il vit avec elle parmi son peuple à elle. Dans ces circonstances, il n'a aucune autorité effective sur sa femme et ses enfants, parce que l'épouse et la mère peut toujours compter sur ses frères qui la soutiennent. Le mari doit la supporter. Cette forme de famille est connue sous le nom de mariage *beena*, qu'on lui donne à Ceylan, où elle domine. On la retrouve dans des points très distants, par exemple, chez les Arawaks de Guyane et les Dyaks de Bornéo. Dans le mariage beena, la femme et les enfants appartiennent toujours à la tribu de la femme. Si le mari décide de retourner à sa propre horde, il doit abandonner sa famille et sa propriété à moins qu'il ne les reçoive en salaire, comme fit Jacob lorsqu'il quitta Laban. Des parentés pareilles ont été observées par l'expédition du lieutenant Peary dans le Groënland en 1891. Chez les Groënlandais du Nord, un homme laisse souvent sa famille dans un campement et va dans un autre où il contracte un nouveau mariage. Quelques années plus tard, il peut revenir à sa première résidence. Il laisse alors sa famille nouvelle et, en rejoignant la horde où il avait d'abord vécu, il y retrouve — d'ordinaire — sa femme et ses enfants de jadis. Si, d'un autre côté, des hordes voisines sont plus ou moins en hostilité, le rapt des femmes est toujours une des causes principales de mélange, et le mariage par capture est la forme qui prévaut. En ce cas, la femme est à la merci de son ravisseur et de ses associés. Il la regarde comme sa propriété et la traite sévèrement. Il ne s'ensuit pas, pourtant, que les enfants de cette femme soient nécessairement revendiqués par le mari et portent le nom de celui-ci. Dans divers endroits où domine le mariage par capture, l'union est temporaire. Le divorce est usuel. La femme, alors, et ses enfants peuvent aussi être regardés comme étant la propriété de la horde du ravisseur, ainsi que c'était la coutume des Tasmaniens, ou revenir à la horde de la mère comme chez les Caraïbes. Dans ce dernier cas, il y a un retour continuel des femmes et des enfants au groupe maternel et les enfants sont toujours réputés appartenir au lignage de leur mère.

Que ce soit le mariage *beena* ou celui par capture qui devienne habituel, la horde et le ménage deviennent exogames en fait. Il peut ne pas y avoir de règle stricte d'exogamie, ne pas y avoir de sanctions pénales contre l'endogamie, mais, en pratique, le mariage au sein de la horde devient de plus en plus exceptionnel.

Etant donné, maintenant, l'exogamie de la horde et du ménage, on trouve réunies les conditions d'une évolution du clan et de la famille et, dans certaines conditions, de l'identification pratique du clan et de la horde.

Que le moyen original du lignage totémique fût un groupe de frères et de sœurs formant un ménage, nul n'en doute.

Les frères et les sœurs constituent un groupe naturel économique et défensif, ils s'aident spontanément entre eux, soit dans la recherche de la nourriture soit pour purger les injures venues des autres groupes. Il est donc tout naturel que, chez les peuples primitifs, les relations fraternelles aient été, en général, plus sacrées qu'aucune autre. Pourtant, à une époque du développement des relations humaines si reculée que nous pouvons à peine espérer de découvrir l'origine de la coutume, la fraternité naturelle a souvent été convertie en confréries semi-artificielles par l'adoption et l'expulsion. L'adoption, en vérité, a été pratiquée par les animaux longtemps avant que la vie humaine n'ait commencé. On peut assister dans les basses-cours à l'adoption des poussins sans mère. Les singes orphelins sont adoptés et soignés par d'autres singes, mâles ou femelles; et Darwin, sur l'autorité de Brehm, nous parle d'un babouin au cœur si tendre qu'il adoptait non seulement les jeunes singes d'autres espèces, mais aussi des poupées.

Lorsque le stade animiste de la culture est atteint, les rapports entre frères et sœurs, naturels ou artificiels, acquièrent une sainteté spéciale par la croyance que les hommes sont les parents d'êtres surnaturels. Chaque individu croit que la parenté entre lui et son totem est aussi réelle que celle qui existe entre lui et son frère humain. La croyance réagit sur sa conception de la parenté humaine. « Mon frère ou ma sœur, pense-t il, étant parent avec moi, l'est nécessairement avec mon totem. Moi, étant le parent de mon frère ou de ma sœur, je le suis nécessairement de son totem, à lui ou à elle. » Sous l'influence de telles idées, dans la suite des temps, il doit arriver que le groupe familial, se regardant comme une unité surnaturelle, aura son totem collectif ou domestique, en sus du totem individuel de chacun de ses membres. On voit combien cela est naturel si l'on se rappelle que c'est le sort qui désigne, d'ordinaire, le totem individuel. Il arrivera souvent que plusieurs membres du même ménage auront le même totem individuel qui, par suite d'un hasard, sera respecté comme le gardien spécial du ménage.

La sanction totémiste agit, naturellement, sur toutes les coutumes du groupe fraternel. L'adoption devient une cérémonie sacrée. Le membre adopté doit subir une marque ou une mutilation totémique. Expulser un coupable, c'est le livrer aux esprits malins. Si le groupe est exogame, le totem, ayant sanctionné la coutume, sera offensé si l'on s'en écarte. C'est pourquoi l'inceste, d'abord abhorré comme contre-naturel, l'est maintenant comme une faute.

Ces notions totémistes ont d'autres conséquences fort

importantes. De temps à autre, les membres d'un groupe ménager trouvent des étrangers portant le même totem. Pour le sauvage, ces étrangers sont des frères ou des sœurs totémiques et toutes les règles de leur famille s'appliquent à eux. Ils doivent partager sa protection, et, de même, la prohibition de s'allier avec elle. Dominés par ces croyances, les hommes qui n'épouseraient pas leurs propres sœurs n'épouseraient pas leurs sœurs adoptées ou totémiques, ou les sœurs de leurs frères d'adoption, parce qu'elles sont leurs parentes au sens totémique.

Ainsi la fraternité naturelle s'élargit pour devenir de plus en plus artificielle. Pendant une longue période, chaque génération de frères utérins et adoptés put avoir sa propre divinité totémique ; mais à la fin un jour arriva où, sous l'influence de la mère et de ses parents, le cercle des frères et des sœurs commença à prendre le totem maternel au lieu d'en choisir un nouveau. Dès lors, le cercle totémique s'élargit par le mécanisme naturel de la natalité et prit de nouvelles caractéristiques. A la seconde génération, il comprend nécessairement non seulement des frères et des sœurs, mais aussi des mères, des filles et des fils, des oncles et des tantes, des neveux, des nièces et des cousins. De plus, puisque la parenté se compte par les mères, le cercle ne peut comprendre que les enfants nés de ses filles. Les enfants des fils sont exclus comme appartenant au lignage de leurs mères. Les règles de l'exogamie, que le totémisme a étendues aux membres adoptés, sont maintenant, d'une manière et par un raisonnement semblables, étendues à tous les membres de cette plus large et encore plus artificielle organisation. Le lignage est à la longue devenu un clan.

Le clan totémique transforme la horde. Chaque horde peut contenir des fragments de plusieurs clans ou consister surtout en membres d'un seul clan.

Par les migrations individuelles, par le mariage *beena*

et le rapt des femmes, les membres de chaque lignage totémique tendent à se répartir dans toutes les hordes voisines. Chaque horde a donc des membres de divers clans. C'est le fait observé en Australie.

Il se peut, cependant, qu'une horde soit principalement composée de membres d'un seul clan. On a vu qu'avec la descendance comptée par les mères, le clan s'identifie en pratique avec la horde si les maris suivent leurs femmes comme dans le mariage *beena*. La difficulté à surmonter est celle que présente une identité pratique du clan et de la horde, avec la descendance par les mères, mais quand c'est la femme qui suit le mari.

Il n'y a qu'une voie qui lève cette difficulté. La femme capturée peut être regardée comme inférieure à une sœur et celle-ci rester à la tête du ménage. Le divorce peut être aussi fréquent que le mariage, et les femmes avec leurs enfants en bas âge, retourner d'ordinaire au camp d'où elles furent ravies. Même lorsque les enfants restent longtemps dans la résidence de leur père, ils peuvent, plus tard, se joindre à leurs oncles maternels. De cette façon, la horde du groupe maternel, qui disparaîtrait par la coutume du rapt des femmes et de la parenté par les mères, peut toujours se recruter et rester intacte.

C'est ainsi qu'un groupe de hordes voisines peut être transformé en clans et se préparer à s'intégrer en une tribu de clans exogames et matronymiques.

Un groupe de hordes, en partie ou presque tout à fait transformé en clans énatiques, devient une tribu matronymique dans des conditions qui contraignent les hordes à une union étroite et permanente. Ces conditions peuvent être le voisinage de l'ennemi. Les hordes des Andaman, vivant d'habitude séparées, montrent une grande facilité à s'unir en coopération défensive pour résister à un ennemi commun. Ces conditions peuvent être physiques. L'incendie, le refuge hivernal, des changements dans les ressources peuvent amener des hordes à vivre dans une proximité plus étroite. Ou, enfin, la bienveillance de l'intercourse peut augmenter tellement que, si le milieu est apte à faire subsister une plus large communauté, les hordes se rapprocheront pour satisfaire leur désir de camaraderie.

Dans tous les cas, c'est, strictement parlant, un développement plus grand de l'association qui constitue le fait de l'intégration sociale. En outre de l'intercourse des individus qui existe depuis longtemps entre les membres des hordes différentes, il y a maintenant une congrégation étroite et une intercourse des hordes, prises comme unité.

La transformation d'un groupe de hordes en une vraie tribu peut s'opérer rapidement, sous une pression extraordinaire, mais il n'y a pas lieu de croire que ce fut fréquent. Une intégration graduelle, accomplie si paisiblement que nul ne pourrait dire où a fini l'indépendance de la horde et commencé l'unification de la tribu, a, sans doute, été la forme normale.

Mais on ne doit pas supposer que toutes les tribus matronymiques ont pris leur origine dans la consolidation de hordes parentes et longtemps voisines. Des hordes étrangères les unes aux autres ont pu être contraintes à la proximité et, plus tard, à l'union.

L'évidence directe appuie la supposition que les sociétés tribales sont, ainsi, des produits de la congrégation aussi bien que l'agrégation génétique. Dans les sociétés contemporaines à forme de tribus, le mélange d'éléments plus ou moins dissemblables et autrefois indépendants, a été continu, par la migration, la guerre, la conquête, l'esclavage et le rapt des femmes. L'histoire prouve que des conditions pareilles ont présidé à la genèse des tribus qui, dans les temps reculés, se sont transformées en États civilisés.

La congrégation qui crée la société tribale est, pourtant, de la forme primaire. On a vu que la congrégation primaire est une fusion de groupes de la même souche sociale; comme, par exemple, le groupe des races Algonquine ou

Iroquoise d'Amérique. De tels groupes, quoique dispersés si longtemps qu'ils se regardent comme étrangers les uns aux autres, n'en sont pas moins restés dans la même zone géographique de caractérisation ; ils ont gardé des formes de culture pareilles ; la similitude de leur langue indique qu'ils descendent d'une souche ancestrale commune qui remonte à une période reculée et d'ordinaire inconnue. Mais le plus souvent, elles ne descendent pas d'une même famille ancestrale, assez récente pour que la généalogie puisse en être faite. La tradition affirme souvent une telle descendance, mais d'autres faits prouvent que la tradition n'est qu'une explication mythique de l'alliance ou de la coopération.

Dans l'évolution ultérieure de la tribu matronymique et du peuple matronymique, et de la tribu et de la peuplade patronymiques, les phénomènes sont, surtout, ceux de l'évolution et de l'établissement des formes de composition sociale. Associés avec cette évolution sont les développements de l'esprit social et les débuts de l'évolution de la constitution sociale.

A ce stade de développement, on peut voir exactement comment progresse la constitution sociale. Elle se différencie de la composition sociale et n'en est pas séparée pendant un temps considérable, c'est-à-dire jusqu'à ce que l'association ethnogénique devienne civile et démogénique. De même, le ménage est presque, mais n'est pas absolument identique avec la famille naturelle. Le clan est lié au ménage par les liens du sang, mais il est à la fois plus et moins qu'un ménage élargi. Il n'est jamais absolument séparé de la horde puisque, en fait, la horde, comme composante de la tribu, est à peu près mais n'est pas complètement identique au clan.

Au sein de la tribu, la famille — le groupe unitaire dans la composition sociale — et le ménage — la plus petite des associations délibérées dans la constitution sociale — deviennent de plus en plus définis, de plus en plus cohérents. La famille devient monogame, polyandre, polygame, suivant les diverses nécessités de l'organisation domestique comme association économique. La forme monogame doit être considérée comme le type moyen entre deux extrêmes. L'excessive pauvreté amène l'infanticide et la polyandrie. Par exemple, au Thibet, domaine classique de la polyandrie, c'est dans la population indigente qu'il n'y a qu'une femme pour plusieurs maris. Les nomades, relativement aisés, sont monogames. La prospérité développe la polygamie. Les tribus qui habitent les régions où la nature offre des sources surabondantes de nourriture, comme l'Afrique centrale et la Polynésie, sont invariablement polygames, et la polygamie a été pratiquée par au moins quarante tribus Indo-Américaines.

L'activité économique est organisée dans le ménage. Dans la tribu matronymique, le ménage est d'ordinaire sous la direction d'une femme dont les responsabilités sont souvent grandes. Il y avait des tribus d'Indiens en Amérique où chaque famille — la femme, le mari et les enfants — vivaient dans un petit wigwam séparé. Dans d'autres, le ménage Indien consistait en un nombre de cinq à vingt familles occupant une maison commune que les Iroquois appelaient « la maison longue ». Au milieu, d'un bout à l'autre était un corridor de chaque côté duquel étaient les chambres de chaque famille. Des foyers étaient bâtis à raison d'un pour trois ou quatre familles. Les habitants avaient les provisions en commun. La nourriture rapportée par un membre de la chasse ou de la pêche servait à tous, ainsi que tous les produits du sol. Une matrone présidait au ménage commun, surveillant l'économie domestique, organisant et contrôlant le travail. Elle devait, avant tout, voir si les « squaws » cultivaient la terre allouée au ménage. Le major Powell dit, en parlant des Wyandottes : « Les chefs des ménages sont responsables de la culture de leur parcelle, et si ce devoir est négligé, le conseil de la *gens* leur en demande compte ». Elles veillaient aussi à ce que les hommes apportassent assez de poisson ou de gibier et à la distribution des denrées communes. Après que l'unique repas quotidien était cuit aux divers foyers, la matrone était appelée et devait répartir la nourriture aux diverses familles, selon les besoins respectifs.

Le système ci-dessus était celui des tribus bien organisées, comme les Sénécas et les Wyandottes, mais, avec des variations de détail, se retrouvait dans toutes les tribus, sauf les plus basses, de la rivière Colombie au nord, jusqu'au golfe du Mexique au sud. Légèrement modifié, il a été le système usuel d'économie domestique dans les tribus matronymiques.

Du même pas que les traditions de famille et économiques, la tradition artistique s'est développée dans les ménages. Chacun de ceux-ci a pu avoir son talent spécial. Un auteur, qui a écrit sur la vie sociale des Zougnis, en a donné un exemple intéressant : D'ordinaire, chaque famille fait sa poterie, mais dans quelques-unes, des différences d'habileté ont engendré des spécialités de production. « Un ménage avait une renommée pour faire de belles marmites, un autre pour les petits objets, un autre pour les figures d'animaux, et une femme avait une réputation tellement elle faisait bien des tortues. » Les différences de force et d'énergie physique, d'aptitude mentale, de rapidité et de goût jouent toutes un rôle dans la spécialisation du talent qui, plus tard, devient la base de la division du travail par vocation.

Le clan exerce une surveillance générale sur les ménages d'une tribu matronymique. C'est le clan qui soutient les droits et les devoirs. Il interprète les règles du mariage, celles de l'adoption et amène les familles à s'y conformer. Il est souvent un important propriétaire collectif. La terre d'une tribu est d'abord lotie entre ses clans et subdivisée ensuite, par ceux-ci, entre les divers ménages qui doivent la cultiver.

La culture de la portion de chaque ménage se fait en commun. La coopération prend la forme usitée dans le Nouveau-Monde. Aux premiers jours de la Nouvelle-Angleterre, lorsque le fermier avait un gros travail à faire, comme la moisson, sa femme préparait une masse de bons mets et lui s'approvisionnait libéralement de rhum. Il invitait alors ses voisins à lui prêter main-forte et, entre deux agapes, l'ouvrage se faisait. Cette forme de corporation (dénommée l'*Abeille*) a été la première de quelque importance qu'ait connue l'humanité. C'est par elle qu'ont été accomplies toutes les grandes entreprises des Aborigènes américains. La mère envoyait son frère ou sa sœur à la forêt pour chasser ou au torrent pour pêcher. Elle invitait alors toutes les femmes robustes du clan pour l'aider à semer ou à bêcher son lot de terre. L'ouvrage fini, on festoyait. Le travail des hommes se faisait comme la semaille par les femmes. C'est par l'*Abeille* que les hommes ont bâti les grands canots, transporté les lourds matériaux des maisons, construit les édifices communs, érigé les circonvallations des villages. Pour la bâtisse, hommes et femmes travaillaient ensemble, les premiers faisaient l'ouvrage préliminaire le plus dur et laissaient aux femmes les détails, moins pénibles, de l'achèvement. Tout labeur qui réunissait des membres de plus d'un ménage était réglé par le clan.

Le clan régissait de même la coopération indirecte du commerce. Les Indiens de l'Amérique du Nord étaient des commerçants invétérés. On a trouvé dans le Wisconsin, des ornements d'écaille qui avaient dû y être apportés des bords du golfe du Mexique. Des objets qui ne pouvaient venir que du Minnesota ont été découverts dans le New-Jersey. Des têtes de flèches en obsidienne de l'Orégon se trouvent maintenant à l'est des Alleghanys. Des armes et des outils de cuivre fabriqués dans la région du Lac Supérieur ont été retrouvés dans divers États de l'est.

Le négoce a son origine dans la guerre et est, par suite, sujet à des règlements publics, dans l'esprit sauvage. Les enlèvements fréquents d'armes, de denrées, d'outils, avant que les tribus ne fussent organisées, familiarisaient toutes les hordes avec les produits de lieux éloignés et montraient les avantages de l'échange. Le premier mode d'échange pacifique est le don de présents, qui naît directement des hostilités. C'est une des coutumes sauvages le plus largement répandues. La horde ou la tribu qui redoute son voisin hostile cherche à se le rendre favorable, en lui envoyant, comme cadeaux, ce dont cet ennemi triomphant se serait emparé. La transition est facile entre ce mode de propitiation et l'échange vrai, mais la fiction des présents durait longtemps. Les objets dont une communauté n'a pas besoin sont portés sur un point frontière et attendent qu'on les prenne en laissant à leur place d'autres objets. Si l'opération est de quelque importance, on envoie des ambassadeurs en même temps. Les négociations qui ont lieu, en ce cas, ne sont qu'un combat dissimulé. Les représentants de la tribu la plus puissante ont toujours l'avantage et l'opération est moitié marché, moitié butin.

Ces formes primitives de négoce furent, sans nul doute, souvent pratiquées par les hordes-clans, avant que celles-ci ne fussent combinées en tribu. Des hordes actuelles trafiquent encore ainsi. Donc, après la formation des tribus, le négoce entre des clans de la même tribu put continuer. Celui entre les divers clans d'une tribu Indo-Américaine était usuel. Lorsque, de cette manière, l'habitude du commerce fut acquise, le commerce entre ménages et individus d'un même clan devait naître. Beaucoup de trafics individuels s'étaient toujours opérés dans les tribus matronymiques. Le clan devint le grand régulateur des conditions du commerce ; naturellement, parce qu'il avait toujours été commerçant lui-même; nécessairement, puisqu'il avait juridiction sur tous les rapports personnels.

Non seulement le clan soutenait les règles coutumières du mariage et de l'adoption, du lotissement des terres, réglait l'industrie et le commerce communs, mais il interposait aussi son autorité dans toutes les querelles personnelles sérieuses. Il ne tolérait pas les vengeances privées, dans ses limites. Il les encourageait, d'ordinaire, si l'offenseur était d'un clan différent. Quelquefois, les deux clans imposaient la transaction.

S'il n'y avait pas de fratries, le clan ajoutait à ces fonctions la direction des plaisirs communs et des observances religieuses.

Ainsi, dans le clan, une tradition juridique importante, différenciée et distincte, évolue. Dans une large mesure l'interprétation de cette tradition est faite par les sachems, choisis d'ordinaire d'après leur âge ou leur sagesse. Dans la suite des temps, les sachems deviennent une classe quasi-juridique.

Dans l'évolution de la tribu matronymique, il arrive quelquefois qu'un clan, en s'élargissant, se divise en sous-clans. Puis, ceux-ci deviennent des clans indépendants. Ils se nomment alors des clans-frères, et se relient en « fratries ». La fratrie représente alors tous les intérêts du clan originaire qui continuent à être communs à tous les clans nouveaux. Pendant longtemps, le mariage reste interdit aux membres d'une même fratrie, quoiqu'ils appartiennent désormais à des clans différents. La prohibition disparaît peu à peu. Laissant au clan la plupart de ses activités juridiques, la fratrie prend les fonctions sociales et religieuses, les accroît, et reste quelquefois le juge suprême des causes capitales.

Si une tribu a deux ou plusieurs fratries, elles jouent l'une contre l'autre dans les sports, parient l'une contre l'autre sur les résultats des jeux. Chez les Indiens Sénécas, il y avait deux fratries. Au jeu de paume, chacune mettait en lice de six à dix de ses meilleurs champions. Avant que la partie ne commençât, des objets de propriété personnelle étaient mis, comme enjeu, par les membres des fratries rivales assemblés sur les côtés opposés du champ.

Lorsque un meurtre a été commis, le clan de la victime se réunit en conseil et prépare la vengeance. Le clan du criminel tient aussi une séance et essaye d'arriver à une composition. Si le meurtrier et la victime appartiennent à différentes fratries comme à des clans différents, le clan du criminel peut demander aux clans-frères d'aider à la transaction. En ce cas, les négociations finales ont lieu entre fratries.

Comme gardienne spéciale de la tradition religieuse, la fratrie joue un rôle important dans les funérailles des membres importants de la tribu. Dans la tribu des Sénécas les confrères du décédé étaient les « pleureurs » et les membres de l'autre fratrie conduisaient le cortège. C'est par l'organisation des fratries et sous leur autorité que les sociétés secrètes religieuses se sont formées. Les médecins des fratries devinrent une classe religieuse différenciée.

Pendant que le ménage est ainsi, par essence, une organisation économique, le clan une organisation juridique, la fratrie une organisation religieuse, la tribu, elle, est une organisation militaire. Elle a été formée dans un but militaire ; la consolidation des clans-hordes a été souvent le résultat d'un conflit. Lorsque des tribus ainsi consolidées sont organisées en clans et fratries, leurs conflits prennent le caractère de guerre.

L'organisation militaire de la tribu vient, directement, des modes primitifs de conflit et est très apte à développer la bravoure individuelle et le commandement intelligent. L'initiative individuelle est maintenue avec soin. Dans les tribus indiennes, tout brave peut convoquer des volontaires dans son clan pour le suivre à la guerre. Il annonce son projet en donnant une « danse de guerre ». S'il réussit à former une compagnie, qui comprendra ceux qui ont pris part à la danse, ils se mettent en route sur le champ, pendant que l'enthousiasme est à son comble. Si l'expédition était heureuse, son chef pouvait espérer d'être revêtu de la dignité de chef guerrier de son clan. La troupe guerrière était donc une association volontaire avec un but dans un clan, comme la société secrète religieuse l'était dans la fratrie.

Les chefs guerriers des clans constituaient une autre association très importante — le conseil de la tribu. Dans quelques tribus le conseil élisait un grand chef. Le conseil n'est pas un corps dirigeant dans le sens habituel du mot. Il n'essaye pas d'intervenir dans les affaires du clan ou de la fratrie. Son objet est dans les rapports de la tribu avec les autres et dans la confection des plans militaires. En cela, il est tout-puissant. En lui se développe la tradition militaire.

La tribu matronymique a donc une constitution bien organisée quoique encore incomplètement différenciée de sa composition. En fait, elle n'est que dérivée et subordonnée à la composition sociale. Les chefs de ménage et les sachems représentent l'idée de lignage. Les autres fonctionnaires sont d'une façon quelconque réunis au lien matronymique. Enfin, la constitution tribale ci-dessus décrite prépare la tribu à devenir une composante d'un agrégat plus large — la peuplade. Elle rend possible un nouveau progrès de la composition.

Les tribus, s'accroissant, peuvent se subdiviser. En ce cas, des membres de chaque clan sont assignés à chaque nouvelle tribu. Les mêmes clans, par suite, se répandent dans toutes les tribus. Ainsi liées ensemble par les clans, parlant des dialectes d'une même langue, conservant la tradition d'un lignage commun, ces tribus deviennent une peuplade énatique ou matronymique par un nouveau développement de l'esprit social.

La mémoire et la perception sociales, déjà développées dans les premiers siècles de l'évolution sociale, deviennent la raison et la conscience sociales. Les relations de tribus et de clan deviennent un sujet de réflexion délibérée. La coordination est venue, jusqu'ici, du hasard, de l'imitation, de l'habitude, du commandement. On perçoit la possibilité d'une autre coordination, par la compréhension naturelle et la discussion. Lorsque l'unité ethnique et linguistique de plusieurs tribus est ainsi secondée par une unité psychique auto-consciente, les conditions sont réunies du prochain et grand progrès de la composition sociale, pour une nouvelle évolution de la constitution sociale.

Menacées par des ennemis communs, de souche différente, ces tribus peuvent former une grande association militaire et politique, une confédération. Les grands chefs des tribus peuvent devenir le conseil de la confédération ou celui-ci peut être formé de simples chefs élus par les clans des tribus. La confédération peut aussi demander à l'élection un ou plusieurs chefs.

Dans le conseil de la confédération et, plus généralement, dans la confédération, la souveraineté naît et la vraie tradition politique se dégage (1).

Car l'objet de la confédération, est double. Il est d'abord, évidemment, de créer une plus large organisation de dé-

(1) Il est peut-être prudent de ne pas se laisser abuser par des similitudes de nom. On est tenté, évidemment, de voir dans les divers organes de la constitution des tribus qu'analyse M. Giddings, comme les embryons des formes de gouvernement actuelles. Si grandes que soient les ressemblances apparentes, elles disparaissent comparées aux différences. Cette erreur, de plus, serait un danger, nous amènerait peut-être des apôtres du retour aux formes naturelles de la société et celles-ci sont encore très peu connues. L'auteur a pris soin de nous dire que c'est uniquement pour la commodité du discours qu'il présente des hypothèses comme des constatations (*Note du traducteur*).

fense et d'attaque. Son autre objet n'est pas moins important. On voit que les hostilités entre tribus parentes sont une perte de la force qui devrait être réservée pour résister aux ennemis communs. Aux premiers temps, la vengeance individuelle a été une cause de faiblesse dans la horde-clan et dans la tribu. La croissance des coutumes juridiques dans le clan y a beaucoup remédié. On voit maintenant que l'emploi de la voie juridique pour terminer les conflits peut être étendu, sur les bases des rapports de clans, aux disputes qui s'élèvent entre les tribus. L'essai d'une telle extension coïncidant avec la consolidation militaire et sociale est le commencement de l'action politique que l'on peut définir comme la combinaison des fonctions juridiques et militaires, de l'administration intérieure et des rapports extérieurs, sous une autorité unique. La mainmise de l'autorité sur les affaires civiles et militaires, la conversion de la loi coutumière en loi positive, l'extension et l'application des règles légales par la raison sociale auto-consciente est le commencement de la souveraineté.

A tout stade de l'évolution sociale, les relations et l'organisation sociales matronymiques peuvent devenir patronymiques. Cela peut arriver dans les clans-hordes ou seulement après l'organisation fédérative de la peuplade matronymique.

Le premier pas dans la transition parait être la coutume de se procurer des femmes par la capture. Tant que les maris vivent avec le lignage de leurs femmes, comme dans le mariage beena, les enfants vont naurellement au clan de leur mère et en prennent le nom. De même, les enfants d'une femme capturée appartiennent au clan de leur père aussi longtemps que celui-ci veut les garder, eux et leur mère, et, s'il tient assez à eux pour les retenir jusqu'à leur maturité, ils prennent son nom. Tous les écrivains sont d'accord sur ce rapport direct entre la parenté patronymique et le mariage par capture. Le professeur Tylor a décrit des communautés dans lesquelles la transition du matronymat au patronymat s'opère continuellement sous l'influence des rapts. Dans les tribus « Malayennes », les hommes suivent d'habitude les femmes et vivent dans les familles de celles-ci, et les enfants appartiennent à la famille de la femme. Un homme peut épouser jusqu'à sept femmes qui restent toutes dans leurs propres lignages. Mais, quelquefois, les femmes sont volées et amenées dans le clan du mari. Les enfants suivent alors le père et en prennent le nom. Aussi, dans les îles Kisar et Wetar, le système maternel prévaut, mais il se change en système paternel par la capture, qui met la femme et les enfants sous l'autorité du père.

Un pareil état de choses existait autrefois en Arabie et est décrit par Robertson Smith. Les premiers mariages des tribus du désert étaient des contrats *beena* ou *mot'a*. Le mariage *mot'a* était un arrangement temporaire dans lequel la femme nourrissait un homme chez elle tout le temps qu'elle voulait et le renvoyait ensuite pour en prendre un autre, le tout avec l'agrément de ses parents et sans perdre de sa réputation. Les mariages *beena* et *mot'a* furent, par degrés, remplacés par les mariages *ba'hal*, dans lesquels l'homme est le seigneur et le propriétaire de la femme. La capture fut l'origine du mariage *ba'hal*. « Il y a, dit Smith, d'abondants témoignages que les anciens Arabes pratiquaient le mariage par capture. Nous voyons que le type de mariage ainsi constitué est très différent des unions dont le *mot'a* est une survivance et la parenté par les femmes l'accompagnement nécessaire. Dans un cas, la femme prend et remplace son mari à sa volonté; dans l'autre elle a perdu le droit de disposer d'elle-même et le droit de divorce n'appartient qu'au mari; dans un cas, la femme reçoit le mari dans sa tente, parmi son peuple; dans l'autre elle va dans sa tente à lui, parmi son peuple à lui; dans un cas, les enfants sont élevés sous la protection des parents de leur mère, sont de son sang; dans l'autre, ils restent avec le lignage et sont du sang du père. »

La séparation des époux et du lignage de la femme, quoique provenant d'une autre cause que la capture de celle-ci, peut avoir les mêmes conséquences. Le major Powel, en décrivant les transformations du matronymat au patronymat chez les Indiens d'Amérique, dit : « Il semble résulter de tous les faits que j'ai pu recueillir que la chasse et d'autres expéditions sont fréquemment organisées de telle façon que les membres mâles d'un clan-groupe vont toujours en compagnie de leurs femmes et de leurs enfants. Dans ces circonstances, la direction de la famille va nécessairement dans les mains des maris et des pères. Cela arrive chez les Indiens Pueblos, peuple matriarcal avec descendance féminine dans les clans; par suite de la rareté de l'eau dans la région du désert, ils sont obligés de se séparer pour cultiver les terres à une grande distance du pueblo central. Le résultat est que l'autorité des familles et l'éducation des enfants sont provisoirement enlevées aux parents maternels, et cela tend à devenir permanent avec l'acquisition du bétail qui fixe ces détachements. »

Ni le mariage par capture, ni aucun autre mode de séparation entre les époux et le lignage de la femme ne peuvent, par eux-mêmes, changer le mode de parenté. Il faut que le mari non seulement prenne possession de sa femme et de ses enfants, mais garde cette possession. S'il les abandonne ou les renvoie au clan maternel, aucune parenté patronymique ne peut s'établir. Il faut donc un autre motif que la capture de la femme pour la garder et rester en possession de ses enfants. Ce motif peut exister dès les premiers temps de l'évolution sociale, si la horde est assez intelligente pour apprécier l'utilité d'accroître sa propre force en élevant des garçons. Au stade de l'organisation tribale pendant lequel la guerre est mieux organisée, où le travail agricole des femmes est utile, les femmes capturées et leurs enfants peuvent être si précieux pour la tribu que les parents d'un homme peuvent l'obliger à garder la famille dont il est fatigué et qu'il voudrait renvoyer. Les raisons pour garder les enfants n'atteignent pourtant leur plus grande force qu'avec l'apparition des formes d'industrie qui donnent une valeur au travail des fils. Dans des circonstances favorables, les hommes qui trouvent que leurs fonctions industrielles sont devenues plus importantes que celles des femmes tâchent de posséder le plus possible d'auxiliaires valides. Cela peut arriver pour la chasse là où elle est malaisée. Cependant, cela est d'ordinaire précédé par la domestication des animaux. Apportant une masse alimentaire incommensurablement plus grande que toutes celles connues jusqu'alors, l'élevage devient une industrie assez importante pour développer l'ambition masculine. Le désir naquit de multiplier les troupeaux et les bergers et de transmettre aux fils la propriété.

La valeur des femmes et des enfants s'accroissant, l'industrie détournant, en quelque mesure, de la guerre, le mariage par achat succéda peu à peu au mariage par capture. L'achat donne au mari une autorité sur sa femme plus grande que la capture, puisque son droit est reconnu par ses beaux-frères. L'épouse ne peut pas caresser l'espoir de revenir chez elle. Dans certaines parties de l'Afrique, les familles consentent à donner à un homme une femme qu'il amène dans sa propre peuplade, moyennant paiement. Le contrat transfère au mari la femme et les enfants. C'est ce qui est stipulé, et, si le prix n'est pas payé, même si la femme a été autorisée à aller vivre chez son mari, nous voyons que les enfants peuvent être réclamés par sa famille, à elle. C'est donc une vente qui est la seule base du droit du père sur ses enfants.

L'autorité paternelle est plus tard augmentée par la religion. Il arrive souvent que les croyances totémiques des communautés matronymiques présentent de sérieuses difficultés à la descendance par les pères. Les enfants appartiennent, de naissance, au totem de leur mère. Les totems de la mère et du père peuvent être ennemis, et mettre socialement les enfants dans le clan paternel, alors que, religieusement, ils sont du clan maternel, c'est créer une intolérable confusion dans l'esprit sauvage. La difficulté est surmontée par l'expédient de faire entrer la femme volée ou achetée dans le clan et le totem de son mari. Les enfants sont alors, à tous points de vue, du lignage paternel. Chez les Nègres de Guinée, qui sont actuellement dans un état transitoire entre le patronymat et le matronymat, la première femme d'un chef et ses enfants doivent être du clan et du totem de ses parents à elle, mais le mari peut acheter une esclave, et, en la consacrant à son bossum, ou dieu, lui donner son culte et sa parenté. Cette femme et ses enfants sont sous l'autorité du mari, et c'est elle qui est sacrifiée lorsqu'elle devient veuve, pour que son esprit suive celui du mort.

Enfin, la vie errante et l'isolement relatif de la famille pastorale qui sépare le pasteur non seulement des parents de sa femme, mais, pendant longtemps, des siens propres, aident à l'établissement complet de l'autorité du père sur sa petite communauté.

L'autorité paternelle réagit aussitôt sur la religion. Les animaux et les plantes aux pouvoirs mystérieux, les forces de la nature, les esprits des hommes disparus ont tous été l'objet d'un culte. Quelques-uns ont semblé apporter plus de « chance » que les autres, et par un mécanisme de sélection sont devenus des déités tribales. Les clans ont toujours cru descendre de leurs dieux totémiques. Lorsque la descendance commence à être comptée par les mâles, des changements religieux sont inévitables. Le chef mâle d'un groupe de famille devient maintenant le type du pouvoir et de l'autorité. Tandis que le ménage peut continuer à regarder les forces et les objets naturels, les esprits divers avec des sentiments superstitieux, c'est pour l'âme de son auteur disparu qu'il garde la vénération la plus grande. L'esprit de leur ancêtre leur semble leur protecteur au pays des ombres. C'est à lui que vont leurs dévotions. Ainsi, sans détrôner complètement les autres observances religieuses, le culte des ancêtres devient la foi dominante.

Il est encore la religion domestique de la Chine et du Japon. On en trouve des traces nombreuses dans les tribus des déserts d'Arabie. Tous les peuples sémitiques l'ont pratiqué au temps des tribus. Les Aryens, de même, lorsqu'ils apparurent sur les rives de la Méditerranée. Chez les Romains, cette religion ne disparut que lors du triomphe du Christianisme.

Le culte qu'avaient les Aryens pour les morts était une religion simple et belle. Ils croyaient que l'âme avait besoin d'un abri, d'aliments et de boissons. L'âme sans tombe devait errer pour toujours et pouvait devenir un esprit malfaisant au lieu d'un protecteur puissant. Pour assurer le repos du mort, on devait l'enterrer avec respect, verser du vin et placer des mets sur sa tombe. « Je verse sur sa tombe, dit Iphigénie, le lait des chèvres des montagnes, des libations de vins, le miel des jaunes abeilles, car c'est ainsi que nous contentons le mort. » La tombe de famille était d'ordinaire près de la maison, non loin de la mort, afin que les fils, entrant et sortant, pussent rencontrer leurs pères et les invoquer. Dans la maison était un autel où brûlait le feu sacré. On supposait qu'il était fréquenté par les esprits des morts domestiques, et, comme sur la tombe, on y versait des libations et on y offrait des aliments. Le feu ne s'éteignait qu'avec la famille entière.

. . . .

Le culte des ancêtres influe sur la vie domestique et sur la structure du clan et de la tribu. La famille, riche en troupeaux, prend une conscience de plus en plus nette de l'importance de la propriété, et, croyant profondément à sa foi ancestrale, devient une famille religieuse et propriétaire. Les mariages se combinent en rapport avec la transmission aux fils de la propriété et des charges religieuses, et avec la conservation de l'intégrité et de la continuité du groupe familial. Un fils seul peut accomplir les rites sur la tombe d'un ancêtre. Donc, si un homme veut mener une existence tranquille dans le monde des esprits, après en avoir fini avec les soucis d'ici-bas, il doit s'assurer d'une progéniture mâle. L'adultère, qui pouvait être pardonné dans la famille matronymique, est devenu une offense non seulement contre le mari, mais contre la communauté entière, contre les vivants et les morts, l'ordre social, les dieux même, — un crime et un péché. La stérilité, qui avait pu sembler une bénédiction pour une horde polyandre et famélique, était devenue le plus terrible des malheurs, depuis qu'elle compromettait la durée de la famille et des rites.

Ces considérations, sanctionnées par la religion, ne pouvaient que fortifier l'autorité du père et établir la solidarité du groupe domestique. Elles donnèrent au père le droit de vie et de mort sur ses enfants, celui de répudier sa femme à loisir, ou, si elle était stérile, d'en prendre une autre. Naturellement, c'est au père que fut remis le choix des brus.

Ces changements dans l'organisation de la famille amenèrent des modifications correspondantes dans celle du clan. La tradition jurale devient agnatique. Le culte des ancêtres donne au clan un caractère plus nettement religieux. Les *gentiles* gardent la tradition du culte du premier ancêtre, entretiennent sa tombe, s'y réunissent dans des sacrifices périodiques. Sous l'influence de la descendance par les mâles et du culte des ancêtres, le commandement des clans et des tribus tend à devenir héréditaire dans certaines familles. Dans la société matronymique, la fonction qui ne pouvait aller à un fils allait souvent à un neveu, que les électeurs préféraient à tout autre par suite de ses rapports avec l'homme qui les avait habilement conseillés ou dirigés. Dans les groupes patronymiques dotés du culte des ancêtres, il y a toujours la forte croyance que le fils d'un grand homme est son successeur le plus apte, parce qu'il est admis que l'esprit du père veille sur les actes du fils et les inspire de son influence surnaturelle.

Tous ces changements sont favorables à l'intégration sociale. La descendance par les pères tend à identifier le clan et la horde, parce que la femme suit la résidence du mari. Tous les hommes d'un village peuvent être d'un seul clan et tous ceux d'un même clan habiter le même village. Le commandement héréditaire est favorable à l'autorité et le système religieux du culte des ancêtres unit non seulement les vivants, mais les vivants et les morts, dans une parfaite continuité de tradition et de coutume.

La tribu patronymique où le commandement est devenu héréditaire, commence bientôt à subir des changements d'organisation. Le lien d'allégeance personnelle est fortifié ; celui du lignage affaibli : à un instant donné, le changement peut être imperceptible, mais, dans la suite des temps, on voit que le système tribal a été singulièrement modifié par une féodalité barbare.

Les rangs et les dignités, même conférés par les suffrages de parents ou d'égaux, sont presque toujours associés, comme causes ou comme effets, à la richesse. Le chef heureux reçoit de ses troupes une large portion du butin. Avec les richesses ainsi acquises, il s'attache ces mêmes troupes, qui serviront fidèlement ses ambitions. Ce sont les formes primitives de *commendatio* et de *beneficium*.

Tant que la richesse ne consiste qu'en outils et armes, en gibier, en provisions de grains, et tant que la parenté est matronymique, la richesse d'un chef, quoique relativement grande, peut difficilement être la source d'un grand pouvoir. Au contraire, lorsque la tribu possède un nombreux bétail, que le pouvoir masculin a été fermement établi par la parenté patronymique et le culte des ancêtres, le cas est tout différent. Les chefs de clans ou de tribus sont souvent, alors, des descendants de chefs. Les familles du sang des chefs illustres sont déjà considérées comme nobles, la société se divise en rangs. Le chef hérite les troupeaux de son père. A l'occasion de toute cérémonie, il reçoit des présents de bétail de la tribu. Il impose des amendes, des confiscations. Il ne néglige pas d'organiser des expéditions pour voler le bétail des tribus voisines. Parmi ses privilèges, est celui de faire paitre ses troupeaux grossissants sur les terres communes. Pour des barbares, sa richesse est grande. La différence entre ses possessions et celles d'un simple membre de la tribu devient plus évidente chaque jour. Disposant des faveurs, enrichissant ses favoris, il est bientôt à même de diriger des bandes considérables. C'est absolument ce qu'on peut voir aujourd'hui chez les Cafres de l'Afrique du Sud. Les suivants d'un chef cafre le servent pour du bétail. « Sa domesticité, sa cour, comme on voudra l'appeler, consiste en hommes de toutes les parties de la tribu, jeunes, intelligents, braves, qui viennent le servir pour un temps jusqu'à ce qu'ils en reçoivent du bétail qui leur permettra de se procurer des femmes, des armes ou d'autres objets qu'ils désirent. »

Les autres degrés par lesquels les relations féodales se créent dans une société tribale patronymique se voient clairement dans le remarquable corps juridique qu'est la loi Brehon d'Irlande.

A la période la plus reculée qu'ait régi la loi Brehon, le pouvoir des chefs de tribu grandit rapidement et un chef est avant tout un homme riche. Sa richesse n'est pas en terres, mais en bétail, bœufs ou moutons. Le chapitre de la loi appelé Cain-Aigillne ordonne que le chef d'une tribu soit « le plus riche, le plus puissant à combattre, le plus rapide à trouver son profit, à éviter les pertes. »

Ces lois montrent que la richesse ouvre la route du pouvoir. Le riche, homme libre qui va devenir un chef, s'appelle un bo-aire ou un seigneur du bétail. « Il n'est qu'un paysan devenu riche en bétail, probablement en obtenant l'usage d'une grosse partie de la terre tribale ».

C'est au service du chef qu'on fait les premiers pas vers la possession. Comme compagnons d'un chef déjà riche en bétail, les bo-aires reçoivent une portion de son troupeau, partagent son droit de dépaissance. Un autre élément nécessaire au développement de leur pouvoir est, pour les bo-aires, d'associer à leur fortune de nombreux suivants. Ils les trouvaient dans les rangs des désespérés que les tribus irlandaises nommaient fuidhuirs.

D'abord, cette classe de fuidhuirs se composait des bannis de tous les clans. Son nombre s'était accru par les guerres entre tribus d'où résultait la dispersion de tribus entières. Les bo-aires attiraient ces gens, les gardaient sur la vaste terre tribale comme une bande de cow-boys sans règle ni morale, prêts à tout, même aux expéditions qui allaient voler le bétail des faibles tribus. Celles-ci, spoliées, ruinées, ne pouvaient subsister qu'en empruntant ce bétail volé aux arrogants bo-aires, qui avaient ainsi des tributs réguliers.

Ainsi, dès que la richesse devint un élément social important, sa tendance à différencier la population tribale est manifeste. Tous les peuples historiques ont probablement traversé la période de rude féodalité que décrivent les lois Brehon. *L'Odyssée* la montre comme l'ordre social des Grecs des temps homériques. Tacite en a vu les débuts chez les Germains, dont il dit : « C'est la coutume de lever une contribution individuelle et volontaire pour offrir au chef un présent de bétail ou de grains afin de pourvoir à ses besoins. Les Saxons, après leur conquête de l'Angleterre, entrèrent dans la première période de cette féodalité agricole plus récente qui développa en un système gigantesque les principes essentiels de la féodalité pastorale. Le ceorl qui acquérait cinq mesures de terre devenait thane. Les thanes étaient les compagnons immédiats du roi, son *comitatus* et, dès qu'ils paraissent dans l'histoire d'Angleterre, ils se placent parmi la plus ancienne noblesse des ceorls saxons descendants des anciens chefs de tribus. Ainsi, les thanes, comme noblesse de nouveaux riches, correspondaient aux « gentilshommes de bétail » d'un temps plus reculé.

Sous la pression d'un danger commun ou l'influence d'une ambition commune, les tribus patronymiques de la même souche raciale, habitant un territoire géographiquement uni, s'assemblèrent en confédérations militaires plus cohérentes, plus formidables, plus stables que les plus solides confédérations matronymiques. Une confédération patronymique est une peuplade ou un peuple et peut se développer en un grand État civilisé. Les Égyptiens, les Chaldéens, les Hébreux, les Grecs, les Romains, les Saxons, les Francs, les Germains et les Slaves, étaient des peuples organisés en tribus qui, par la croissance et l'intégration, sont devenues des États nationaux. Chacun de ces peuples commença sa carrière ethnique dans un habitat d'une étendue et d'une unité géographique telles que la croissance d'une société nombreuse et dispersée y fut possible, d'une productivité telle qu'elle stimula les désirs, les inventions, les activités. On ne peut pas supposer que le territoire occupé par un de ces peuples fut peuplé par les descendants d'une simple et petite horde. Il est plus probable que l'unité ethnique fut le résultat d'une assimilation de nombreux éléments divers de tribus, attirés par un habitat meilleur, réunis au cours de leurs pérégrinations. L'unité géographique et la richesse naturelle furent donc antérieures à l'unité ethnique et la congrégation fut la base de l'association.

Dans les sociétés patronymiques plus encore que dans les sociétés matronymiques, la tradition voudrait cependant que les tribus descendissent d'un ancêtre commun, assez récent pour être précisé. La vérité semble être que, d'ordinaire, les tribus sont de la même souche raciale, mais qu'elles se sont séparées et en quelque degré, devenues différentes avant de se confédérer. Les contrats d'adoption et d'alliance prouvent la conquête ou l'absorption de groupes qu'on ne regardait pas comme frères.

Des hommes non civilisés ne s'allient pas avec des frères. Ils s'allient à des étrangers qui, dès lors, deviennent leurs frères en vertu d'une fiction légale. Par exemple, le traité des tribus Hébreues avec Jehovah prouve que Jehovah n'était pas à l'origine le Dieu de tous les Hébreux. En général, les sociétés tribales sont l'œuvre commune de l'agrégation génétique et d'une congrégation de hordes parentes éloignées qui ont été dispersées dans une même superficie de caractérisation (1).

Lorsque des tribus patronymiques se confédèrent et forment la nation ethnique, le principe agnatique et le culte des ancêtres, combinés avec les conditions politiques et militaires, donnent une grande autorité au chef de la confédération. Il devient à la fois le commandant militaire, le pontife religieux, le juge suprême. En un mot, le chef devient roi.

L'évolution ethnogénique se complète lorsque s'achèvent la confédération et l'établissement de la royauté. Un peuple ethnique, un « ethnos » est né. Son développement ultérieur, s'il en a un, l'amène sous les conditions de la vie civile et du progrès démogénique.

(1) L'erreur de Gumplowicz, dans « *Der Rassenkampf* », consiste dans l'absence de distinction entre les groupes légèrement hétérogènes ou homogènes en fait, décrits plus haut, et les groupes fortement hétérogènes. Une vraie société ethnique est formée par l'intégration de groupes ethniquement pareils.

CHAPITRE IV

Association démogénique

On a vu que, dans la société ethnique, la constitution sociale est subordonnée à la composition sociale. La caractéristique principale des sociétés qui ont franchi la période ethnogénique est une subordination inverse de la composition à la constitution sociale. De pareilles sociétés sont des associations civilisées, des civilisations.

Les sociétés de ce caractère sont démogéniques. Elles engendrent et s'incorporent de grandes populations qui tendent à devenir démocrates d'esprit et d'organisation.

C'est donc dans ces sociétés que doivent se réunir toutes les communautés anciennes et modernes, tous les états nationaux dans lesquels l'association civique a remplacé l'association ethnique ou *gentilice*, dans lesquels l'occupation permanente d'un territoire délimité et l'exploitation active de ses ressources par une industrie hautement développée ont abouti à la naissance de nombreuses populations, allant de centaines de mille aux dizaines de millions d'individus ; des communautés pareilles, par exemple, à l'Egypte, 2.806-2.782 A. C., à Babylone 2.000 A. C., à Athènes, 450 A. C., et à l'Allemagne, à la France, à l'Italie, à l'Angleterre, aux Etats-Unis de 1896.

Les sociétés civiles, dans leur évolution, traversent trois grands stades de progrès. Les plus anciennes civilisations d'Egypte et de Babylone, ne dépassèrent pas le premier ; la Grèce n'acheva pas le second et Rome n'atteignit pas complètement le troisième. Les nations modernes sont dans ce dernier. Les stades de la civilisation ne correspondent pas à des types tranchés de société comme le seraient les formes patronymiques et matronymiques de la société ethnique, mais la différence qui les sépare n'est pourtant pas uniquement chronologique ; c'est une différence de caractère et de structure.

Dans sa première période, la société civile a peu ou point de communications amicales avec d'autres sociétés de développement semblable. Elle est sans cesse obligée de se défendre ou contre une barbarie presque universelle, ou contre un état rival. Les énergies de la population sont consacrées d'abord à l'établissement de l'unité politique, de l'organisation militaire et de la sécurité. Ce n'est que secondairement qu'elles s'occupent — si elles s'en occupent — de l'organisation légale des associations moindres au sein de la constitution secrète, et à la recherche de la prospérité économique.

Lorsque l'unité politique et un certain degré de sécurité ont été atteints, les énergies du peuple doivent trouver de nouveaux débouchés, de nouvelles expressions. Elles brisent les restrictions que leur a imposées jusque là une politique militaire et conquièrent la liberté intellectuelle et personnelle. On a vu que la possibilité de joindre la stabilité et la continuité avec la liberté et le progrès réside dans le développement de la loi. L'État, dans son caractère politique, entre dans la période de développement constitutionnel et il se crée une multitude d'associations subordonnées pendant que naît une grande différenciation de la constitution sociale dans ses côtés moindres.

Athènes développa splendidement les côtés critique et philosophique du second stade de civilisation mais elle fut impuissante à édifier la loi. Rome, au contraire, déploya un grand talent pratique de législation mais ne sut pas maintenir l'esprit salutaire de critique. La liberté et la spontanéité de la vie y furent sacrifiées au mécanisme administratif. Aussi ni la Grèce, ni Rome n'accomplirent en son entier ce second stade de la civilisation et, bien entendu, ne progressèrent dans le troisième. Elles tombèrent parce qu'elles étaient, comme l'Egypte et Babylone, des civilisations instables. Leur grande richesse était un continuel appât pour les barbares du reste du monde, qui devaient, à la fin, les submerger.

Mais les nations Germaniques, en même temps préparées à la civilisation par leur propre développement intérieur et par un long contact avec Rome, entrèrent dans l'évolution politique sous des conditions précisément inverses. Elles devinrent des États, dans un milieu de civilisation qui, pendant des siècles les avait séparées des barbares d'Asie et d'Afrique, et elles bâtirent sur les ruines de la frontière occidentale de cette civilisation. C'est à cela qu'est due la stabilité des civilisations modernes.

Croissant simultanément, et trop sensiblement égales en forces pour qu'aucune d'elles puisse espérer de maintenir sa suprématie sur les autres, les nations modernes de l'Occident ont traversé le premier stade de civilisation — celui de l'intégration politique et d'une organisation embryonnaire du pouvoir central — avec moins de sacrifices des intérêts mineurs de la vie que ne l'avaient fait l'Egypte et l'Orient.

Le second stade, à son tour, ne fut pas une évolution partielle comme en Grèce et à Rome. La Renaissance, la Réforme, la Révolution Anglaise, l'afflux des lumières du XVIIIe siècle, la Révolution d'Amérique et de France, le mouvement libre-échangiste en Angleterre, le mouvement libéral Allemand de 1848, ne furent qu'autant de phases de la critique et de la réédification de la constitution sociale sur les bases de la légalité, de la liberté et de la libre association.

On ne doit pas supposer que dans la vie d'une nation, ou d'une famille de nations, ces deux stades aient été absolument distincts. Ils se sont entremêlés. Ce n'est que récemment que l'Italie et l'Allemagne ont atteint leur unité nationale, longtemps après qu'elles avaient été influencées par le mouvement libéral et que d'autres États européens avaient dépassé la période de réédification sociale. Même dans ces exemples, la vraie série est celle que nous avons décrite. L'Allemagne unie et l'Italie une ne sont nées à la vie sociale que lorsque leur consolidation politique fut accomplie. Les problèmes d'organisation et de liberté constitutionnelles se posaient encore et n'avaient pas été résolus.

En général, pourtant, les nations d'Occident sont maintenant une communauté d'États puissants, unifiés, indépendants, dans laquelle la plus grande part de l'œuvre d'organisation politique sociale est accomplie, où la liberté est garantie par la loi. La sauvagerie et la barbarie ne sont plus à craindre et, si des guerres internationales sont toujours possibles et se déchainent parfois, l'état normal des affaires internationales est un état de paix. L'énergie se dépense en d'autres directions. Ces nations sont entrées dans le troisième stade, le stade économique éthique. Elles s'absorbent dans l'industrie, à amasser des richesses et à leur découvrir un emploi, dans l'éducation des peuples et, de plus en plus, à réaliser les possibilités de vie des masses populaires.

Les historiens philosophes n'ont pas manqué d'observer les types et les stades de la civilisation. Dans les analyses qu'elle en fait et les explications qu'elle en donne, la sociologie devient une philosophie de l'histoire. Le point important est d'établir des classes correspondant vraiment aux stades actuels d'évolution. Trois des classifications faites jusqu'ici, celles de Hegel, de Comte et de Spencer, peuvent être comparées avec fruit à celle que j'ai donnée plus haut.

Hegel, dans sa *Philosophie de l'Histoire*, conçoit le développement humain comme la marche de l'auto-réalisation. Peu à peu, l'homme en vient à se connaître comme un être auto-conscient, auto-déterminant, comme un élément de cet univers qui est un tout organique. Mais ce progrès n'est pas seulement intellectuel. La sphère de la liberté de l'homme s'élargit aussi. Son activité trouve un champ toujours plus large. L'histoire a donc été un progrès dans la conscience de la liberté. Elle a commencé lorsque la conscience et l'aspiration spirituelle sont nées dans l'homme. Au début, on pensait que la liberté était abstraite et universelle et, par suite, qu'elle n'était possible que dans un seul être, Dieu au ciel, ou le Roi, sur la terre. C'est en Orient que se déroula ce moment de l'histoire. Un progrès fut fait dans le monde grec qui ne faisait plus de la liberté le domaine d'un seul. Quelques-uns y étaient libres, beaucoup pouvaient l'être mais pas tous. L'esclavage subsistait. Rome alla plus loin, incorpora la substance de la liberté dans la loi formelle des droits personnels. « Enfin, dans le monde Germain, et sous l'inspiration du Christianisme, nous arrivons à l'âge de la pleine maturité, dont la mission est de faire triompher cette vérité que la liberté est le droit de naissance de tous les hommes. »

Si noble et si vraie que soit cette conception de la philosophie de l'histoire, elle méconnait une moitié des phénomènes, j'entends les changements structuraux de la société. Elle nous montre seulement les phénomènes sériels et ceux-ci uniquement du côté subjectif.

Comte croyait avoir découvert la loi de l'histoire dans le développement progressif de l'humanité à travers deux stades préparatoires de pensée amenant au troisième et définitif. Le premier stade était la période théologique, dans laquelle l'esprit humain interprétait toute causation par l'activité directe d'un dieu ou de dieux en continuelles création et providence. Tout événement provenait de l'intervention directe de la divinité. Il ne pouvait y avoir ni science ni progrès, matériel ou moral, aussi longtemps que les hommes comprirent ainsi le monde. L'humanité était puérile, superstitieuse, adonnée au culte des héros. Le second âge fut métaphysique. Ne croyant plus au miraculeux, les hommes cherchaient à interpréter le monde par des principes, des abstractions, des entités. Ils se perdaient ainsi dans de stériles spéculations. L'esprit humain était émancipé, mais gaspillait ses forces dans une impossible recherche de ce qui est essentiellement inconnaissable. Le troisième âge est scientifique ou positif. La spéculation est remplacée par l'observation, l'expérience, l'induction, la généralisation. Les hommes trouvèrent que le monde des vérités connaissables est assez grand pour absorber leur temps et leurs forces. Bâtissant sur les bases solides du fait, ils apprirent les secrets de la nature qui leur permirent de dominer les conditions matérielles et beaucoup des conditions morales de la vie. Le monde entrait dans la voie du progrès.

On verra que Comte plaçait la loi de l'histoire dans un progrès simplement intellectuel. Il ne s'élevait pas, avec Hegel, à la conception d'une évolution progressive de l'entière personnalité de l'homme et il ne réussit pas plus qu'Hegel à percevoir que la société elle-même subit une intégration et une différenciation progressives de structure, corrélatives aux changements dans la nature humaine.

M. Spencer, s'accommodant mal de la métaphysique d'Hegel et des théories superficielles de Comte, a entrepris de construire une philosophie du progrès, basée sur l'observation et l'induction. Il explique l'évolution de la société par la différenciation de structure et conclut que la structure est d'un des deux types auxquels se rapportent les activités habituelles de la société.

Selon M. Spencer, le pouvoir militaire devient ordinairement si important dans la marche de la *nationalisation*, de la formation des nations, que toute l'organisation politique se modèle sur lui : plus tard, le caractère futur de la société et de ses diverses organisations est déterminé par la forme que prennent ses activités les plus importantes :

si les activités militaires persistent, après avoir accompli l'œuvre d'intégration qui leur est propre, la société subit ce que M. Spencer appelle l'enregimentation, et étend à tous les intérêts la plus minutieuse réglementation. Les rangs sociaux sont nettement tranchés, vont jusqu'à devenir des castes. Le système industriel est subordonné au système régulateur, l'entreprise volontaire est découragée, réprimée même, et la liberté personnelle disparait. Des tendances opposées dérivent de la soumission des activités militaires. Le développement industriel devient alors aussi important que l'était l'organisation militaire. La liberté personnelle augmente, le pouvoir civil devient unique. Une organisation complexe d'entreprises volontaires, agissant par des associations librement formées, accomplit une foule de fonctions sociales.

La philosophie de M. Spencer traite donc ce qu'Hegel et Comte avaient omis, mais elle est loin d'être complète et sa principale généralisation est inexacte.

Car, nous l'avons vu, le caractère d'une société est déterminé par les conditions inaltérables qui lui correspondent à chaque période de son développement. Au temps de son intégration — de sa nationalisation — une société doit être militaire, avec les conséquences que décrit M. Spencer. Plus tard, le type libre d'organisation est créé par la mise en liberté des forces, par le criticisme, le protestantisme, qui suivent l'achèvement de la première grande tâche de la civilisation. Seulement lorsque les formes libres d'organisation protégées par la loi ont été achevées, un véritable développement industriel devient possible. L'industrialisme n'est pas une cause, mais il est un effet de la liberté.

Nous ne pouvons donc pas dire qu'il y a des types de sociétés militaires et industrielles, comme si, à un moment quelconque de son développement, une société pouvait être, à son gré, militaire ou industrielle ou comme si, parmi les sociétés coexistantes et d'un égal développement, les unes pouvaient être industrielles et les autres militaires. Au début de son évolution, une société est nécessairement organisée pour l'activité militaire. Au stade final, elle est surtout industrielle. Entre les deux, est une zone que M. Spencer n'a pas vue, l'époque libérale constitutionnelle ou libérale-légale, pendant laquelle les énergies de l'âge militaire se transforment en activités de l'âge industriel.

Si une vraie philosophie de l'histoire doit ainsi reconnaître des stades de civilisation qui sont, sans aucun doute, des stades de l'évolution sociale, elle doit néanmoins proclamer que l'évolution implique une marche du progrès intellectuel, comme l'affirmait Aug. Comte, et la liberté personnelle croissante, comme le veut Hegel. C'est ce que j'ai déjà dit, soit directement, soit implicitement, en déclarant maintes fois que la fonction de la société est l'évolution de la personnalité et que l'association démogénique est démocratique dans ses tendances. Il faut donc rechercher dans quels rapports sont le développement subjectif de l'individu et les changements dans la structure et les activités de la société.

Ici, on arrive à une découverte intéressante. On a vu, dans le chapitre sur l' « Esprit social » et dans celui de l' « Association anthropogénique », qu'il y a trois traditions sociales fondamentales : économique, légale, politique. La tradition économique est primaire, elle est la plus reculée, tandis que la tradition politique est la plus récente.

Mais, selon l'explication actuelle des trois stades de civilisation, la société civile est représentée comme perfectionnant d'abord son organisation politique, puis sa constitution légale et enfin son organisation industrielle, renversant ainsi l'ordre de la genèse des traditions.

Voici la solution : lorsque la société, bâtissant sur les traditions primaires, économiques et légales, arrive au développement politique, elle dépense toute son énergie, pendant un certain temps, à perfectionner sa vie politique, négligeant — relativement — sa vie légale et économique. Il y a, de toute nécessité, une concentration des efforts créateurs sur l'État, jusqu'à ce qu'il devienne une structure forte et cohérente, dans laquelle se développent les autres éléments de vie sociale.

Mais lorsque l'intégration politique est finie, la société reporte ses forces vers ses intérêts les plus anciens, pour les développer, pour amener le reste de l'organisation sociale à l'égalité de force et d'importance avec l'organisation politique. La liberté et le règlement légal des rapports sont d'abord édifiés et, enfin, les activités économiques reçoivent l'attention.

L'ordre de développement des traditions sociales les plus importantes est donc inverse de celui de leur genèse. C'est aussi vrai pour les traditions secondaires : personnelle ou animistique, esthétique, religieuse. Elles apparaissent lorsque le combat pour la vie laisse à une société assez de forces libres pour développer quelques côtés mineurs de l'existence.

Lorsque la société consacre toutes ses forces à son développement politique, en négligeant les deux autres traditions fondamentales, elle n'a d'aucune façon perfectionné la plus ancienne des traditions secondaires. Tant qu'il s'occupe de sujets intangibles, l'esprit humain s'intéresse surtout à la religion et aux phases grossières de l'art créateur. En conquérant le territoire, en organisant l'État, l'humanité consacre ses heures de loisir à de simples réjouissances et elle accepte, comme explication du monde, les traditions du surnaturel. C'est l'âge de l'épopée, en poésie ; du massif et de l'héroïque en architecture ou dans les arts plastiques ; du miraculeux dans les croyances ; du cérémonial dans le culte. L'État, dans la nouveauté de son pouvoir, est le grand maître des plaisirs et des essais d'art. Se tenant pour responsable envers la religion, il est théocratique. L'âge de la « nationalisation » est aussi celui de la naissance des religions, celui dans lequel se développe le côté primitif et héroïque de la tradition esthétique. Au second stade, l'esprit humain est arrivé au criticisme et à la philosophie. Dans l'État, on a besoin de liberté réglée par la loi. Par suite, l'évolution perfectionne alors les traditions intermédiaires, à la fois dans les classes primaire et secondaire, elle élabore la loi et complète la tradition esthétique en développant son côté critique. Enfin, au troisième stade, l'humanité est revenue à ses intérêts personnels et économiques. Elle se jette avec ardeur sur les sujets utilitaires et en même temps se pose la question : Qu'est la vie, qu'est l'âme humaine et quelle est sa destinée?

L'ordre du développement des traditions tertiaires — les traditions de pensée conceptuelle — est différent. A l'âge religieux, politique, l'esprit humain est théologique. A l'âge critique et légal, il est métaphysique. Ce n'est qu'à l'âge économique et spirituel, qu'il devient scientifique.

Telle est la philosophie complète de l'histoire. La société développe sa vie politique et revient alors, par la loi, à ses bases économiques; elle organise le culte et retourne, par l'esthétique, à ses traditions de personnalité; elle codifie sa croyance théologique et se reporte à la métaphysique d'abord, à la science enfin. Cet ordre est suivi non seulement parce qu'il est l'ordre naturel du développement psychologique de la communauté, mais aussi parce qu'à chaque pas les traditions développées ensemble se secondent réciproquement. Les traditions héroïco-esthétiques de dévotion, théologiques, fortifient puissamment l'État dans sa période de formation. Seul, l'esprit critique et métaphysique peut organiser la société sur des bases légales. Il est bon pour l'historien du droit de montrer que la conception des « droits naturels » est une abstraction métaphysique, sans forme, ni sens, mais il ne doit pas oublier que ce n'est que parce que les hommes ont cru, de toutes leurs âmes, à ces droits naturels comme à de vraies entités, qu'ils ont pu constituer un corps de loi constitutionnelles. Enfin, c'est en dehors de l'évolution économique que nous trouverons une véritable évolution éthique et un développement de la science et ce n'est que lorsque nous aurons à la fois l'éthique et la science que l'évolution économique pourra s'achever.

Les stades de civilisation sont donc : militaire et religieux; libéral-légal; économique et éthnique.

La société ethnique, qui est devenue en partie féodalisée et a atteint la période de confédération et de royauté, trouve des conditions qui transformeront davantage son organisation. Elle augmente en richesse et en population et doit recourir à l'agriculture systématique. Mais l'évolution rapide d'énergie qui a lieu est suivie de troubles. Les chefs semi-féodaux et leurs séides ne sont pas disposés à se plier à la vie du cultivateur. Conquérir et rançonner, contraindre la population conquise à s'acquitter du travail agricole, c'est un programme plus attrayant.

Nous trouvons par suite que les confédérations de tribus patronymiques s'établissent rarement, dans un but agricole, sur le territoire dont elles sont originaires. Elles entament une carrière de migration et de conquête. C'est l'histoire des tribus nomades qui dévastèrent l'Égypte, des tribus Assyriennes, des Juifs, des Grecs, des Latins, des Germains.

Si l'entreprise réussit et si le peuple étranger est subjugué, le territoire conquis sert de résidence fixe aux conquérants.

Les premiers effets de la conquête sont une congrégation secondaire et une composition démotique plus variée.

La congrégation secondaire, dans l'évolution des sociétés tribales, est celle qui amène des agrégats de groupes ethniquement parents dans un tel contact avec des populations de races ou sous-races différentes, que l'amalgame social et démotique est inévitable. Les témoignages sont innombrables qui démontrent que les grands peuples historiques furent créés par la superposition de races ou semi-races.

Les découvertes de M. Petrie en Égypte montrent que la vallée du Nil était occupée par des peuples préhistoriques avant d'être envahie par les tribus qui créèrent l'état national après avoir conquis la population primitive. En Médie, deux modes divers de sépulture conservent, côte à côte, les coutumes d'une race aborigène et d'une race conquérante. Celle-ci enterrait ses morts couchés et plaçait dans la tombe des aliments et un coussin. Les aborigènes mettaient le corps dans une position singulière, les coudes à angle droit, les talons relevés, la tête au nord et regardant vers l'est. Les vallées de l'Euphrate et du Tigre, la Palestine et l'Asie-Mineure, furent, dès les temps reculés, des lieux de rencontre et de fusion des races. Parmi les peuples qui occupaient la Palestine avant les Hébreux, étaient les Amorites de la souche blonde de la race blanche, les Phéniciens ou Chananéens, de la souche Hamitique et beaucoup de tribus de la souche Sémitique. Plus au nord-ouest, en Asie-Mineure une population également mélangée de Celto-Lybiens, d'Hamitiques et de Sémites fut subjuguée à une période antérieure par les tribus guerrières Méditerranéennes, les Syriens, les Lydiens, les Phrygiens et les Cariens qui vinrent de Thrace à travers l'Hellespont. En Grèce, les tribus helléniques se superposèrent à une population préventive de Pélasges; en Italie, les tribus latines et sabines remplacèrent les Étrusques et les Ombriens. En Angleterre, dans la période historique, les Saxons et les Danois se superposèrent aux Celtes, les Normands aux Saxons et aux Danois. Avant ces conquêtes et ces mélanges, il y a eu en Europe, dans les temps préhistoriques, des submersions de peuples par d'autres peuples, dont la preuve serait dans les outils de bronze et de pierre, dans les ornements funéraires, dans les crânes.

Le mélange des éléments ethniques par la congrégation ne se limite pas, dans une région propice, à une simple intercourse des groupes en contact. L'intermariage à lieu. La congrégation et l'agrégation génétique deviennent inextricablement mêlées. Des exemples anciens, pris dans tous les endroits du monde, montrent non seulement que des groupes de la même souche qui s'intègrent socialement, acceptent l'intermariage comme une conséquence naturelle, mais aussi que les tribus conquérantes n'exterminent que rarement les tribus conquises. Les femmes surtout sont épargnées et, comme esclaves, concubines ou épouses, engendrent des enfants de sang mêlé. Quelle large proportion de la population locale d'un État a eu cette origine dans les temps anciens ? nous le savons par l'ordre donné aux Israélites la veille de la bataille avec les Madianites : « c'est pourquoi vous devez tuer tout enfant mâle et toute femme qui a eu commerce avec un homme. Mais toutes les filles qui n'ont pas connu d'homme, doivent être gardées vivantes pour vous » et : « le butin des guerriers comprenait trente-deux femmes n'ayant pas connu d'homme ».

La composition démotique qui dérive du mélange et de la fusion des éléments est extensive et complexe si on la compare à celle des hordes sauvages. La complexité du mécanisme et le mélange final créent des types ethniques.

Que les grandes vagues des migrations celtiques et teutoniques à travers l'Europe n'aient pas substitué une souche à l'autre, mais aient abouti à la création de nouvelles nationalités de sang mixte, cela est trop bien démontré pour être discuté. M. Broca a trouvé, dans ses recherches sur la stature, que les dix-neuf vingtièmes de l'entière population de la France offrent, à divers degrés, les caractéristiques des races mixtes. La race anglaise est peut-être un exemple aussi intéressant. Il y a vingt-cinq ans qu'Huxley a montré la persistance de la race aux cheveux et aux yeux noirs qui habitait l'île avant l'arrivée des vrais Celto-

Aryens. Ces peuples bruns n'étaient pas les premiers occupants humains de la Grande-Bretagne, mais les hommes du premier âge de pierre avaient été refoulés au sud par les glaces et avaient laissé peu ou point de traces. Avec les hommes du nouvel âge de pierre, petits, au teint sombre, aux cheveux noirs, il n'en fut pas de même. De soigneuses mensurations faites dans le Royaume-Uni prouvent que le type survit non seulement chez les Celtes bruns d'Ecosse et d'Irlande et chez les bruns habitants du Lincolnshire et du Yorkshire, mais dans de nombreux groupes isolés partout ailleurs. Les autres envahisseurs furent les vrais Celtes aux cheveux clairs, puis les Romains, les Saxons, les Danois et les Normands. L'occupation romaine a laissé peu de traces physiologiques.

On admet universellement que les sangs Saxon et Normand se mélangèrent parfaitement. La controverse a porté sur le mélange des Saxons et Danois avec les Bretons conquis. La théorie de l'extermination a trouvé d'éminents défenseurs chez les historiens, mais l'ethnographe ne peut se ranger à leur avis. Si les Anglo-Saxons avaient exterminé ou chassé la primitive population semi-celtique, le peuple anglais d'aujourd'hui serait, comme le dit M. Grant Allen, « sans exception, doué de cheveux aussi clairs, d'yeux aussi bleus que les Norvégiens et les Suédois ». En fait, on trouve que la moitié des Anglais ont les cheveux sombres et frisés et les yeux noirs. Les Anglais conquérants ne pénétrèrent jamais en réalité dans le pays de Galles et en Cornouailles, et la population de ces deux districts est formée encore presque entièrement de la race brune mixte qu'on appelle communément celtique, en opposition avec le type teutonique anglo-saxon, plus clair. Le Cumberland, le Westmoreland et la plus grande partie du Lancashire, quoiques colonisés plus tard en partie par les Northmans, échappèrent de même à la colonisation anglo-saxonne. Dans le Devon, le Somerset et le Dorset, aussi bien que le long de la frontière galloise en Hertfordshire, Worcestershire, Shropshire et Cheshire l'envahisseur anglais semble avoir formé une simple couche, d'une classe supérieure, au-dessus de la grande masse des cultivateurs serviles Gallois. Même dans les couches de la Grande-Bretagne le plus évidemment teutoniques, on trouve des traces subsistantes de l'élément brun. Partout, en fait — même dans les portions les plus anglaises de l'Angleterre — une race bretonne qui n'est pas anglaise persiste en nombre considérable.

Cette description de la population anglaise montre que l'amalgame n'est jamais si parfait que la population soit entièrement homogène. Ici, un des éléments d'origine reste prédominant ; là, un autre. Toutes les nuances possibles entre les extrêmes originaux peuvent coexister.

Lorsque un peuple organisé en tribus s'est fixé sur un territoire conquis et a commencé à se fusionner avec la race conquise, il survient un vif développement des phases politiques de l'esprit social.

La souveraineté prend une forme plus définie et un caractère plus positif. Personnifiée dans le conseil d'une confédération matronymique, la souveraineté peut difficilement sembler à de libres membres des tribus un pouvoir qui oblige à l'obéissance. Personnifiée dans le roi héréditaire d'un peuple patronymique, elle semble être le droit de commander. Même alors, cependant, elle est plutôt envisagée comme une autorité semi-divine sur le peuple qu'une autorité résidant dans le peuple. Mais, lorsque par l'œuvre de tous ses membres, un peuple entier impose ses lois à une race subjuguée, la souveraineté prend son vrai caractère, apparait comme l'expression suprême de la volonté sociale, comme un pouvoir légiférant et coactif, auquel chaque membre de l'État contribue de son autorité et de son pouvoir individuel.

C'est à ce stade que la souveraineté commence à réagir vigoureusement sur toute l'organisation de la société.

L'esprit social, qui a longtemps agi sur les relations sociales, a jusqu'ici exprimé ses approbations et ses blâmes à travers la coutume du clan et de la tribu. Il commence à présent à convertir ses jugements en décrets formels. Obligé par le contact de deux populations, l'une gouvernante, l'autre soumise, à envisager de nouveaux problèmes d'organisation, il commence systématiquement à juger le système social, comme il a jusqu'ici jugé la conduite des individus, et à dire clairement quelles relations sont permises. Les relations, expressément autorisées et sanctionnées, deviennent des institutions positives.

La souveraineté agit nécessairement au moyen de la constitution sociale, surtout au moyen des organes de gouvernement. C'est pour cela que la constitution sociale acquiert, à ce moment, la supériorité sur la composition sociale.

Les premières institutions, par suite, sont celles de gouvernement et de religion, la royauté et le sacerdoce. Comme en ce temps, les fonctions religieuses, militaires et politiques, sont unies dans les mains du roi, il n'y a pas de séparation entre l'Église et l'État. L'État est théocratique.

A ce moment, pourtant, la constitution sociale n'est pas distincte de la composition sociale démotique. C'est pourquoi, en faisant des organes de gouvernement des institutions positives, la volonté souveraine d'un État fait aussi, nécessairement, autant d'institutions de la confédération, de la tribu, du clan, de la famille. Pendant un temps, la souveraineté accepte et sanctionne les formes de ces organisations que la coutume a établies. De même, elle accepte et sanctionne les distinctions de rang. Lorsqu'un peuple confédéré, qui est devenu féodal et monarchique, s'empare d'un territoire conquis, il est déjà différencié en familles royales, nobles, libres et serviles. Ces distinctions de la composition sociale deviennent la base de la hiérarchie de pouvoir, d'autorité et de service dans la constitution sociale. Cette identité de la composition et de la constitution sociales persiste longtemps.

Les conquérants, néanmoins, malgré les grandes différences de rang établies parmi eux, restent nettement séparés, comme fonctions sociales, des conquis. L'identité de la constitution sociale et de la composition de la population n'est pas rapidement supprimée. Les conquérants deviennent une classe militaire, religieuse, politique et les vaincus une classe industrielle. Comme la classe dominante possède le sol et oblige la population soumise à le cultiver, il n'y a pas de séparation entre l'organisation industrielle et l'organisation économique de la communauté. L'organisation institutionnelle du gouvernement la rend nécessaire pour convertir les relations industrielles en un troisième groupe d'institutions positives, celles de la propriété et de l'esclavage, ou du servage.

Les conquérants se réservent le privilège d'organiser et de diriger les sociétés qui ont des fonctions directrices ou celles qui envisagent des intérêts intellectuels. Ils organisent l'État et l'Église ; seuls, ils font partie des sociétés de divertissement. Les vaincus forment la société industrielle, fendant le bois et puisant l'eau pour la maison du conquérant. Les dominés d'une époque, pourtant, peuvent être les gouvernants d'une autre, mais rarement dans le même État. Israël fit des briques pour Pharaon et, quand les fils d'Israël furent devenus puissants, ils firent travailler les Chananéens, mais les briques furent faites près du Nil, et les Chananéens n'étaient pas les Pharaons.

La conquête a joué un si grand rôle dans l'évolution sociale et la confusion entre les associations délibérées et les ségrégations ethniques a été si fréquente, que certains sociologues ont refusé d'admettre que la haute organisation d'une communauté pût provenir d'ailleurs. Ils nient que la division du travail puisse s'accroître dans un groupe ethniquement homogène (1). Beaucoup de faits

(1) Voir Gumplowicz, *la Lutte des Races*.

connus s'opposent à cette vaste généralisation. La complexité sociale est produite par beaucoup d'autres facteurs que la conquête.

Cependant, on doit admettre que dans toutes les sociétés humaines existantes, à l'exception des plus hautes et des plus basses, l'association délibérée n'est séparée qu'en partie de la composition ethnique. On doit admettre aussi, comme un des faits historiques les plus certains, que les sociétés actuelles les plus hautement organisées sont formées en partie d'éléments qui ont survécu aux vagues successives de la conquête, en partie de ceux qui eurent, jadis, une force plus tard vaincue, en partie enfin d'éléments qui conquirent et conservèrent la suprématie. En fait, pendant de nombreuses générations, le principe de subordination ethnique s'est montré partout dans l'organisation délibérée. Ce n'est qu'aux périodes avancées du développement des communautés hautement organisées que la différenciation entre la composition et la constitution sociales est assez complète, que tous les éléments ethniques peuvent faire leur chemin dans toutes les branches de l'association délibérée. Les disqualifications sociales du nègre, les incapacités sociales, légales, politiques de l'Indien prouvent combien est loin d'être parfaite la différenciation, même chez nous, même aujourd'hui.

La conversion des relations sociales en institutions définies augmente la force générale de l'organisation sociale. La vie et la propriété sont plus garanties qu'aux époques nomades. La population et la richesse augmentent.

La différenciation commence entre la ville et la campagne. Le groupe local agricole est alors une communauté villageoise. Le sol est périodiquement distribué entre les membres du clan, mais le travail est servile. Les cultivateurs ne possèdent plus comme clans ou tribus — individuellement, ils ne la possédèrent jamais — la terre qu'ils labourent. Ils servent et reconnaissent un seigneur.

Les villes, dans le sens moderne du mot, n'existent pas encore. Il n'y a pas de centres de population dense, mais il y en a pour le culte et la défense. Il y a des lieux sacrés où viennent les hommes, de près et de loin, pour faire à leurs dieux les sacrifices périodiques. Ces domiciles des dieux sont fortifiés ; le peuple y vole aux heures de périls. Ce sont des centres de justice et d'administration ; c'est là que rois et juges tiennent leur cour. Au temps des tribus, les chefs et les anciens, les prêtres et les commandants militaires établissent leur résidence dans ces endroits sacrés. Des soldats tiennent garnison permanente auprès d'eux. Les artisans et les ouvriers y sont appelés pour l'entretien du temple, pour bâtir les fortifications, pour faire les armes, les armures et des habits pour les soldats.

Les courants commerciaux commencent à se diriger vers ces centres de vie religieuse et sociale. Les fêtes et les sacrifices périodiques offrent des opportunités d'échange. Un marché rudimentaire se tient entre ces hommes réunis. Le bétail, le blé, les fruits, les ustensiles de métal et les tissus, le sel, les épices et les gommes, les vins et les huiles, l'encens et les parfums, passent d'un propriétaire à l'autre. Le festival religieux devient une grande foire.

Peu à peu, l'intervalle diminue entre les foires périodiques. La population rassemblée autour du noyau politique et militaire s'accroît rapidement. Les manufactures locales se multiplient et le commerce devient une affaire quotidienne.

La division du travail entre la ville et la campagne, dont Adam Smith fait la différenciation industrielle fondamentale, est maintenant en pleine vigueur. Les produits agricoles sont portés régulièrement à la ville pour la subsistance de la population urbaine, et les articles que les campagnards achètent plus fréquemment sont régulièrement préparés pour la vente. Des épargnes considérables de capital disponible ont été faites, sous la forme concrète de bétail, de céréales, d'outils, de provisions de marchandises. Une utilité quelconque a été tellement et si souvent plus échangée que les autres que les hommes sont sûrs qu'avec elle ils pourront acheter toute autre utilité dont ils auront envie. Quelle que soit cette utilité, bien connue et hautement appréciée, que ce soit des bœufs ou du blé, du sel, du fer, du cuivre ou des coquilles, elle est un vrai médium d'échange, et, dès qu'un consentement commun, quoique tacite, l'accepte en paiement des dettes, elle est une vraie monnaie. L'apparition de la monnaie est suivie du développement d'une classe marchande, qui n'aurait pu exister plus tôt, car le marchand doit avoir les moyens d'acheter toute espèce de marchandises, et doit pouvoir les tenir en stock ; il doit donc pouvoir offrir en paiement ce qui est acceptable partout. Désormais, l'artisan et l'exploitant ne traitent plus directement. Chacun vend au marchand, achète au marchand et la classe marchande devient un élément principal de la population urbaine.

L'industrie et le commerce affaiblissent encore les anciens liens des tribus déjà rendus moins forts par le féodalisme. Aux centres de commerce, viennent les hommes de tribus étrangères à la recherche du gain économique, comme ils le firent en Grèce où, dès le temps de Lycurgue, il y avait déjà une immigration rapide des iles de la Méditerranée et des colonies Ioniennes de la côte orientale. Un vieil ordre de relations sociales s'écroule. Un ordre nouveau va surgir.

Sans liens avec les tribus où ils ont fait fortune, acquérant la richesse et le pouvoir, les éléments mixtes de la population urbaine demandent des droits juridiques et politiques. Les personnages distingués peuvent se faire adopter dans un clan, ou faire admettre leur clan dans une tribu, mais ces privilèges sont exceptionnels. Il est évident que la *gens* ne peut plus servir de base à l'organisation de l'État. Le pouvoir instituant de la souveraineté est en face d'un problème tout nouveau.

Les droits commerciaux sont accordés sans grande hésitation. Les étrangers reçoivent, comme à Rome, l'entière protection de la loi locale pour toutes les affaires de commerce. Mais, entre le *jus commercii* et le *jus connubii*, il y a un abime. Permettre à l'étranger de se marier dans un clan local, c'est permettre à la femme d'adorer des dieux étrangers et, évidemment, admettre les étrangers aux sacrifices solennels, aux morts de la cité. C'est là une innovation trop sérieuse pour y songer jusqu'à ce que la pression révolutionnaire ne devienne irrésistible.

Elle le devient, inévitablement. La classe commerçante devient plus nombreuse, surtout plus riche que la population plus ancienne. Il est évident que la multitude inorganisée, mais prospère, ne peut pas être exemptée de façon permanente du devoir de soutenir et de défendre l'État et que, si elle n'est pas incorporée de quelque façon dans le corps politique, elle renversera la cité qui l'a hospitalisée. Tous comprennent que les dieux ancestraux dont le culte a été conservé pur par les lois restrictives du mariage, sont maintenant en péril de destruction violente. Les autels auxquels nul ne prie, en dehors des parents, vont être renversés par les étrangers.

Mais comment incorporer dans un état tribal une multitude hétérogène d'hommes sans liens de parenté ? C'est là une question à laquelle le politicien empiriste ne répond pas immédiatement, avec un merveilleux instinct qui lui fait épuiser les solutions mauvaises avant d'essayer celle qui est évidemment la bonne. Dans les essais successifs de Rome et d'Athènes pour réorganiser la communauté, les divers plans expérimentés avaient toutes les caractéristiques d'inventions ingénieuses ; tous étaient suggérés par les formes qu'avait traversées ou que traversait l'évolution sociale. A Athènes, par exemple, il y eut, avant tout, l'essai auquel reste associé le nom légendaire de Thésée, pour organiser la société en classes, les nobles, les cultivateurs, les ouvriers. Les principaux emplois de l'administration civile et du sacerdoce étaient donnés aux nobles, aux Eupatrides, qui étaient tout simplement des chefs de clans et de tribus. L'intention évidente était d'unir les chefs par le sentiment de classe et, ainsi, par un sentiment de classe antagoniste, de réunir les agriculteurs et les artisans et de briser, par ce moyen, les lignes de division par *gens*. C'était une tentative de destruction du système tribal dans l'intérêt féodal. Il échoua inévitablement, parce qu'il heurtait les instincts conservateurs d'une majorité d'électeurs. Vint ensuite l'essai attribué à Solon d'organiser la société sur la base de la propriété et du service militaire. Dans ce but, à Athènes et plus tard à Rome, tous les hommes libres, quoique n'ayant de rapport avec aucun clan, étaient enrôlés dans l'armée et recevaient une certaine influence dans les affaires publiques. Le projet échoua aussi parce qu'il laissait subsister, aussi absolue qu'avant, la ligne de démarcation entre la tribu et les populations mélangées. Ce n'est qu'au temps de Clistène que l'on vit que le plus simple, le plus évident de tous les plans était le seul réalisable. On renonça au projet de supprimer les lignages des tribus. Les clans et les tribus avaient été longtemps localisés. Chacun exigeait la juridiction dans des limites territoriales définies. Dans chaque subdivision territoriale, il y avait à la fois des hommes du clan et des étrangers. L'État décréta simplement que tous les hommes qui vivaient dans les frontières d'une subdivision locale du domaine d'une tribu seraient enrôlés comme membres de la communauté locale où ils habitaient; que tous ceux qui habitaient le domaine d'une tribu seraient inscrits comme membres de cette tribu. La parenté pouvait encore être tenue en ligne de compte par ceux qui s'y intéressaient. Chacun pouvait garder son nom de clan et ses rites religieux selon la coutume de ses ancêtres, et les citoyens de lignée aristocratique continuèrent, en fait, à se nommer de leurs noms *gentils*, tout en y ajoutant les noms de leurs *dèmos*. Ainsi une parfaite organisation de l'État s'accomplit enfin, avec le moindre choc possible aux anciens préjugés. En nom et en forme, l'ancien système subsista. La substance, même, subsista pour les choses sociales et religieuses mais, pour les choses politiques, elle changea entièrement.

Ainsi, à la fin, l'organisation par *gens* se change en organisation civile de la société. L'association civique, pourtant indépendante du lignage, devient la base de la coopération politique. Graduellement, les lignes tribales sont, plus ou moins, artificiellement retracées et on oublie que les frontières locales aient jamais marqué les domaines des tribus et que les noms de village aient jamais été les noms de clans. La confédération tribale est devenue l'État territorial.

On ne doit pas supposer, cependant, que la création de l'État territorial eût effacé l'idée de l'unité ethnique. Il ne fait que la subordonner à un idéal plus haut, dans laquelle la conception de l'unité territoriale reçoit une importance plus grande qu'auparavant. L'État contribue encore consciemment à assurer l'unité ethnique de sa population, mais ne peut plus conserver la pureté du sang antique. Il perfectionne plutôt la nouvelle unité ethnique qui émerge du mélange de divers éléments. La conscience d'espèce s'est élargie. Les possibilités d'assimilation sont perçues. On comprend que des hommes qui ont identifié leurs intérêts avec ceux d'une race ancienne, qui ont appris son langage et adopté sa religion, peuvent, par ces moyens, s'identifier avec elle en esprit et, plus tard, par l'intermariage, s'unir avec elle par le sang. Sous l'influence de cette idée, la fiction de l'adoption est conservée dans la loi de naturalisation et le *jus sanguinis* reste comme la loi de nationalité.

Guidé par ses idées élargies d'unité ethnique et territoriale, l'État procède à la réalisation d'une politique positive. Il tâche d'amener sous la même souveraineté tous les peuples parents, parlant des langues voisines et ayant les mêmes intérêts. Il tâche d'amener sous une seule administration tous les fragments de territoire qui forment un tout naturel pour les besoins du commerce, l'intercourse sociale et la défense militaire. Il essaye, en somme, d'établir une frontière scientifique.

Pour y parvenir, il entre dans une carrière d'agression qui nécessite une parfaite cohésion interne. Chaque intérêt est, dans une certaine mesure, sacrifié à la discipline militaire. La religion, qui a longtemps été un recueil de fois ancestrales, devient nationale et organique. Les dieux de la famille, de la *gens*, sont subordonnés au dieu national, que représentent le roi et un clergé centralisé. La religion nationale domine l'autorité de l'administration centrale. Des qualités divines sont attribuées au roi et il est encouragé à assumer des pouvoirs arbitraires.

Sous ces influences, l'intégration politique progresse irrésistiblement. Les États les plus forts absorbent les plus faibles, jusqu'à ce que les sociétés civiles résultantes deviennent deux et trois fois complexes. De plus, la conquête ne finit pas lorsque la frontière scientifique a été tracée. L'ambition franchit ses propres bornes. Une après l'autre, des visions d'empire universel miroitent devant les yeux de Ramsès ou de Sargon, de Cyrus ou d'Alexandre, de César ou de Charlemagne. Des peuples éloignés qui ne peuvent jamais être partie intégrante de la nation conquérante sont soumis pour la simple vanité de la force, obligés à payer des tributs qui vont enrichir la capitale. La splendeur matérielle récompense le succès militaire. Les palais et les temples sont ses monuments. Les statues et les inscriptions rappellent les hauts faits de ses héros.

Tels sont les achèvements de l'âge où se forment les nations, de la période militaire et religieuse de l'évolution sociale. Ils fournissent à la civilisation deux de ses éléments essentiels : la sécurité de la propriété et de la vie et une puissante activité créatrice de l'esprit humain qui se traduit en une organisation politique et religieuse et en un art grossier mais massif et durable. Un troisième élément est fourni par la critique et la philosophie, nées dans la prochaine grande période du progrès.

Les directions dans lesquelles se dépense l'énergie lorsque l'intégration politique s'est accomplie et qu'un degré suffisant de sécurité a été atteint, sont déterminées par les activités sociales de la phase militaire.

Les expéditions armées, la conquête, l'esclavage et le commerce ont élargi les rangs de l'expérience, accru l'horizon mental, augmenté la complexité de la composition démotique. La magnifique description que faisait Ezéchiel du commerce de Tyr dans l'ancien monde nous montre un mélange de nationalités que dépassent seulement les plus grandes cités des temps modernes.

De tels mélanges d'éléments ethniques amènent à un progrès. Dans les chapitres des associations zoogénique et anthropogénique, nous avons vu que le mélange de variétés qui ne sont pas trop dissemblables est souvent bienfaisant. Les races mixtes, après que la sélection naturelle a éliminé les plus faibles, sont plus grandes, plus vigoureuses, plus prolifiques et plus adaptables que les races pures. Les anthropologistes ne sont pas d'accord sur les limites dans lesquelles le croisement est avantageux. Beaucoup soutiennent avec Prichard que les hybrides sont également prolifiques, que leurs parents soient ou non de race semblable. L'avis général en cette matière est celui de J. C. Nott, que deux races se ressemblant ont des rejetons fertiles, mais que lorsque deux races très dissemblables se croisent les produits tendent à la stérilité, s'ils sont séparés des souches parentes. C'est l'opinion de Vogt et du professeur Broca. Il y a l'unanimité sur un point. Le croisement engendre la plasticité et la variabilité phys' logiques. C'est pour cela, d'ailleurs, que certaines races hybrides manquent de stabilité. Beaucoup des éléments ethniques qui se sont mélangés dans les sociétés civiles ont été suffisamment différents pour assurer la plasticité et la vigueur individuelle, mais trop semblables pour assurer la stabilité ou la fertilité de la souche résultante.

La plasticité mentale des populations civiles est cependant plus importante que leur plasticité physique. L'intercourse des nations a créé un type mental critique et catholique dans lequel l'arrangement conscient l'emporte sur l'automatisme. Beaucoup de physiologistes ont soutenu que le développement nerveux tendait à l'action automatique et que, par suite, l'être humain tend à devenir un mécanisme ajusté à ses conditions. Guyau signale que le milieu social change constamment et qu'il est, par conséquent, impossible que l'humanité devienne automatique. Il est plus probable, selon lui, que la sélection naturelle favorise ceux qui ont la plus grande faculté de s'adapter à des conditions variables.

Dans la conscience plastique d'une population alerte et versatile, l'esprit d'investigation, de critique, de philosophie apparait. Les découvertes sont recherchées pour elles-mêmes; la géographie, l'histoire, la science deviennent des intérêts intellectuels sérieux. Le résultat est que, lorsque des communautés différentes ou de différentes périodes de culture sont comparées, le mécontentement de ce qui existe est ressenti, l'idée d'une amélioration publique conçue. Le protestantisme, dans le large sens du mot, commence à avoir de l'influence et la communauté, à présent tout à fait consciente d'elle-même, entreprend sa propre réorganisation et son amélioration.

Si la phase critique de l'évolution mentale caractérise toutes les sociétés à un certain stade, c'est à des degrés très inégaux. Certaines sociétés, après une certaine somme de progrès, sont devenues stationnaires; d'autres restent simplement modifiables; quelques-unes continuent à être intrinsèquement progressives. La sélection explique ces différences. La survivance et la sélection confirment la variabilité et le pouvoir de croissance de certaines sociétés, la modificabilité d'autres, la rigidité d'autres encore. Elles fixent le type de chaque nationalité et de chaque communauté. Les types de société en résultent. L'Angleterre, l'Allemagne et les États-Unis sont des nations essentiellement progressives. L'Irlande et les provinces Slaves de l'Autriche et de la Turquie sont modifiables, l'Espagne et les provinces françaises du Canada sont des sociétés stationnaires.

Une ondulation continuelle a lieu. Les jeunes hommes énergiques et déterminés s'éloignent des lieux de rare opportunité et de stagnation sociale pour aller améliorer leur condition là où les ressources sont plus abondantes et la population plus active. C'est par cette voie, aussi bien que par la natalité, que s'augmente la prédominance des jeunes et des forts dans les communautés progressives.

Cependant, la communauté réagit sur l'individu. L'influence de la sélection naturelle, en favorisant ceux qui se conforment aux sociétés où ils sont nés et développés, agit aussi efficacement qu'en favorisant ceux qui se sont adaptés au milieu. La sélection peut exclure, supprimer ou modifier ceux qui montrent trop de variabilité. Un homme dont l'extérieur ou dont les qualités mentales et morales répugnent à ses compagnons trouve moins d'opportunités économiques et, toutes choses égales d'ailleurs, a moins de chances de laisser une postérité que celui qui se conforme à l'esprit dominant. Il faut, par suite, distinguer avec soin si le sentiment dominant d'une communauté est favorable à l'initiative ou à un conservatisme obstiné. Une communauté aime le changement, admire les entreprenants; une autre ne se soucie que de laisser les choses comme elles sont. Même dans les communautés locales du même peuple, ces différences peuvent s'observer La sélection favorise, dans l'une, le type variable, dans l'autre, le type stable. La description de la vie primitive crée, ici des habitudes progressistes, là des coutumes non progressistes.

Ainsi la sélection naturelle opère non seulement en faveur des individus entreprenants dans la communauté progressiste et pour éloigner les entreprenants des communautés stagnantes, mais aussi dans la double personnalité de chaque individu. Tout homme est complexe, contient en lui-même les tendances progressistes et conservatrices. Si l'esprit de la communauté dans laquelle il vit est progressiste, les tendances progressistes de sa nature sont stimulées et ses tendances conservatrices atrophiées.

De plus, les individus développés sont ceux dont les talents sont demandés et, dans le même individu, ce sont ceux de ses talents qui lui servent immédiatement qui arrivent à une perfection relative. Une époque favorise le soldat, une autre l'homme d'affaires, une autre le poète, une autre le savant. Si un génie est né dans une communauté conservatrice, ou bien il va chercher ailleurs un milieu social qui lui convienne mieux ou bien il est écrasé avant d'être assez fort pour s'imposer. S'il est né lorsque les hommes ne se soucient en aucune façon de ce en quoi il excelle, il ne réalisera jamais tout ce qui est en lui.

Donc, lorsqu'un mode de sentir a la prédominance, la sélection le fortifie. La sélection a produit l'esprit américain, avec son goût du changement, son amour de l'expérience, son respect de l'initiative. Il y a une continuelle élimination des éléments non entreprenants. De même, les villes sont plus changeantes que les communautés rurales et cette différence entre la ville et la campagne s'augmente depuis de longues années.

Il peut être intéressant de rechercher si une race qui a été subordonnée, mais n'a pas été incorporée par ses conquérants, ne devient pas de plus en plus conservatrice. Le sentiment dominant d'une telle race est l'hostilité aux mœurs et aux lois de la race conquérante. Les jeunes hommes qui favorisent l'adoption des nouveaux usages sont raillés et toutes les sympathies vont vers ceux qui soutiennent le conservatisme. Ces phénomènes peuvent encore s'observer chez les Indiens de l'Amérique du Nord.

Le degré possible d'association, avec tout ce qu'il implique, est plus grand chez une nation que chez une autre, dans une fraction de communauté que dans une autre fraction. Dans la même race, dans la même souche nationale, il varie aussi quand les conditions changent.

On a dit quelquefois que nous ne saurions affirmer que les races inférieures sont incapables d'évolution sociale, puisque nous ne savons pas ce qu'elles feraient si elles trouvaient l'opportunité. Elles ont existé, cependant, beaucoup plus longtemps que les races européennes et ont accompli infiniment moins. Nous avons donc le droit de dire qu'elles ne sont pas douées des mêmes aptitudes intrinsèques.

Lorsque les races supérieures et inférieures viennent en contact, la race supérieure doit soutenir l'autre de diverses façons, sinon elles ne pourraient vivre ensemble. Malheureusement, cependant, la même somme d'efforts éducateurs ne donne pas un résultat égal s'ils sont appliqués à des souches différentes.

Rien ne fait croire que les Tasmaniens, aujourd'hui disparus, eussent l'aptitude à s'élever. Ils ont été exterminés si aisément qu'ils n'avaient évidemment aucune faculté de résistance, ni aucune adaptabilité. Les survivants des Indiens de l'Amérique du Nord sont une autre race avec peu de capacité pour l'amélioration. Quoique intellectuellement supérieur au Nègre, l'Indien a montré moins d'aptitude que lui à s'adapter aux conditions nouvelles. Le nègre est plastique. Il se plie aisément aux influences qui l'environnent. Privé de l'appui des races plus fortes, il retombe dans la sauvagerie, mais, laissé en contact avec les blancs, il prend vite l'empreinte extérieure de la civilisation et, on doit l'espérer, un peu de son esprit.

Un type vraiment progressiste doit donc avoir non seulement la plasticité, mais aussi la force de caractère pour faire des progrès indépendants, et, sans aide extérieure, conserver les progrès accomplis. Cette combinaison de qualités ne s'est trouvée, dans les temps modernes, que chez les peuples du nord et de l'ouest de l'Europe et dans leurs colonies. Tout considéré, l'Angleterre a été la nation la plus progressive de l'histoire, alliant, à un rare degré, l'adaptabilité et la variabilité avec la résolution et la force.

La nation, devenue protestante et progressive, doit envisager le problème d'achever une organisation sociale qui puisse maintenir l'unité et la stabilité tout en garantissant la liberté.

Deux idées principales ressortent de l'étude comparative des religions, des lois et des politiques. Une est la notion du *jus gentium*, une loi coutumière qui, dans ses points essentiels, est la même dans toutes les nations. Chacune de celles-ci, dans son enfance, s'est regardée comme un peuple à part. Elle a aimé sa loi comme un trésor de sagesse unique et sans rivale. Mais, après qu'elle a subjugué des peuples étrangers, qu'elle s'est annexée leurs terres, elle a découvert que leurs lois ne différaient de la sienne que dans la forme et dans les détails. Sa conception de la loi a subi nécessairement un changement profond. Elle se trouve obligée de penser que la loi est faite de principes généraux plutôt que spéciaux. Elle commence à voir que certains principes sont vrais partout, à les identifier avec la nature de la société. Elle observe, de plus, que les règles universelles du droit coutumier sont indépendantes des formes de gouvernement et en vient à les considérer comme d'une autorité supérieure, à croire que les gouvernements eux-mêmes doivent être gouvernés par des règles de droit partout acceptées.

L'autre idée principale est celle d'un *jus naturæ* et elle touche de si près à la notion du *jus gentium* qu'on les a souvent confondues. Cependant, le *jus naturæ* est distinct, aussi bien historiquement que philosophiquement. Le *jus gentium* est objectif; c'est un corps de règles actuellement acceptées et agissantes dans beaucoup d'États divers. Le *jus naturæ* est objectif et spéculatif. Il est le résultat d'un essai philosophique pour trouver les bases rationnelles de la conduite morale. C'est un ensemble de règles idéales qu'approuve la raison ou, comme dit Cicéron, il est « la plus haute raison qui ordonne les choses qui doivent être faites et prohibent celles qui ne doivent pas l'être ».

La transition est aisée de cette conception d'une loi idéale à une conception idéalisée du *jus gentium*. Elles sont souvent confondues; par Gaïus, par exemple, lorsqu'il dit : « Tout ce que la raison naturelle a décrété parmi les hommes est également cher à toutes les nations et s'appelle le *jus gentium*, comme si toutes les nations l'employaient » ou, bien des siècles après, par Jérémie Taylor écrivant que « la loi de nature est la loi universelle du monde ».

Il découle de telles idées que ce sont les peuples, plutôt que les gouvernants, qui créent les lois de substance et que les peuples, en tant qu'êtres moraux rationnels, doivent obliger eux-mêmes et leurs gouvernements à obéir à la « loi supérieure » qui « était née avant qu'aucune loi ne fût écrite, qu'aucun État ne fût formé ».

La longue réflexion sur ces conclusions amène des fruits, et tôt ou tard l'intérêt public s'attache à elles. Une constitution légale de la société semble possible. On demande avec insistance que les gouvernements cessent d'exercer un pouvoir arbitraire, que la liberté de penser et d'agir dans les limites prescrites par la raison soit garantie à chaque individu. Il est inutile de faire ici l'histoire des rébellions et des révolutions qui ont appuyé cette demande. Si les faits suivent leur cours naturel, le résultat normal est toujours le même. Des chartes et des garanties sont imposées aux rois, dont le droit divin n'inspire plus la frayeur. Peu à peu, la législation se lie à celle qui l'a précédée. Les pouvoirs du gouvernement sont limités et ses droits définis. La liberté des contrats s'établit aussi comme la base légale des rapports moindres de la vie.

Désormais, l'organisation volontaire, sous l'autorité et la protection de la loi, peut assumer une infinie variété de formes et de fonctions. La constitution sociale se différencie et se redifférencie, jusqu'à devenir une structure extrêmement complexe, minutieusement adaptée au service d'un peuple entreprenant et progressiste. Elle devient de plus en plus distincte de la composition sociale. L'Église est séparée de l'État et soumise au souverain politique. Il se produit un développement rapide d'une organisation industrielle, libre et décentralisée. Les formes moindres de coopération se multiplient et la division du travail se perfectionne.

Le type volontaire de l'organisation réagit favorablement sur la liberté personnelle. De nombreux faits permettent cette généralisation que : la liberté des membres croit avec l'extension et la spécialisation de l'association. L'exclusivisme est difficile à maintenir lorsque plusieurs organisations, qui ont des buts similaires, concourent pour l'approbation et l'appui. Il est donc difficile qu'une association accroisse le nombre de ses membres par une politique consciente ou qu'elle se voue strictement à un travail spécial, si elle pose des conditions inutiles et rigoureuses à l'admission dans son sein. L'histoire des partis politiques, des sectes religieuses et de l'organisation du travail abonde en exemples qui confirment cette règle. Si, d'un autre côté, sans recruter activement des membres, une association s'élargit, l'augmentation de son nombre augmente la diversité des expériences et des idées. Il y a une grande démocratie dans les chiffres.

On ne doit cependant pas supposer que, dans les circonstances les plus favorables, la parfaite liberté des membres et la flexibilité du plan puissent s'introduire dans toutes les parties de la constitution sociale. L'inertie de la société est grande. Dans chacune, se trouve une énorme masse de « survivances, » d'anciennes formes et de vénérables préjugés. Beaucoup de l'organisation d'une communauté quelconque lui est un héritage de plusieurs générations. Elle est devenue rigide et son administration est mécanique. D'autres organisations plus récentes sont encore flexibles ; elles sont encore en voie de changement. Si nous pouvions délimiter quelle proportion de l'entière constitution sociale d'une nation est vieille et rigide, et quelle autre est nouvelle et flexible, nous aurions un indice de la vitalité de la communauté et connaitrions dans quelle mesure elle réussira à s'adapter aux conditions nouvelles, peut-être à des opportunités plus larges. Aux États-Unis, par exemple, les organisations vouées aux entreprises d'affaires et celles qui ont pour but d'encourager les réformes politiques, morales, philanthropiques et éducationnelles sont, dans leur ensemble, une plus large part de la constitution sociale qu'en aucune autre nation. Elles sont une part si large, en vérité, qu'évidemment notre constitution sociale n'a pas encore commencé à revêtir sa forme finale. Au point de vue sociologique, comme à celui de l'âge, nous sommes encore un jeune peuple et notre avenir a des possibilités infinies et peut-être de nombreuses surprises. La signification scientifique de ces faits est l'indication qu'ils donnent que l'avenir d'une communauté douée d'une constitution sociale fixe peut être prédit, tandis que celui d'une communauté à constitution mobile est incertain.

Si le développement du libéralisme assure la flexibilité

de la constitution sociale et, par suite, fait de l'organisation sociale un instrument plus efficace pour obtenir les objets de la vie, son influence sur la composition sociale est, en quelque mesure, désintégrante.

La famille religieuse et propriétaire, qui apparut dans les derniers stades de l'évolution ethnogénique, fleurit sans obstacle pendant les premières périodes du développement civil. Les mariages n'étaient pas guidés par le choix individuel. Les considérations religieuses, économiques et sociales pesaient d'un grand poids. Le consentement des pères et mères, souvent celui d'autres parents étaient nécessaires, car le but suprême de chaque union était de perpétuer une famille, un patrimoine et une foi. Le libéralisme, substituant le contrat à la coutume, introduit des conceptions nouvelles de l'union matrimoniale. Les préférences individuelles reçoivent une influence qu'on leur avait refusée jusque-là. L'autorité des parents est affaiblie, et plus encore l'autorité de la famille en bloc. Le mariage lui-même cesse d'être regardé comme un sacrement, il devient un rapport légal, un contrat. On commence à y voir une source de plaisirs ou d'avantages individuels, et le devoir de transmettre un patrimoine intact, ou de maintenir l'intégrité d'une famille, cesse d'être une considération suprême. La famille religieuse et propriétaire devient la famille romantique, qui est une institution beaucoup moins stable.

Le libéralisme entame aussi la cohésion de l'État fédéral. La conception du contrat comme la vraie base de tout rapport social amène la pensée que le contrat est le fondement originel de l'union fédérale. La solidarité des intérêts, l'identité de sang, l'unité de langage et de tradition, qui sont la pierre angulaire de la vie commune, qui furent sa raison d'être, sont oubliées. Le droit de sécession est invoqué, il trouve d'habiles défenseurs. Aussi longtemps que les intérêts restent en harmonie, aucun mal immédiat ne résulte de ces idées, mais elles sont dangereuses, et, si le mécontentement vient d'une cause quelconque, elles peuvent devenir brusquement la justification de la rébellion.

En balance des faiblesses et des périls du libéralisme, il convient de placer les énormes avantages économiques et éthiques qu'il apporte à la somme des possessions humaines. Seul, il rend possible la gigantesque œuvre industrielle du troisième stade de la civilisation. Si l'évolution d'une constitution sociale libérale est une conséquence de la réunion des formes de l'intercourse internationale, elle est antérieure à tout haut développement économique. Adam Smith avait raison dans son analyse : La division du travail est limitée par l'étendue du marché, mais la richesse est bornée par la division du travail.

Lorsque les plus urgents problèmes du gouvernement constitutionnel ont été résolus, les hommes s'occupent sérieusement d'améliorer leur condition matérielle et se consacrent aux affaires industrielles. Maintenant, pour la première fois, les ressources naturelles sont systématiquement inventoriées et les procédés techniques étudiés. L'invention se donne pour tâche de faire que les énergies naturelles, pratiquement infinies, travaillent pour l'homme, et une chose nouvelle apparait sous le soleil — un merveilleux mécanisme plus délicat que la main humaine, plus efficace que des légions d'esclaves; un mécanisme au moyen duquel ce soleil que l'homme adorait naguère accomplit l'ouvrage de l'homme, forge son fer, tisse son drap, frappe son or, dépique son blé, pousse ses vaisseaux et rappelle sa pensée. Le talent, la force, la fertilité, la prévoyance, l'entreprise et le savoir se combinent dans une organisation industrielle qui n'est pas moins compliquée que les machines qu'elle emploie. Par ces agents, la nature paie un tribut que les siècles anciens ne rêvaient même pas. Les richesses vont à des milliers d'hommes et les aisances de la vie à des millions.

L'accroissement de la richesse est suivi d'une croissance de la population plus rapide que toutes celles qu'on eût pu observer aux autres stades de l'évolution. La natalité peut ne pas s'élever, mais la mortalité diminue de beaucoup et les nations commencent à doubler dans une génération. La société est devenue éminemment démogénique.

Un progrès général du bien-être et une élévation graduelle du mode de vivre, puis la croissance de la population jusqu'à ce qu'il devienne de plus en plus difficile d'augmenter les ressources de la vie (1), puis une autre ère de progrès économique, — tel semble être le rythme du processus démogénique. Toute la théorie de la population doit être réétudiée à la lumière de cette idée. L'invention peut, pour un temps, assurer une production si abondante des simples nécessités de la vie que les subsistances, dans le sens étroit de ce mot, peuvent être en avance sur la population. Il serait pourtant absolument faux d'en conclure que la philosophie malthusienne est erronée. La subsistance est plus que la nourriture indispensable, et l'invention est rythmique, s'accroît et se raréfie alternativement. La subsistance, au sens économique et sociologique, est la somme de biens matériels nécessaire pour soutenir le plan général de vie, de génération en génération. Pendant l'éclipse de l'invention, la population continue à croître jusqu'à ce qu'il y ait un manque réel de subsistance, dans le sens large de la parole. Deux résultats se produisent. L'un est cette prépondérance de la jeunesse dans laquelle Comte voyait une cause importante du pro-

(1) Par « *Plane of Living* » j'entends un fait objectif, une possession actuelle et la jouissance de certains conforts, de certains luxes — en opposition au fait subjectif appelé un « *Standard of Life* » (a).

(a) On m'excusera de ne pas être arrivé à traduire exactement ces deux expressions « *Plane of Living* » et « *Standard of Living* » si l'on se rappelle que « *Standard of Life* », dont nous nous servons si souvent, n'est traduisible que par « *étalon de vie* » qu'on ne comprendrait pas. (C. L.)

grès. L'autre est une compétition intense qui aiguise l'esprit de ceux qui réussissent et élimine ceux qui échouent. L'invention a encore son temps et le progrès industriel recommence.

L'affirmation de la loi de Malthus doit donc comprendre, à la fois, une clause reconnaissant le désir qu'a tout homme d'améliorer sa condition matérielle et une clause limitative, comme celle qui est toujours incluse dans les formules de la diminution des revenus agraires. Aussi longtemps que l'agriculture et l'outillage vont en s'améliorant, la terre peut donner des produits croissants; mais, *dans tout état donné de l'industrie et des arts*, de nouvelles applications de travail et de capital, après une certaine limite, ne donnent pas un profit proportionnel. De même, la formule malthusienne rectifiée serait : dans tout état donné de l'industrie et des arts, la population tend à s'accroître plus vite que ne peut s'améliorer le plan général d'existence. Ou, pour le traduire en langage économique moderne : tant que l'industrie est cinétique (comme elle peut l'être seulement sous le régime de l'initiative privée et de la libre compétition), une population peut s'accroître indéfiniment, en améliorant indéfiniment ses conditions matérielles et les prophètes d'un millénium socialiste peuvent se moquer de Malthus; mais lorsque la production est statique, comme voudrait la faire à jamais le socialisme, la loi malthusienne agit en pleine rigueur et le socialisme montre qu'il n'est que le complément négatif de la chimère du mouvement perpétuel.

On trouve une preuve évidente du malthusianisme ainsi énoncé dans de récents phénomènes, bizarrement interprétés par des écrivains anti-malthusiens. Là où la civilisation est très développée comme, par exemple, en France et dans la Nouvelle-Angleterre, la natalité a diminué. Les études de M. Levasseur, de M. Dumont, de miss Brownell et d'autres ont montré la vérité de la généralisation de M. Spencer, que la natalité diminue comme augmente l'évolution individuelle. L'abaissement de la natalité provient en partie de changements physiologiques, comme on le voit par la coïncidence des basses natalités et de la fréquence des décès par maladies nerveuses. Avant tout, cependant, la cause est psychologique ; il y a une diminution des naissances délibérée. L'obstacle préventif à la croissance de la population est devenu d'usage général. Il est certainement remarquable que des écrivains de talent ont découvert dans ce fait une preuve contre la théorie malthusienne. Ils auraient pu dire aussi bien que la famine était un argument contraire. Lorsque une population tout entière diminue volontairement sa natalité, elle prouve indubitablement qu'elle sent l'effet de sa tendance naturelle à s'accroître plus vite que ne peuvent s'augmenter ses ressources générales.

L'accroissement en nombre et en richesse et la plus grande tension de la vie augmentent l'hétérogénéité de la population civile et établissent des relations complexes entre les divers éléments de race et les divers *strata* de population, d'un côté, et la division du travail dans la constitution sociale, de l'autre. La composition démotique devient plus variée, les différences de vitalité et d'habileté deviennent plus grandes et il apparait une tendance à l'identification de chaque élément ethnique, de chaque degré de vitalité, de chaque ordre d'habileté à un plan défini d'organisation sociale.

Les diverses nations, possédant des avantages naturels inégaux, jouissant de degrés inégaux de liberté constitutionnelle, sont inégalement prospères et leurs citoyens, libres désormais de chercher dans n'importe quelle partie du globe leur bien-être économique et politique, émigrent plus facilement qu'à toute autre époque précédente. En fait, ils sont devenus si sensibles aux changements des conditions industrielles que les fluctuations de l'émigration sont devenues aussi régulières que la hausse et la baisse des prix. De plus, les milliers d'émigrants cherchent, non pas seulement les pays où leur labeur a chance d'être le mieux payé, mais aussi ces endroits où le plus grand profit est fait par l'ouvrage qu'ils savent pouvoir accomplir. Ici, pourtant, la causation économique se complique des influences de la conscience d'espèce.

Si, aux États-Unis par exemple, chaque nationalité immigrante se répartissait dans les diverses professions et organisations suivant des motifs purement économiques, son influence comme disturbant dans le développement social serait infime. C'est parce que chaque nationalité montre une forte tendance à se masser, politiquement, géographiquement, industriellement, que nous avons un sérieux problème de l'immigration.

Pendant bien des années, les tendances démocratiques des Irlandais dans les États de la côte atlantique, et les préjugés républicains des Allemands de la vallée de l'Ohio, sont entrés dans les calculs des politiciens. En religion, la ségrégation est encore plus prononcée. On le voit, non seulement par l'association usuelle de certaines nationalités avec le catholicisme romain, de certaines autres avec le protestantisme, mais aussi par les séparations au sein de la même église, comme dans certaines villes de la Nouvelle Angleterre ou du Nord-Ouest où les catholiques irlandais, canadiens, français et polonais se divisent et se jalousent.

Dans le choix d'un métier, le peuple américain, considéré en un bloc comprenant les natifs et les étrangers (1), préfère l'agriculture. Le second choix va aux services professionnels et personnels ; le troisième aux industries mécaniques, manufacturières et minières. En quatrième lieu, viennent le commerce, le transport et l'exportation. Le natif suit le même ordre de choix, avec seulement une préférence plus marquée encore pour l'agriculture. En transportant ces

(1) Voir Mayo-Smith, *l'Influence de l'immigration aux États-Unis*.

choix chez les étrangers on voit que, seuls, les Scandinaves ont les mêmes préférences que le natif. L'Allemand et l'originaire de la Grande-Bretagne, en y comprenant l'Ecossais et le Gallois, ont les mêmes goûts : d'abord les mines, les manufactures et les usines ; secondement, l'agriculture ; troisièmement les services professionnels et personnels ; enfin, le commerce et les transports. L'Irlandais choisit d'abord les services personnels, puis les manufactures, ensuite l'agriculture, enfin, le commerce. Mais, si l'on fait abstraction des domestiques, l'ordre est : manufacture, services personnels, agriculture, commerce. C'est celui de préférence des Canadiens Français et du groupe que la statistique désigne par « Tous autres pays ».

Quelques-unes des ségrégations plus petites sont encore plus intéressantes. Par exemple, les Allemands ont, en fait, chassé les autres nationalités des milices de boulangers, bouchers, ébénistes, fabricants de cigares, chaudronniers, tanneurs, maçons et tailleurs. Les statistiques spéciales à la population juive, contenues dans le onzième recensement, montrent dans cette race un goût inverse de celui des autres nationalités. Des 18.115 mâles juifs qui avaient une occupation quelconque, 14.525 étaient adonnés au commerce ; 383 à l'agriculture, dont 84 seulement labouraient.

La spécialisation croissante des fonctions industrielles et sociales multiplie les inégalités de vitalité, dans toute la distribution de la population. L'étranger, dont la condition a été, en général, améliorée par le changement de résidence, a une natalité relativement élevée, mais son imparfaite adaptation au nouveau milieu élève la mortalité de ses enfants. Les éléments anciens de la population ont une natalité et une mortalité également basses. Dans la distribution géographique de la population, les groupes qui participent à la plus haute civilisation et qui sont avides d'élever leurs moyens de vie, mais dont les ressources ne s'augmentent pas, ont une faible natalité et une faible mortalité. Ce sont des groupes pareils qui forment les populations des vallées de la Loire et de la Garonne en France, de la Nouvelle-Angleterre et du centre des États-Unis. Des populations comme celles d'Ille-et-Vilaine et des Basses-Pyrénées en France, qui mènent encore une vie relativement simple, ou celles des parties septentrionales des États-Unis qui exploitent avec des méthodes perfectionnées des ressources encore nouvelles, ont cette haute vitalité que dénote la coïncidence d'une haute natalité et d'une faible mortalité. Dans la distribution de la population selon les occupations, le contraste est encore plus marqué. Les industries du tissage et du vêtement, beaucoup d'industries chimiques, la fonderie de caractères, usent rapidement la vitalité. Beaucoup d'employés de chemins de fer sont victimes de maladies nerveuses. L'agriculture, la sylviculture, les mines, la pêche, sont, au contraire, très favorables à la vitalité. Les hommes qui s'y livrent ont des natalités relativement hautes et de basses mortalités, si on excepte les accidents.

Les différences d'habileté sont encore plus accentuées par l'évolution démogénique que celles de vitalité. Des trois classes de personnalité viennent trois rangs psychiques. Le premier s'identifie avec la première classe de personnalité et comprend les individus dont la capacité intellectuelle dépasse la moyenne. Le second rang psychique comprend la moitié la plus apte de la seconde classe de personnalité. Il comprend tous les individus normalement doués, qui ont une capacité suffisante pour diriger des entreprises de modeste envergure, et, par suite, pour conserver leur indépendance économique. Le troisième rang rassemble la moitié la moins habile de la seconde et l'entière troisième classe de personnalité. Ces différences de capacité correspondent étroitement aux différences de fonction sociale, et, grossièrement, à celles de condition économique. Le premier rang psychique fait le travail de direction de la société dans la politique, les affaires, les professions, la science et l'art. Le second est mentalement et moralement indépendant, mais est critique plutôt qu'original et directeur. Il accepte les avis et l'impulsion du premier, mais à sa façon, les modifiant suivant son propre jugement. Le troisième rang exécute le travail qu'on lui prépare et ne subsisterait pas sans un directeur. Economiquement, les rapports sont moins étroits. Le premier rang psychique comprend beaucoup des très riches, mais aussi des pauvres et beaucoup de ceux qui sont simplement aisés. La somme des hommes du second rang possède une grosse fraction des biens de la communauté. Le troisième rang est pauvre.

Les rapports démographiques sont encore plus compliqués. Les rangs de vitalité et les rangs psychiques ne sont pas indépendants l'un de l'autre. Le second rang psychique coïncide avec le premier de vitalité et le premier psychique avec le second de vitalité.

Nous devons la théorie du système de la population surtout aux travaux du Dr Georges Hansen (1). M. Hansen identifie le premier rang de vitalité avec une population de possesseurs ruraux, comprenant à la fois des gentlemen et des paysans-propriétaires. Menant une vie salubre, assez sûrs d'une existence confortable pour ignorer l'anxiété du futur, la population des propriétaires ruraux a une vitalité surabondante et se multiplie presque dans cette raison géométrique de la première formule de Malthus. L'accroissement profite à la population des villes; il y a un continuel exode de jeunes campagnards ambitieux vers les bureaux des villes. Les forts font leur chemin dans les affaires et dans les professions, de même que beaucoup d'individus déterminés des classes laborieuses qui réussissent dans cette rude tâche de s'élever dans cette vie. La compétition devient intense. Seuls, les plus forts se maintiennent en place. Le champion malheu-

(1) Voir son livre : *Les Trois Couches de la Population*.

reux tombe au troisième rang qui, comme le second, est fourni directement par la campagne, puisque les hommes et les femmes qui n'ont ni la capacité ni l'envie de devenir des propriétaires ruraux indépendants, quoiqu'ils ne puissent espérer réussir dans les affaires, fût ce comme boutiquiers, viennent néanmoins à la ville, comme artisans, manouvriers ou domestiques.

Ainsi, selon le Dr Hansen, la propriété du sol et les occupations rurales d'un côté, l'intense compétition des affaires et des professions urbaines de l'autre, sont les causes d'un mouvement de population incessant dont les phases constituent un système démotique délimité. La population rurale est la grande pépinière de la société. Les classes commerçantes et professionnelles sont les plantes choisies et transplantées dont la floraison en richesse, savoir, culture et mœurs, est le produit d'élite de la civilisation, acquis, à la vérité, au prix d'une stérilité relative. Les classes laborieuses sont composées du reste. Le niveau de la vitalité et du rang psychique auxquels elles appartiennent est maintenu bas par la perte de leurs meilleurs membres individuels, qui s'élèvent à des positions indépendantes, et par l'accession de ceux qui n'ont pas réussi au second rang.

Cette description du système démographique est à peu près exacte, mais à peu près seulement. Les statistiques la confirment en partie, mais le Dr Hansen a confondu beaucoup de choses qui doivent être distinguées. En Europe et en Amérique, les villes croissent rapidement aux dépens de la campagne, mais il ne s'ensuit pas que la population urbaine est seulement un stade postérieur du développement vital de la population des campagnes. Cela ne prouve donc pas que le second et le troisième rang de vitalité, qui s'identifient avec la population des villes, ne soient que des phases postérieures du développement du premier rang, qui se confond avec la population rurale. Il faudrait, pour le prouver, montrer que la mortalité des villes excède leur natalité et, ainsi, que sans l'immigration rurale, la population urbaine diminuerait rapidement. Si les statistiques le montraient, on ne saurait se dérober à cette conclusion que les rangs de vitalité, en tant qu'ils correspondent à la séparation des citadins et des ruraux, ne sont pas plus indépendants généalogiquement qu'ils ne le sont politiquement ou industriellement. En fait, ce qui est démontré, c'est que l'accroissement naturel de la population des villes est plus lent que celui de la population entière. En quelque mesure, la population urbaine est donc un stade postérieur dans le mouvement vital à celle des campagnes. De plus, les deux éléments ne sont, naturellement, pas séparés. Ils s'unissent continuellement en mariage, de sorte que, dans une large mesure, l'entière population des villes descend de celle des campagnes. Donc, si nous ne pouvons pas dire que le second et le troisième rang de vitalité ne sont que des stades postérieurs dans le développement du premier, nous pouvons affirmer que les trois sont vitalement connexes. Le second et le troisième dépendent du premier, qui ne dépend pas d'eux. Le troisième dépend du second, qui dépend beaucoup moins du troisième.

Cependant, l'assertion d'une identité complète entre le premier rang de vitalité et une population possédant et cultivant le sol, ne supporte pas un examen attentif, et moins encore l'assertion de l'identité entre les deux autres rangs et la population des villes. Le Dr Hansen ne prétend pas que l'identité soit parfaite, mais il n'accorde pas leur juste importance aux intercalations et aux fusions. Le propriétaire du sol peut n'être pas nettement distingué du capitaliste. Dans le premier rang de vitalité, prennent place des familles, vouées aux affaires, qui n'ont pas de terres, et des familles de travailleurs qui n'ont ni terre ni capital. Au contraire, beaucoup de familles de propriétaires ruraux sont dans le second ou le troisième rang de vitalité. En outre, il n'est pas vrai que les directeurs d'entreprises et la classe intellectuelle en général se trouvent seulement dans les villes ou que les villes aient seules des manouvriers. Les relations actuelles sont compliquées, mais les groupements et les mouvements progressistes de groupe à groupe sont, en somme, de nature à constituer un système.

La gradation et les distributions de population qui aboutissent à l'évolution d'un système démotique, amènent aussi un développement démocratique dans l'esprit social. Le rang de la population qui gagne un salaire par le labeur manuel se trouve en face de celui qui dirige les activités et accumule la richesse. Les salariés connaissent bien un point d'histoire important. Ils savent que la classe commerciale demanda jadis et obtint une part du pouvoir politique qu'avait monopolisé l'aristocratie de naissance. Ils ont vu comment les gouvernements ont été habitués à organiser les conditions économiques et à contrôler la distribution des richesses, et ils en concluent que le travailleur doit participer au pouvoir légiférant avant de pouvoir espérer participer largement aux résultats du progrès économique. Ils voient que le suffrage a été associé à la propriété du sol et à l'établissement d'impôts directs et, par conséquent, ils veulent un suffrage universel illimité. La demande a son effet, parce qu'elle est appuyée par la promesse des votes au parti qui l'exaucera, précisément comme celle des marchands du XIIIe siècle fut soutenue par le don de revenus au roi. Un parti aujourd'hui, un autre demain, élargissent l'électorat en accordant le droit électoral à une section particulière des classes laborieuses, comme les Tories anglais, par exemple, l'ont étendu aux artisans des villes, les libéraux anglais aux travailleurs agricoles, et comme les deux grands partis des États-Unis l'ont étendu, l'un aux travailleurs immigrants et l'autre aux esclaves affranchis.

La démocratie ainsi établie dans l'électorat démocratise bientôt la conception des fonctions de l'État. On demande bientôt que le gouvernement se développe en une agence gigantesque pour l'amélioration du sort des classes laborieuses. L'État est appelé à assumer de larges responsabilités sanitaires et éducatrices. En même temps, une demande toujours plus vive se produit pour un système d'impôts qui rejette tout le fardeau des dépenses publiques sur les classes aisées. Lorsque Lassalle, en 1862, comprenait l'abolition des impôts indirects dans son programme de l'ouvrier, il y avait peu d'indices que le peuple s'intéressât à la question et, par suite, l'attachement de nombreux ouvriers d'Europe et d'Amérique à la politique protectionniste fit concevoir un doute sur la justesse de la vue de Lassalle. Récemment, cependant, le mouvement pour l'impôt unique, de nombreuses expériences de taxe progressive et le scepticisme croissant des ouvriers sur les bienfaits de la protection, ont démontré que le grand agitateur ne se trompait pas.

Ces idées et ces desseins ne sont pas confinés dans la classe des salariés. Idées et desseins rallient, comme le nom de Lassalle nous le rappelle, des riches et des savants qui croient que la justice essentielle ne peut être réalisée que par la démocratie sociale. Adoptées et défendues par des esprits cultivés, les idées démocratiques transforment l'opinion et modèlent l'idéal populaire.

La démocratie accentue, sur certains points, la différenciation des populations urbaine et rurale. Cependant, la démocratie tend à établir une solidarité intellectuelle entre la ville et la campagne et contribue par là à un développement important de la constitution sociale ; un développement dans lequel la division économique du travail entre la ville et la campagne, qui a existé pendant des siècles, est secondée par une division des fonctions sociales. La campagne produit la population, l'énergie et les idées originales, ces matières premières de la vie sociale, comme elle produit les aliments et les matières premières des manufactures. La ville combine les idées et en forme l'esprit social. En échange des courants de vie fraîche que lui envoient les fermes et les villages, elle leur renvoie les courants stimulants de la pensée et de l'enthousiasme moral. Elle accélère les instincts sociaux et éveille l'intérêt d'hommes et de femmes dont les vies étaient pénibles et monotones. Elle élève leur teneur intellectuelle et leur offre des politiques formulées. C'est rarement dans les villes que naissent les génies. Les grandes fois du monde ont germé dans le désert ou sur de hautes montagnes. Les grandes politiques sont sorties d'hommes simples. Le génie doit ses grandes découvertes et ses créations immortelles à ceux qui ont vécu avec la nature et avec le peuple simple; mais la création et la découverte, la politique et la foi, n'ont soulevé et transformé la race que lorsqu'elles ont été façonnées par l'esprit, rendues puissantes par le cœur de la multitude.

Le progrès intellectuel et matériel n'est pas un bien sans mélange. Il coûte non seulement des efforts, mais aussi des souffrances. Toute découverte et toute invention détruit quelques entreprises et condamne des ouvriers au chômage. Tout développement de relations sociales brise des relations anciennes. De plus, ce coût du progrès est, en général, inégalement supporté. Ceux qui bénéficient de nouvelles méthodes ou de nouveaux arrangements supportent rarement le désarroi amené par la destruction du vieil ordre. Quelques-uns de ceux que déplacent les changements industriels ou sociaux trouvent une voie dans des situations nouvelles. D'autres n'ont aucune faculté d'adaptation, tombent à un niveau de vie inférieur et ne se relèvent jamais.

Le coût du progrès prend aussi la forme d'une dégénérescence morale et physiologique, amenée par l'activité excessive et la sur-stimulation de l'ambition. Plus grand est le taux du progrès, plus lourd est le coût du progrès;

plus rapide est la marche et plus grand est le nombre de ceux qui tombent, épuisés, sur le chemin. Le progrès, comme toute autre forme du mouvement dans l'univers, réagit contre lui-même.

La dégénérescence se manifeste sous la forme protéïque du suicide, du crime, de la folie et du vice qui abondent surtout dans les hautes civilisations, où la tension de la vie est extrême, et aussi dans les lieux d'où la civilisation s'est enfuie et dont la population a été raréfiée, laissant un résidu découragé pour lutter contre des conditions défavorables.

En Europe, les deux centres où le taux des suicides est toujours élevé sont Paris et le royaume de Saxe. Ce taux diminue à mesure qu'on s'en éloigne. Dans tous les pays d'Europe, sauf la Norwège, le suicide a augmenté depuis le commencement de notre siècle trop actif. En France, pour un million d'habitants, le nombre a triplé de 1827 à 1875 ; il a doublé en Prusse. En Angleterre, il a passé de 62 en 1830 à 85 en 1891. Dans le Massachusets, la proportion était de 69 par un million d'habitants en 1851-55 et de 91 en 1881-85.

Les statistiques de la folie sont imparfaites; mais, sans aucun doute, la folie a beaucoup augmenté dans l'espace d'une génération et augmente encore. Dans la fraction nord-atlantique des États-Unis, il y avait, en 1890, 2,385 fous reconnus par million, 1,878 dans la partie de l'ouest; seulement 959 dans la région du centre-sud. Le taux élevé de folie dans les districts fermiers des États-Unis confirme la généralisation, si on l'interprète judicieusement. Le fermier isolé et sa famille ont commencé à souffrir d'une façon déplorable du mode de vie moderne. Ils n'ignorent plus le luxe de la ville et une vie simple ne les satisfait plus. La maison doit être ornée et remeublée, la table variée, les habits à la mode, les chevaux, les voitures, les harnais, d'un genre coûteux. L'impossibilité de continuer ce train dans les conditions actuelles de l'agriculture empoisonne la vie et souvent détruit l'équilibre mental.

Que le crime, le vagabondage, l'ivrognerie et d'autres formes du vice augmentent avec le nombre des insuccès causés par les changements industriels, les nouvelles distributions de la population, cela est prouvé par la statistique. Comme la folie, le crime arrive le plus souvent dans des villes à population dense ou, au contraire, dans des districts ruraux presque abandonnés. Le meurtre se produit aux débuts d'une civilisation progressive ou au crépuscule d'une civilisation finissant. C'est par excellence le crime de la ville nouvelle ou de la ville en décadence. Le vol, le faux, les atteintes à l'ordre public, sont des crimes de grandes villes. Les crimes, en général, sont moins fréquents dans les communautés agricoles prospères et dans les villes de moyenne importance, où le rapport du revenu au genre de vie ne rend pas trop dur le combat pour la vie.

La dégénérescence de la population est inévitablement suivie de la dégénérescence de la constitution et de la composition sociales.

L'organisation instable de la famille romantique n'offre qu'une faible résistance à l'influence désintégrante de l'émotion morbide et de l'ambition irraisonnée. Lorsque le devoir de maintenir une tradition de famille est méconnu, que la religion n'est plus un élément de la vie domestique, que les enfants ne sont plus les bienvenus, que le mariage est envisagé comme une convenance ou un plaisir, les obstacles que met la loi à sa dissolution ne sont plus tolérés longtemps par une communauté d'hommes et de femmes égoïstes, irritables et sentimentaux et qui trouvent la vie décevante. Un appel au divorce est inévitable et, de fait, les divorces se multiplient depuis trente ans, en Europe et en Amérique.

La dégénérescence dans la constitution sociale se manifeste surtout dans la désintégration de la cité. En elle sont rassemblés les contrastes de la civilisation. L'énorme disparité de richesse à laquelle aboutit une industrie supérieurement organisée s'y révèle à tous les yeux. Le savoir et la culture, qui sont le fruit parfait de tout progrès humain, se trouvent vis-à-vis de l'ignorance brutale. Dans ce périlleux mélange de constitutions, intervient le facteur démoralisant de la dégénérescence personnelle. Beaucoup de riches, quoique heureusement ce ne soit pas la majorité, se jettent dans la lutte pour gagner un argent dont ils ne savent que faire, pour accomplir n'importe quoi pourvu qu'ils fassent plus qu'on a fait avant eux. Absorbés par le sentiment de leur propre importance, les dégénérés de cette classe deviennent de plus en plus exclusifs. Vivant au centre de la vie de l'humanité, ils affectent d'ignorer ses passions, ses tristesses et ses joies. Ils cherchent à s'isoler entièrement d'un monde soumis au labeur quotidien. Ils se refusent à leurs devoirs civiques, s'éloignent de la politique, bonne au plus pour le vulgaire.

D'un autre côté, beaucoup de pauvres, heureusement ne formant pas la majorité, prêtent l'oreille à l'anarchisme, cherchent un soulagement dans le rêve socialiste d'un monde où les *bons de travail* achèteront tout, sauf cet amour qu'on dit être la source de tout mal. Ils se préservent du contact des riches, caressent l'espoir d'organiser le prolétariat en une force irrésistible et de s'emparer du gouvernement.

Ainsi la civilisation est menacée de dangers peut-être aussi graves que ceux qui l'entouraient à ses débuts. Elle avait à lutter alors contre les barbares qui assiégeaient ses portes. Elle doit lutter aujourd'hui contre les sauvages qu'elle abrite.

Les limites et les réactions du progrès attirent l'attention publique, la sympathie pour les malheureux est aiguisée par la vue de la misère au milieu de la splendeur, et la conscience de la société commence à vouloir que des efforts systématiques soient faits pour adoucir les souffrances et, par suite, pour diminuer les périls qui menacent l'ordre social. La philanthropie privée rivalise avec la loi pour tâcher de diminuer la pauvreté et le crime et pour essayer d'améliorer les conditions d'existence des masses. Beaucoup de ces tentatives sont sentimentales et, souvent, nocives. Peu à peu, pourtant, l'intelligence de la communauté met la passion philanthropique sous le contrôle de la raison et la rend plus efficace. L'esprit social commence à accomplir une profonde expérience morale ; il commence à prendre un caractère éthique. Sans l'éveil de la raison morale, la dissolution minerait l'œuvre de l'évolution sociale ; seule, la conscience éthique rationnelle peut maintenir la cohésion sociale dans une démocratie progressive.

Pour atteindre son but de diminuer le coût du progrès, la conscience éthique de la société doit accomplir de nombreuses réformes morales dans les activités sociales, et s'aider de quelques changements de structure dans l'organisation sociale.

Il n'y a d'autre cure radicale de la dégénérescence qu'une vie de famille saine et pure, qui élève les enfants gaiement accueillis dans la robuste vertu du contrôle de soi-même, et dans l'intransigeante observance du devoir. Ici et là, on peut encore trouver des types de la famille éthique. Elle diffère autant de la famille romantique que celle-ci différait de la famille religieuse et propriétaire. Pour perpétuer un patrimoine et une foi, la famille religieuse sacrifiait les penchants des individus. Pour seconder les préférences de l'individu, la famille romantique sacrifiait patrimoine et traditions; elle est même allée jusqu'à sacrifier les enfants. La famille éthique ne sacrifie les sentiments individuels que lorsqu'ils se heurtent à la saine raison ou au devoir moral, mais les sacrifie alors sans hésiter. Elle regarde un amour vrai comme la chose la plus sacrée de ce monde, après le devoir, mais elle met le devoir d'abord et, parmi les devoirs impérieux, elle inscrit celui de créer et d'élever des enfants, surtout pour la fraction intelligente et vigoureuse de la population.

La vraie famille éthique provient donc, uniquement, du mariage de deux êtres sincèrement convaincus que leur union se justifie par la coïncidence de quatre choses, qui sont : une évidente affection, composée de passion, d'admiration et de respect ; une aptitude physique aux devoirs de père et de mère ; la capacité de subvenir aux besoins d'une maison respectable et agréable ; un sens très net du devoir de transmettre à leurs enfants leurs qualités et leur culture.

La famille éthique, en un mot, subordonne toutes les considérations moindres au développement et à la continuation de cette personnalité rationnelle qui est le but suprême pour lequel existe la société, dans son intégralité. La famille éthique fait tout ce qu'ont fait à leurs associés les autres types de famille, mais beaucoup plus encore. Elle transmet un patrimoine et un nom ; elle satisfait l'affection et, en outre, elle sélectionne consciemment, cultive et transmet les meilleurs fruits de la civilisation rationnelle.

L'esprit éthique, agissant sur la constitution sociale, cherche à améliorer les formes de coopération volontaire et les organes du gouvernement. Les possibilités soit de libre contrat soit d'autorité sont soigneusement étudiées. La société devient plus délibérément auto-consciente, plus rationnellement volitive.

La pire méprise qu'aient faite les philosophes politiques a été leur approbation ou leur rejet sans condition de la règle du laisser-faire. Nulle règle n'est meilleure tant que nous envisageons les restrictions à l'activité spontanée d'hommes mûris et normaux ; aucune n'est pire si on la veut pour nous conduire envers les dégénérés ou les non mûrs. Tant qu'une vie de famille imparfaite jette dans la société des milliers d'êtres humains défectueux ou viciés, mal outillés pour la lutte, il faut non seulement les aider quand ils souffrent, les réprimer quand ils pèchent, mais aussi les discipliner.

Ni dans ses écoles, ni dans ses maisons de correction, la société ne peut donner l'éducation que donnerait une famille du vrai type, mais l'État ou les sociétés philanthropiques n'ont pas encore épuisé leur champ d'action. Les organes disciplinaires de la constitution sociale sont encore très-imparfaits et une opinion publique éthique concentrera son attention sur le problème de leur amélioration. Déjà, on s'occupe mieux que jamais des enfants négligés et des fonctions disciplinaires des institutions pénales ou charitables.

Tout cela signifie que la société aboutira au type éthique et que le type éthique prouvera sa force supérieure et son aptitude à survivre.

La classification que M. Spencer a faite des sociétés en militaires et industrielles tient compte des effets des occupations habituelles au temps où l'œuvre de nationalisation a été accomplie et où le type industriel s'est définitivement établi. Mais la société industrielle elle-même présente des caractéristiques si diverses que nous pouvons légitimement envisager deux grands sous-types et faire, en ce qui les concerne, une généralisation importante. M. Spencer, même, a fait plus que s'en approcher, dans ses diverses allusions à un temps prochain où les hommes reconnaîtront qu'on travaille pour vivre et qu'on ne vit pas pour travailler. Les activités habituelles d'une société industrielle peuvent tendre surtout à gagner de l'argent ou se proposer des buts intellectuels et moraux. Le caractère d'une société varie comme ses occupations et ses intérêts principaux.

D'indications pareilles à celles qu'ont déjà fournies quelques sociétés, d'observations actuelles en Europe et en Amérique, on peut déduire que dans une communauté dont la vie n'est qu'une infatigable poursuite de buts matériels, où gagner de l'argent est la somme des réussites, il y aura une séparation tranchée entre les heureux et les malheureux, une exploitation du pauvre par le riche aussi impitoyable que le fut celle du faible par le fort dans les sociétés militaires. Les lois mêmes favoriseront celui qui réussit et opprimeront l'autre. L'esprit mercenaire corrompra la justice et la religion. Les magistrats jugeront pour la considération, les prêtres enseigneront pour un salaire, les prophètes prêcheront pour de l'argent, les princes seront les chefs des voleurs, chacun aimant les présents et courant après les récompenses.

C'est un tableau outré. Nous pouvons espérer que, dans aucune société, la soif de l'or ne submergera assez complètement la vie mentale et morale, le culte de la beauté, l'amour de la vérité, pour séparer absolument le riche du pauvre, pour jeter le gouvernement et les institutions dans l'entier pouvoir de ceux qui dirigent la partie matérielle de son existence. Pourtant, que l'esprit ploutocratique soit une cause réelle de désintégration sociale, cela est hors de doute. Il a joué son rôle indigne dans la chute de l'Empire Romain, dans la ruine des républiques du moyen âge. Il menace gravement l'avenir de nos libres institutions.

On a vu les résultats d'activités surtout morales et intellectuelles. Dans les simples démocraties de l'Amérique coloniale et les premières émigrations au delà des Alleghanys, il y avait une virile existence morale qui imposait à tous les autres intérêts une raisonnable subordination. Les hommes de ces temps savaient se défendre au besoin, mais n'avaient pas l'ambition de fonder un redoutable pouvoir militaire. Ils savaient travailler durement pour produire la richesse, mais ils savaient comment l'employer, une fois honnêtement acquise, à obtenir d'autres buts. Ce n'était ni la bourse ni le marché, mais l'église, l'école et la réunion des hommes libres qui étaient les vrais centres de l'activité sociale. Les sujets de discussion n'étaient pas le cours des actions ou le revenu des obligations, mais les droits de l'homme et les problèmes de sa destinée.

Dans des communautés pareilles, il peut y avoir — et il y avait toujours dans la vie primitive Américaine — des différences de position sociale ; mais il ne peut y avoir de séparation permanente de classe à classe. Il ne peut pas y avoir d'exploitation systématique du faible par le fort, du pauvre par le riche. Chaque homme est, en quelque degré, le gardien de son frère. Les lois viseront à la conservation de l'ordre moral et de la liberté civile, et non pas à la création de monopoles sous le nom de franchise et de protection. Les idées d'égalité des droits et de communauté des intérêts seront à la base de la politique. L'idéal de bonheur cherchera sa réalisation dans la santé, le bien-être et le plaisir honnête du grand nombre, dans la sympathie, dans la sensibilité à la beauté et à la vérité, non pas dans l'oisiveté ou dans l'ostentation. Ç'a été la rare fortune du peuple Américain qu'à l'époque de sa formation la vie morale de telles communautés a laissé son empreinte profonde sur la vie plus large de la nation. Cette empreinte n'a pas été effacée, mais les lignes de sa beauté sont confuses et altérées.

Nous avons maintenant les données nécessaires pour déterminer et interpréter le fait du progrès.

Sa conception a varié souvent. Certains le nient. Les interprétations de ceux qui l'admettent sont diverses.

Comme éléments de la notion populaire du progrès, nous avons l'idée d'une prospérité économique croissante — abondance matérielle, bien-être physique ; — l'idée aussi d'une évolution de la structure et des fonctions sociales ; et, surtout, l'idée de la personnalité humaine se développant. M. John S. Mackenzie (1) dit que le bien-être de l'humanité

(1) Voir son *Introduction à la philosophie sociale.*

est formé de trois facteurs principaux : 1° la domination de la nature; 2° la perfection de l'outillage social et 3° le développement personnel, et que le vrai progrès doit les contenir tous. Sa conception est justifiée par l'analyse scientifique.

Le fait du progrès ne peut être mis en doute que par ceux qui nient qu'une augmentation du pouvoir physique et des ressources matérielles constitue vraiment un progrès. Bagehot a posé le problème en termes scientifiques en demandant ce que signifiaient les mots « véritable progrès » et dans quelle mesure on peut vérifier un progrès. Il signale que tous les hommes voient une preuve de progrès dans la capacité qu'a une nation de se défendre et de conquérir les autres. C'est un progrès physique qui n'admet pas la discussion.

De même, on doit admettre que dans les temps modernes, les grandes nations occidentales ont dompté la nature en s'assimilant ses procédés et en appliquant ses forces au bien de l'homme. Le fait est non seulement vérifiable, mais la vérification quantitative est rendue aisée par les statistiques. La quantité de blé, seigle, viande, coton, laine consommée par tête augmente de décade en décade et on ne peut nier que diminuer les horreurs du froid et de la famine ne soit un progrès du bien-être humain.

La vérité moins bien vue est que ces progrès matériels qu'on admet impliquent l'admission du progrès en général. La force brutale ne crée pas le bien-être matériel ou ne permet pas à une nation de subjuguer l'homme et la nature. Le pouvoir matériel de subjuguer ses ennemis implique un développement intellectuel et moral. Il implique la croissance des connaissances et des idées scientifiques, un procédé qui, on ne le discute pas, fait appel à toutes les facultés de l'esprit, depuis la perception juste jusqu'à l'imagination créatrice. Il implique une discipline croissante de la coopération, une prévoyance croissante de l'avenir, l'abnégation pour le présent. Il implique la foi dans l'humanité, le respect des contrats. L'immense édifice de l'industrie et du commerce modernes repose sur le crédit, et le crédit est basé sur la loyauté humaine. Sous quelque aspect que nous l'envisagions, l'assertion que l'amélioration materielle peut aller sans les éléments de progrès mentaux et moraux est absurde. La vie psychique totale d'une nation conquérante est plus grande que celle de la nation conquise. La vie psychique totale d'un grand peuple industriel qui nourrit les nations est immensément plus grande que celle des nations qu'il nourrit.

Les deux grands facteurs dans lesquels se divise le progrès psychique de l'humanité ont été diversement estimés par les différents sociologues. Comte interprétait le progrès comme la croissance de la raison. M. Spencer et M. Fiske, suivant les leçons d'Adam Smith, considèrent que sa partie essentielle est la croissance de la sympathie.

Subjectivement, le progrès est l'expansion de la vie, matérielle autant que morale. Objectivement, le résultat de l'expansion de la raison et de la sympathie est une multiplication des rapports sociaux. Sous un de ses aspects sociaux, le progrès est la croissance de l'importance relative de l'association libre, en regard de celle des relations créées et maintenues par la force. Ceci, comme l'a reconnu M. Fouillée, est le sens de la doctrine du *Contrat social* La société ne commence pas par un contrat, mais une association qui se maintient par le consentement est l'idéal social. Ainsi Rousseau a soin de dire qu'il parle des hommes comme ils sont et des lois comme elles devraient être. Lorsqu'il parle de la vie selon la nature, il entend, par « nature », ce qu'entendait Aristote, la nature ou les caractéristiques de l'homme développé. Son *Contrat social* décrit un idéal et ne rappelle pas une histoire. De plus, et c'est là le point essentiel, lorsqu'il dit que la société dérive du contrat, il dénie ce nom de société à un groupe d'hommes qui n'ont pas encore donné à leurs rapports la base du contrat. Pour citer ses paroles : « C'est, l'on veut, une agrégation, mais non pas une association ». En d'autres termes, sa doctrine est que la société, *proprement dite*, dérive du contrat.

Mais aucune de ces phases du progrès n'est une explication du progrès, quoique chacune ait été, à son tour, donnée comme une explication par quelque écrivain. La nature ultime du progrès doit être cherchée dans les phénomènes les plus généraux qu'on peut décrire comme progressifs.

Envisagé objectivement, le progrès est un intercourse croissant, une multiplication des rapports, un développement du bien-être, un accroissement de la population et une évolution dans la conduite rationnelle. Il est une série de transformations de forces, et sa nature ultime se trouve dans une particularité de ces transformations. Comme processus physique, le progrès est la croissante conversion des énergies que n'accompagnent pas des manifestations psychiques, en énergies qu'accompagnent des phénomènes psychiques d'une complexité toujours plus grande.

Subjectivement, le progrès est l'expansion de la conscience d'espèce. La croissance de la sympathie, l'évolution de la raison sont des phénomènes secondaires, des effets du développement de la conscience d'espèce. Dans la société humaine, cette conscience d'espèce spéciale qui marque les subdivisions de races était d'abord limitée à la famille et à la horde. Puis, elle s'étend suffisamment pour comprendre les membres adoptifs d'un clan à demi artificiel. Elle devient assez large pour inclure de nombreux clans dans la conception de la tribu, de nombreuses tribus dans la conception de la peuplade. Cette conception a amené le développement final de l'évolution ethnogénique, et l'évolution de la conscience d'espèce est entrée dans une nouvelle phase. Le contact des éléments hétérogènes dans la population, leurs luttes pour la suprématie sociale a amené l'idée d'une unité, idéale et future, de l'espèce, qui se réalisera par l'assimilation graduelle des éléments hétérogènes au moyen d'une langue commune, d'un intérêt civique commun, d'aspirations communes. L'évolution démogénique commença.

Les empires successifs de Perse, de Macédoine, de Rome, préparèrent la voie à la conception chrétienne de la fraternité universelle. Tant que cette conception ne fut qu'une affirmation ésotérique que tous les hommes étaient frères parce que fils d'un même père, elle n'influa que faiblement sur l'esprit social; mais lorsque, par le génie de saint Paul, elle fut convertie en idéal, en cette doctrine que tous les hommes peuvent devenir frères par une rénovation spirituelle, la foi nouvelle subit une transformation pareille à celle qui rendit civique la conception ethnique de l'État, et le christianisme devint le plus formidable pouvoir qu'ait connu l'histoire. Par degrés, il a réalisé son idéal. Aujourd'hui, une philanthropie chrétienne et l'esprit chrétien de mission, se dégageant du sentimentalisme ésotérique de leur jeunesse, se vouant à la diffusion du savoir, à l'amélioration des conditions, unissent les classes et les races humaines dans une humanité spirituelle.

LIVRE IV

La Marche sociale, Loi et Cause

CHAPITRE PREMIER

Le processus social physique

En sociologie historique et descriptive, nous avons étudié le processus de l'évolution sociale, mais toujours dans ses rapports avec les produits sociaux qui ont été les principaux objets d'investigation. Nous devons maintenant porter notre attention sur le processus social lui-même, afin de découvrir les lois de causation sociale.

Spécifiquement, cette étude est l'examen des actions réciproques des forces physiques et des motifs psychiques. On a vu que la population sociale se distribue selon les conditions physiques. Les unités sociales sont, d'abord, réunies par la recherche des aliments. Nées, amenées, ou attirées dans la contiguïté locale, en l'absence de quelque force dispersive, elles restent unies par la simple inertie. Les causes originelles de l'agrégation et de la dispersion sont donc des forces physiques. Mais les causes secondaires des phénomènes sociaux sont des motifs conscients et sont des produits de la vie sociale elle-même.

Nous devons, par suite, étudier d'abord le processus physique dans les phénomènes sociaux et l'étudier abstraitement, porter notre attention sur le processus plutôt que sur ses produits. Le processus psychique devra, après, être examiné de la même façon. Enfin, nous aurons à observer l'interaction compliquée de ces deux mécanismes.

L'évolution sociale n'est qu'une phase de l'évolution cosmique. Toute force sociale est une force physique transformée. La conversion de l'énergie physique en énergie sociale est inévitable et elle amène nécessairement des changements dans les groupements et les relations qui constituent le développement. Ou, si l'on veut des termes un peu plus scientifiques, les causes originelles de l'évolution sociale sont les processus de l'équilibre physique, qui s'observent dans l'intégration de la matière avec perte du mouvement, ou dans l'intégration du mouvement avec désintégration de la matière.

M. Spencer a démontré que le postulat de toute philosophie physique est l'affirmation de la permanence de la force. Nous ne pouvons ni prouver, ni nier que la matière est indestructible, que le mouvement est continu, que quelque chose ne peut pas venir de rien, ou rien de quelque chose; mais dans toutes nos idées nous supposons ces vérités ; elles sont des nécessités de la pensée. Nous ne pouvons pas prouver que les uniformités cosmiques appelées lois de la nature sont absolues ou, pour emprunter les mots de M. Spencer, que les relations persistent entre les forces ; mais nous pouvons prouver que, si nous acceptons la violabilité de la loi naturelle, nous admettons par le fait même que quelque chose est venu de rien ou rien de quelque chose. Si, par exemple, nous affirmons qu'une force agissante a disparu ou qu'une force contre-agissante, qui n'existait pas, est venue à être, ou si nous disons qu'une force qui agit aujourd'hui dans un sens peut agir demain dans un autre, ou que les éléments d'un produit donné peuvent se combiner en d'autres produits — toutes autres forces ou tous autres éléments restant les mêmes

— nous nions encore toute différence entre rien et quelque chose.

Si, donc, la matière et l'énergie sont indestructibles, comme nous sommes amenés à le croire par les conditions de notre entendement, il s'ensuit que jusqu'à ce que les forces de l'univers soient en parfait équilibre, il doit y avoir d'incessantes redistributions de la matière et du mouvement dans l'espace. Des portions de matière doivent changer de lieu à lieu, de combinaison à combinaison ; l'énergie doit varier de mode. Il s'ensuit de plus que la redistribution de la matière et du mouvement prend nécessairement la forme d'une intégration de matière, conséquente à une déperdition du mouvement qu'elle contenait comme, par exemple, dans la contraction du métal fondu avec le rayonnement de sa chaleur ; ou il prend la forme d'une accumulation du mouvement et d'une dispersion de la matière comme dans la conversion de l'eau en vapeur. Partout où existe un agrégat de matière dans lequel le mouvement continu est plus grand que dans l'espace environnant, il se produit évidemment une perte de mouvement et une intégration de la matière. C'est un processus d'évolution.

Ces généralisations — de la persistance de la force, du processus universel d'équilibre, de la nécessité physique de l'évolution — n'ont pu être combattues avec succès. Elles s'imposent, dès qu'on les comprend.

Elles sont aussi vraies pour la population sociale que pour la matière inorganique.

L'énergie d'une population n'est jamais plus qu'actuellement égale aux énergies actives et latentes du monde qui l'entoure. Par conséquent, il y a un échange continu et mutuel d'énergie et de matière entre une population et son milieu. Les forces inorganiques se convertissent en énergies sociales et organiques, les énergies sociales se reconvertissent en forces physiques.

Toute l'énergie dépensée dans la croissance et l'activité d'une population est empruntée au monde physique. C'est de l'énergie physique. Je voudrais exprimer ici ce que j'entends par « énergie sociale ». Dans tout ce livre, la société a été regardée essentiellement comme un phénomène de pensée et de sentiment. La pensée et le sentiment, en tant qu'états de conscience, ne sont pas de l'énergie. Pourtant, sans l'énergie, ils ne peuvent rien faire. Ils ne peuvent se manifester dans l'action extérieure que grâce à l'énergie physique des nerfs et des muscles. Donc, tout ce qui est fait, dans la société ou par la société, consciemment ou non, l'est par l'énergie physique. D'autre genre d'énergie, il n'y en a ni dans la société, ni ailleurs. Par conséquent, si nous parlons d'énergie psychique, nous employons par commodité un terme qui ne signifie pas autre chose qu'une forme spéciale de l'énergie physique, précisément la force nerveuse directement associée avec la conscience. Bref, quoique tous les phénomènes sociaux soient, pour la plus grande partie, des phénomènes conscients, il n'y a pas d'activité sociale qui ne soit de l'activité physique.

Les phénomènes sociaux, dès lors, dépendent de la transformation et de l'équivalence des énergies psychiques. La quantité et l'intensité de l'activité sociale sont proportionnées à l'énergie empruntée au milieu par le corps social et transformée en phénomènes organiques.

Cette loi peut aboutir à des généralisations spécifiques dont l'énumération sera brève.

La densité de la population dépend de la quantité de nourriture produite. Les débuts de l'évolution sociale, comme on l'a vu au chapitre de la population sociale, se trouvent toujours dans un milieu fertile. De plus, la densité de la population suit l'abondance de la nourriture, soit que les denrées soient obtenues directement du sol, soit qu'elles viennent de l'échange des objets manufacturés ; toutes choses égales, l'activité et les progrès de la société dépendent de la densité de la population.

Une population clairsemée, éparpillée sur un sol pauvre, ne peut conduire sa production que par des méthodes primitives et sur une petite échelle. Elle ne peut jouir que de la division du travail la plus élémentaire : elle ne peut avoir d'industries manufacturières, toutes choses possibles à une population relativement dense.

Une vie politique très développée ne se trouve que là où la population est compacte. La liberté civile implique la discussion et celle-ci exige la fréquente réunion de grands nombres d'hommes qui ont des intérêts variés et qui regardent la vie de divers points de vue. Les mouvements pour l'extension de la liberté populaire ont, en général, commencé dans les villes. La révolution américaine et l'agitation anti-esclavagiste furent des produits aussi spéciaux de la vie urbaine que le sont le socialisme, le nationalisme et le mouvement pour l'impôt unique d'aujourd'hui.

L'éducation, la religion, l'art, la science et la littérature dépendent aussi d'une certaine densité de population. Les écoles, les universités, les églises, les journaux quotidiens, les grandes maisons d'édition, les bibliothèques et les musées, n'existent que lorsque la population par mille carré dépasse l'unité, et leur décadence est un des premiers symptômes de la décroissance de la population. Longtemps avant que la désertion des villages dans plusieurs de nos États de l'Est eût attiré l'attention des économistes, le déclin des écoles et des églises éveillait la sollicitude de la presse religieuse.

Une population étant donnée et tout restant égal, l'activité sociale varie avec les récoltes.

Certains phénomènes sociaux suivent les bonnes et les mauvaises années avec une régularité étonnante. Parmi eux sont le taux des mariages, la natalité et la mortalité.

Par exemple, en Bavière, les années de 1840 à 1845

furent tranquilles et prospères. Les mariages furent 29.500; 29.463; 29356; 29.490; 29.373. En 1841-47 les affaires subirent une crise et les mariages tombèrent à 28,331. Avec le retour de la prospérité, le nombre revient à 30.000. Une autre mauvaise année survient en 1853-54 et le nombre tombe à 26.939. La modification des lois sur le mariage en 1862 l'élève à 40.000; d'autres changements l'amènent à 60.000 en 1869. La guerre franco-prussienne le fait tomber à 40.707 en 1871. La fin de la guerre le remet à 52.045.

Ce phénomène a été soigneusement étudié et le statisticien allemand Hermann a formulé cette loi que le nombre des mariages à une époque donnée exprime l'expectation de prospérité répandue à ce temps et l'exprime d'autant plus exactement que la liberté économique du pays est plus grande.

La natalité s'élève dans les bonnes années et tombe dans les mauvaises. Le professeur Mayo-Smith, résumant les données statistiques à cet égard, dit : « Il est clairement établi que la cherté des aliments, les mauvaises années et les guerres ont une influence dépressive sur la natalité. En Allemagne, les années 1847 et 1854, suivant les années de disette de 1846 et 1853, eurent très peu de naissances. Celles qui suivirent la panique de 1873 montrèrent une diminution graduelle de la natalité dans la plupart des pays d'Europe, due sans nul doute au moindre nombre des mariages. Les effets de la guerre de 1870-71 furent ressentis en Allemagne. En Prusse, la natalité moyenne des années 1865 à 1878 fut de 37,8 par mille... Après la guerre, il y eut un relèvement de la natalité (39,7) compensant la dépression précédente ».

La rareté des vivres, les crises et les guerres affectent la mortalité. Cela a été prouvé par le nombre croissant des décès après 1846 en Irlande, 1853 en Allemagne, 1870-71 en France.

Toutes choses égales, les récoltes dépendent de la somme

d'énergie physique employée par la société en opérations agricoles. Toute substitution des forces de la nature à la force humaine augmente la production totale de nourriture.

La population et les récoltes restant les mêmes, l'activité sociale dépend de la somme d'énergie physique dépensée autrement qu'à produire la nourriture. Combien la vapeur et l'électricité n'ont-elles pas développé les activités politiques, religieuses, éducatrices !

C'est un corollaire de la persistance de la force que lorsque la matière va d'une place à l'autre, son mouvement suit la ligne de moindre résistance ou de plus grande traction. Dans la redistribution de la matière et de l'énergie au sein de la population et entre le milieu et la population, cette règle est parfaitement suivie.

L'activité sociale suit la ligne de moindre résistance. La population est relativement dense dans les climats chauds. La colonisation suit les côtes et les vallées. Les États expansifs respectent le territoire des forts et envahissent celui des faibles.

Partout où a été offerte une opportunité économique, des masses d'hommes sont arrivées et sont restées jusqu'au jour où la diminution des profits les a poussées ailleurs. Si notre imagination pouvait peindre cette distribution de l'humanité, nous la verrions en mouvement constant : mais ici les milliers d'êtres mouvants seraient dispersés et là étroitement réunis.

La concentration de la population dans les cités n'est qu'un autre exemple de la même loi, car les villes, en somme, offrent le plus d'opportunités pour des emplois. « Certaines attractions, dit M. Courtney, semblent être toujours agissantes, éloignant la vie de là où elle naquit, pour l'amener dépenser ailleurs son activité. En mûrissant, elle va de son berceau à son atelier ». Dans le siècle actuel, l'humanité s'est portée de son pays natal de la campagne aux centres agités du commerce et de l'industrie.

La ligne de moindre résistance dirige aussi les occupations, le mouvement des échanges, les voies de communication, les emplois du capital et du travail, la politique législative et administrative, les mouvements religieux, scientifique et éducateur. Enfin, elle tend à garder les activités sociales dans leur canal originel.

Une autre conséquence de la persistance de la force est que l'action et la réaction sont nécessairement égales, et, par suite, une autre conséquence est que le mouvement est forcément rythmique.

Les activités sociales sont périodiques. Les récoltes sont alternativement abondantes et maigres. Les échanges, dans les foires et marchés, sont rythmiques, et la balance du commerce international change sans cesse. Les prix montent et baissent. Les crises industrielles alternent avec des périodes de prospérité industrielle. La marée de l'immigration a son flux et son reflux. La guerre alterne avec la paix, le conservatisme avec le libéralisme. La religion, la morale, la philosophie, la science, la littérature, l'art, la mode, sont sujets à la loi du rythme.

Dans la redistribution de la matière et du mouvement entre la société et son milieu, où il y a, dans la population, une plus grande augmentation de masse que de mouvement, et le changement tend, en somme, à l'intégration sociale, où il y a une perte plus grande d'énergie que de matière, et le changement tend, en somme, à la dissolution sociale. Ou la population empiète sur le milieu, ou le milieu empiète sur la population.

La tendance vers la dispersion existe lorsque, concurremment avec la multiplication de la population et une augmentation de l'énergie individuelle, l'industrie est impuissante à assurer des bénéfices augmentant.

D'ordinaire, cette tendance ne devient pas assez puissante pour dominer l'inertie, jusqu'à ce que le groupe soit large. Jusqu'alors, les groupes restent donc unis et soumis à toutes les influences qui tendent à une intégration plus grande.

Si dans une masse quelconque de matière, le processus d'intégration se prolonge, ce n'est que le commencement d'une série d'inévitables changements physiques qui deviennent de plus en plus compliqués. La masse subit nécessairement la différenciation et ses parts différenciées subissent la ségrégation.

Puisque les unités de matière dans la masse intégrée sont de diverses positions, elles ne peuvent pas être également affectées par le mouvement. Une inégale exposition à des forces égales, ou une exposition semblable à des forces inégales, ou les deux, doivent modifier le caractère et les conditions des unités. Le résultat, c'est la différenciation.

Lorsque divers genres et arrangements d'unités ont été produits, les unités semblables exposées à des forces pareilles ou égales sont affectées de diverses façons. Leur similarité devient plus marquée ou elles se fondent. Le résultat, c'est la ségrégation.

Des expositions différentes des diverses parties de l'agrégat social aux forces environnantes aboutissent à la différenciation sociale.

La multiplication des effets amène à de nombreuses différenciations secondaires qui augmentent l'hétérogénéité.

Tant que les unités de l'agrégat social sont exposées également à des conditions identiques, elles se modifient de même façon. Le résultat, c'est la ségrégation d'unités semblables, — une intégration secondaire au milieu de l'intégration plus large qui est la phase primaire de l'évolution sociale, — et une délimitation plus grande entre les parts différenciées entre lesquelles s'est scindé l'agrégat.

Les conditions externes de climat et de nourriture, par exemple, groupent ensemble des natures semblables. La ressemblance ethnique groupe des hommes de pareilles qualités mentales et morales, constitue ainsi la base de la nationalité; les types nationaux semblables, séparés, tendent à se réunir. Les hommes d'aptitudes pareilles sont groupés par leurs occupations. Il y a une ségrégation de politiciens, de prêtres, d'hommes de lettres, d'acteurs et d'artistes, de mécaniciens et de laboureurs. Divers sous-groupes aboutissent à la formation des partis politiques, des sectes religieuses, des « sociétés » mondaines.

Cette loi se vérifie d'une façon frappante dans la distribution des immigrants. Les Allemands vont dans l'Illinois et l'Iowa. Les quatre cinquièmes de l'entière immigration allemande se trouvent dans la division nord-centrale des États-Unis. Les Irlandais restent dans l'Est, sur la côte, de New-York jusqu'au Maine. Les Suédois et les Norwégiens cherchent à se fixer dans le Minnesota, le Wisconsin, tandis que le grand courant d'immigration italienne va au Sud, avec la République Argentine, qui semble destinée à être une Italie américaine, comme la Nouvelle-Angleterre a été une Amérique britannique.

Ces divers groupes ethniques restent longtemps séparés. D'une comparaison faite sur les divers groupes des États-Unis, le recensement de 1880 déduit la règle que partout où de grands nombres des deux sexes d'une nationalité se trouvent réunis, il y a très peu de mariages avec une autre. A New-York City, par exemple, les Allemands épousent des Allemandes, les Irlandais des Irlandaises, les Italiens des Italiennes. Les coutumes, les traditions, les croyances, jusqu'au langage des immigrants, montrent une plus forte tendance à persister, dans le Nouveau-Monde, et à modifier notre vie sociale et politique, qu'on ne l'aurait cru possible.

Il est évident qu'aussi longtemps que continue l'intégration, l'énergie interne de la masse n'est pas totalement disparue. En outre, dans aucune agrégation, la perte du mouvement et l'intégration de la matière ne sont absolument isolées du processus contraire; quelque matière se perd et quelque énergie s'absorbe de temps à autre. C'est une part importante du processus de l'évolution dans les corps organiques.

Ce mouvement interne cause d'autres complications du processus évolutionnaire. Par suite des nouveaux arrangements de matière qui ont eu lieu, le mouvement interne lui-même subit une nouvelle distribution dans la masse. Il survient ainsi une autre multiplication des effets; il y a de nouvelles différenciations et de nouvelles ségrégations et une délimitation croissante de ces différenciations et de ces ségrégations.

Dans la population sociale, plus que dans toute autre masse de matière, le mouvement est simultanément perdu et absorbé. C'est pourquoi une population sociale est plus mobile et plus plastique que toute autre agrégation, et les redistributions secondaires de mouvement et de matière sont plus fréquentes et plus compliquées dans la société qu'ailleurs. L'évolution sociale est complexe au plus haut degré.

La ségrégation due au climat définit de plus en plus les zones de population. Les hommes de même langage et de semblable caractère racial vivent ensemble dans des territoires définis. Les ségrégations dues à la vocation deviennent des distinctions de classes. Les classes gouvernantes, sacerdotales, littéraires, marchandes, ouvrières et agricoles ne se fondent pas quand vieillit la société. Elles deviennent plus tranchées. Toute réforme sociale qui compte sur la fusion des classes est destinée à la banqueroute.

D'accord avec les changements structuraux de la société, vont des changements de fonction. Les redistributions de matières sont suivies de redistributions similaires du mouvement conservé. Les fonctions sociales, comme la structure sociale, augmentent en cohésion, hétérogénéité et précision.

Au commencement, les activités économiques, politiques et religieuses de la société sont incohérentes. Il n'y a aucune connexion entre l'ouvrage d'un homme et celui d'un autre. Il n'y a pas de combinaison d'efforts dans la chasse, la pêche ou le culte. Plus tard, il survient des combinaisons délibérées dans chaque mode de l'activité humaine. Au début, tous travaillent, pensent et prient de même; mais, ensuite, toute méthode possible de travail, tout plan possible de gouvernement, toute nuance de religion font leur apparition. L'activité est d'abord peu gouvernée par la précision du but. La continuité de l'effort et l'adaptation des moyens aux fins caractérisent la vie politique, les affaires et les entreprises ecclésiastiques.

L'évolution complexe est un équilibre mouvant. Une certaine balance est maintenue entre les parts différenciées qui leur donne une certaine stabilité statique, quoique par la perte et le gain simultané de matière et l'incessante redistribution de l'énergie qu'elles contiennent, elles soient dans une condition essentiellement cinétique, subissant de perpétuels changements de dimension, de forme, de composition et de rapports mutuels.

Un haut degré d'évolution n'est donc possible que si la perte nette de mouvement et l'intégration de la matière ont lieu lentement, puisque plus lent est le changement et plus grand est le nombre possible de redistributions du mouvement, et, par suite, plus grand est le nombre et plus grande la précision des différenciations et ségrégations résultantes.

Toutes les activités sociales tendent à l'équilibre, mais, pendant une période infinie, ce peut être un équilibre mouvant.

Un haut degré d'évolution ne sera atteint par une société quelconque que si le mouvement perdu n'excède que légèrement le mouvement gagné, et si le processus évolutionnel va ainsi lentement. La croissance rapide et les réformes vite accomplies sont instables, incomplètes et décevantes.

Comme tout mouvement est rythmique, une agrégation qui perd et gagne de l'énergie en perdra, dans une période, plus qu'elle n'en gagnera, et dans une autre période, en gagnera plus qu'elle n'en perdra. Dans le premier cas, la société subit des changements évolutifs; dans le second, les changements de désintégration prédominent. Parmi les éléments désintégrés, une re-évolution peut commencer, que suivra plus tard une autre dissolution.

CHAPITRE II

Le processus social psychique.

Si la cohésion d'une population est maintenue par le processus d'évolution physique, la véritable association commence à la naissance de la conscience d'espèce qui devient l'amour de la compagnie.

L'association des hommes peut être ou surtout de présence ou surtout d'activité. Il y a rarement une association de présence qui ne soit aussi en quelque mesure une association d'activité, et il n'y a pas d'association d'activité sans association de présence. Cependant, c'est ou la présence ou l'activité qui forme le trait dominant.

L'association de présence a sa base dans le sentiment. Le désir d'avoir des compagnons est une des forces sociologiques élémentaires. Quoique les principaux phénomènes de la société humaine soient ceux des activités associées, la simple association de présence a joué un rôle étrangement important dans les progrès humains. « Le but ostensible d'une association, comme nous le rappelle M. Leslie Stephen, est souvent la moindre part de la valeur qu'elle a pour nous. Nous l'aimons en réalité, parce qu'elle fournit le moyen de cultiver certaines émotions et de jouir de la société de nos camarades. »

Nous n'avons qu'à réfléchir à l'attachement pour les objets inanimés, qui vient d'une longue association avec eux, pour comprendre le formidable pouvoir de la présence humaine sur notre vie mentale et morale. Aucune expérience n'est plus familière que l'inquiétude causée par l'absence d'un camarade de sa place habituelle. Nous ne saurions exagérer l'importance de l'association de présence comme élément conservateur dans la vie sociale. C'est souvent le lien de l'union familiale après que le temps romantique est fini et que la lutte pour établir les enfants a cessé : c'est un facteur essentiel dans le cercle plus large des « connaissances et des amitiés ». C'est toujours un lien puissant, quoique inaperçu, dans la vie de clan et de tribu. L'activité commune peut être très faible, mais aux heures et aux jours d'oisiveté, l'association de présence reste debout. De temps immémorial, elle a été un des plus mystérieux éléments du culte public.

C'est cependant l'association d'activité qui est non seulement le fait le plus puissant de l'évolution sociale, mais aussi le seul qui explique ce qui serait sans lui inexplicable dans l'association de présence. C'est parce que celle-ci porte avec elle les souvenirs de l'activité associée, la conscience qu'elle peut renaître à un moment donné, qu'elle est si importante.

Les résultats psychiques de l'association ont un *consensus*. Ils sont fondus dans une unité organique. Cette unité est la personnalité, l'être, qui recueille les impressions des sens, les vagues du sentiment, les images, les habitudes de la volonté qui constituent le phénomène de la vie mentale, les relie en un tout conscient qui, comme faculté unifiante, agit de plus en plus effectivement dans la modification ou le contrat de la volonté ou de la pensée.

« L'unité du moi, pour citer l'admirable résumé de M. Ribot, au sens psychologique, est donc la cohésion, pendant un temps donné, d'un certain nombre d'états lucides de conscience, accompagnés d'autres moins lucides et d'une multitude d'états psychologiques qui, sans être accompagnés de la conscience comme les autres, agissent autant et même plus que les premiers. L'unité, en fait, signifie coordination. »

J'entreprendrai maintenant de montrer que cette « unité du moi » est un produit sociologique aussi bien que biologique. La plupart des psychologues qui ont reconnu la nature composite de la personnalité y sont arrivés par le côté physiologique. La biologie ne peut pas expliquer la genèse d'un organisme sans examiner des faits sociaux, puisque la sélection et la survivance naturelles impliquent des individus coexistants et réagissant les uns sur les autres. Elle peut moins encore expliquer la base organique de l'unité mentale sans s'aider des interprétations sociologiques.

Nous avons déjà vu que chaque phase diverse de la vie mentale est un produit de l'évolution sociale. C'est donc par la société que ces éléments de l'organisation physique associée dans la vie mentale reçoivent l'individualité. Pouvons-nous supposer que leur coordination organique puisse avoir une genèse qui ne soit pas sociologique?

Par quoi, si ce n'est par le milieu social, sont reliés les éléments de la personnalité? N'est-ce pas le milieu social qui, agissant sur les innombrables générations, choisit les facteurs qui survivront et ceux qui périront; quelles forces seront puissantes ou faibles; quelles combinaisons seront relativement stables, quelles autres seront incapables de synthèse parfaite?

L'explication sociologique est seule possible. Tant que le problème est celui de l'hérédité, il est évident que les conditions sociales déterminent d'abord quels éléments seront combinés dans les nouveaux individus par l'union des sexes et ensuite, lesquels des nouveaux types survivront. En tant que le problème concerne la modification de l'organisme pendant une seule vie individuelle, il est sûr que les conditions sociales déterminent quels sont les éléments de la personnalité qui seront fortifiés ou affaiblis, quelles suggestions dirigeront sa pensée, modifieront ses sentiments, inspireront sa volonté. Là est peut-être, comme l'a soutenu M. Guyau, la clef de la vraie philosophie de l'éducation.

L'évolution de la personnalité est un résultat auquel nous ne sommes pas indifférents. Elle est accompagnée de peine ou de plaisir. Il n'y a pas de croissance sans quelque désintégration et cela est pénible. Mais la vie, l'activité spontanée, le développement de la force, tout cela est agréable et l'est d'autant plus que la vie est plus intense. Pour comprendre la nature de cette satisfaction, il faut se rappeler que le plaisir a une double racine. Nous le trouvons dans l'activité spontanée, nous sommes les sujets de sensations agréables lorsque nous sommes soumis à une action, en certains degrés.

Quelques-uns des problèmes les plus troublants de l'éthique et de la psychologie seraient simplifiés si on les posait suivant cette vérité familière. Les intuitionnalistes nous disent que la recherche du plaisir est un mal, la source de toute faute. Le plaisir, disent-ils, n'est ni le témoin, ni la mesure, ni la preuve du droit. Choisir ce qui plait, peut être violer tout devoir; choisir le chemin du devoir peut signifier aller chercher la souffrance. D'un autre côté les utilitaristes, admettant que le devoir et le plaisir ne coïncident pas toujours, affirment qu'ils coïncident d'habitude. La souffrance est un mal en soi; le plaisir, un bien en soi. La souffrance, comme incidence du devoir, ne se justifie que par la présomption que le chemin du devoir mène à un plaisir plus large et plus complet. Ce qui a la douleur pour fin normale ne saurait être le devoir. La simple proposition est une contradiction de termes.

Mais ce que nous appelons la « recherche des plaisirs » dans le langage quotidien n'est pas une recherche, mais une jouissance absolument dégagée de l'idée des conséquences. Les plaisirs de l'appétit, de la passion, de la rivalité, le prouvent.

Ce que nous appelons « utilité » est d'ordinaire le plaisir de subir l'action d'une personne ou d'une chose, en conséquence d'un acte accompli par nous. Les plaisirs de la richesse et de la réputation sont le type de ces utilités.

Ces distinctions sont fondamentales. Tout l'effort utilitaire, je le répète, nait des plaisirs et des peines associées aux réactions de nos activités et non pas de nos activités même. Quelque chose de mieux que l'effort utilitaire dérive du plaisir immédiat de l'activité spontanée.

Car les plaisirs que condamne la conscience morale ne sont pas les seuls de cette classe, en dépit des intuitionnalistes. Ceux-ci ont décidé simplement de donner un autre nom aux plaisirs qu'ils approuvent. Les plaisirs d'activité sont plus intenses, plus profonds, mais, parmi eux, les derniers sont les plaisirs des sens.

Est-ce à dire qu'il suffit pour se guider dans la vie de faire ce qui est immédiatement agréable? Pour quelques individus, peut-être, mais non pour la race. Livrée à elle-même, l'intuition devient le fanatisme; l'activité devient l'ivresse dont la réaction est meurtrière. La vraie sobriété de jugement ne se maintient que par la coutume de calculer intimement l'utilité. C'est le rôle de l'éthique utilitaire de déterminer les rapports entre la conduite et ses réactions et d'éclaircir les voies du devoir qu'elle indique. A la sociologie appartient de montrer que le vrai bonheur est commutatif et que, dans l'évolution organique de la personnalité et du milieu social, l'augmentation du bonheur est assurée.

Les plus simples coordinations de l'activité sociale sont automatiques. Chaque individu agit sans égard conscient aux actes des autres, conduit seulement par des conditions externes, la plupart physiques.

Dans un type supérieur d'action associée, chaque individu agit avec égard conscient aux actes pareils des autres. C'est le début d'une coordination par l'auto-conscience sociale.

La coordination de l'action consciemment associée, comme celle de l'action non concertée, s'ensuit par une loi psychologique. Une coordination plus définie dérive des supériorités intellectuelles, dans le plan et l'exécution. Par suite des relations de père à fils, chaque individu a, à la fois, l'instinct de commander et celui d'obéir. Aussi parmi des individus inégaux il y a une coordination par le commandement, d'où vient la possibilité de l'esclavage forcé ou de l'allégeance volontaire.

L'idée que l'autorité sur les hommes est établie par la force brutale des chefs, est, en somme, erronée.

La vraie source du pouvoir d'un chef se trouve toujours dans l'obéissance volontaire des sujets. L'instinct naturel des hommes conscients de la nécessité du commandement est d'obéir et de rendre hommage. Il n'y a pas une tribu de sauvages qui ne couvre son chef de présents, ne bâtisse volontairement sa hutte, ne se soumette aux privations pour qu'il soit à son aise. Dans les États civilisés, la base de la démocratie, politique ou industrielle, est la foi aveugle qu'a le plus grand nombre dans la minorité entreprenante qui le dirige. Adam Smith l'a dit : « Sur ce goût de l'humanité, de servir les passions des riches et des puissants, se fondent la distinction des rangs et l'ordre de la société. Notre obséquiosité envers nos supérieurs vient plus souvent de notre admiration pour la grandeur de leur situation que d'une espérance quelconque de bénéficier de leurs faveurs. » « Que les rois sont les serviteurs du peuple, pour être obéis, contrariés, déposés et punis, selon que le demande l'intérêt public, c'est une doctrine de philosophie ; ce n'est pas celle de la nature. »

Le commandement prend deux formes. Une est la capacité exécutive. C'est le pouvoir immédiat, comme chez le chef militaire ou le patron d'atelier. L'autre est une vue supérieure sur des choses mystérieuses pour le vulgaire ; elle crée l'ascendant sur la croyance et les sentiments qu'ont le médecin, le prêtre, le prophète, le savant, le philosophe, le professeur. L'union de ces deux sortes d'autorité caractérise le plus haut type de l'homme d'État.

La coordination est étroitement liée à d'autres phases d'association qui peuvent être décrites comme des degrés d'intimité et de précision. L'intimité peut être ou physique ou mentale, ou les deux. Tant que l'agglomération physique vient des conditions économiques sur lesquelles les individus n'ont que peu d'action, elle n'est pas un sujet d'étude comme association voulue. Elle le devient, si elle provient du choix et a une sérieuse importance. Beaucoup des projets communistes, depuis Fourier, ont placé une intimité (1) dans l'association quotidienne assez répugnante pour empêcher l'adoption générale d'arrangements économiquement avantageux. Les diverses nationalités, cependant, regardent ces arrangements avec des yeux différents. Le Français les aime souvent (2), l'Anglais et l'Américain ne les acceptent que contraints et s'y habituent lentement. Les premières distributions de la population agricole en Amérique montrèrent la même répulsion à vivre trop près de ses voisins.

Dans des communautés plus vieilles, cependant, où l'agglomération vient d'exigences économiques, le goût de l'intimité avec ses semblables peut devenir pathologique par une diminution de la vigueur physique et morale. Il est extrêmement difficile, par exemple, d'amener la population entassée dans les faubourgs à se disperser dans les campagnes, même en lui assurant des avantages.

Lorsque l'agglomération physique des salariés dans les villes industrielles a été effectuée par des causes économiques, un facteur sociologique secondaire entre dans les sentiments des classes aisées et augmente leur répulsion pour le voisinage trop restreint. C'est devenu une distinc-

(1) Proximité serait mieux (C. L.).
(2) Nous croyons tout le contraire (C. L.).

tion. Il arrive que précisément quand le terrain devient plus cher et le besoin de place pour la multitude plus pressant, le riche attache un grand prix à posséder une maison entière à la ville et à entourer sa maison de campagne de champs étendus.

Les tendances à la cohésion et à la dispersion étant persistantes, le système social montre simultanément des phénomènes de combinaison et de compétition, de communisme et d'individualisme. Aucun ordre de phénomènes n'exclut les autres, mais à tout temps donné, un ordre ou l'autre peut être ascendant et il peut y avoir une alternance rythmique entre la combinaison et la compétition, le communisme et l'individualisme.

L'individu ne précède donc pas la société et ne lui est pas postérieur. La compétition n'a pas précédé, ni suivi la communauté. Dès l'origine, compétition et communauté, société et individu ont été coordonnés. La société et l'individu ont toujours agi et réagi l'un sur l'autre, la compétition et la communauté se sont toujours limitées l'une l'autre.

La modification réciproque des unités sociales, celle de la société par ces unités, des unités par la société sont toujours des phénomènes organiques; ce sont des procédés d'assimilation psychologique et d'évolution biologique. L'évolution sociale est donc l'ajustement réciproque des relations internes et externes.

CHAPITRE III

Lois et Causes sociales

Quelles sont maintenant les lois du processus social, et quelle est la nature ultime de la causation sociale ?

Puisque la société est, par essence, un phénomène social soumis à un processus physique, les lois strictement sociologiques sont, d'abord, les lois du processus psychique, puis celles de la limitation du processus psychique par la physique. La volition agit sur la marche sociale par l'impulsion et l'imitation et, consciemment, par le choix rationnel. Les lois du processus volitif sont donc celles de l'imitation et du choix social. Les lois de l'imitation par le processus physique sont les lois de sélection et de survivance.

Il y a deux grandes lois de l'imitation qu'a formulées M. Tarde. En l'absence d'interférences, les imitations suivent une progression géométrique. Si un nouvel exemple est copié par un seul individu, il y a immédiatement deux centres d'exemple. Si chacun est de nouveau imité par un seul individu, il y a quatre centres... C'est la progression géométrique de l'imitation qui explique la rapidité extrême avec laquelle de nouveaux mots, de nouvelles modes, les paniques et les révolutions se répandent parfois. La seconde loi de l'imitation a été mentionnée dans l'explication des formes de l'association. Les imitations sont réfractées par leur milieu. Les mots, les coutumes, les lois, les religions et les institutions se modifient en passant de race à race, de siècle à siècle.

Les lois du choix social rationnel sont des relations permanentes entre les groupements de valeur sociale et les formes de conduite sociale. Le groupement de valeurs sociales est l'antécédent, la forme de conduite sociale est le conséquent. Etant donnée une certaine combinaison de valeurs sociales, un genre spécial de conduite sociale suivra s'il est déterminé par le choix rationnel.

Pour comprendre les groupements de valeurs sociales, il faut recourir au procédé par lequel les valeurs subjectives de toute espèce viennent à l'esprit individuel et surtout noter certains degrés qui n'ont pas excité l'attention dans l'étude des valeurs économiques, mais qui ont leur importance dans la théorie des valeurs éthiques et sociales.

Dans tout choix, l'esprit contemple deux au plus de ses propres états, deux, au plus, expériences, activités, méthodes, règles, places, conditions ou objets et trouve qu'il les regarde avec un inégal degré de désir, avec une inégale approbation. Le désir est un sentiment; l'approbation est un jugement; c'est la reconnaissance que l'expérience, l'acte, l'objet que l'on considère possède un élément ou une qualité importante ou conforme à un critère. Le choix est complet si un des objets ou des partis concurrents est pris à l'exclusion de tous autres.

D'où provient la persistance du choix? Les arrangements sociaux actuels sont des survivances. Des milliers d'arrangements différents ont disparu parce que leur utilité était transitoire ou légère. Ils ne servaient pas les tribus ou les peuplades, assez pour sauver de l'extinction ces tribus ou ces peuplades. Les arrangements sociaux qui deviennent comme une part de la vie des communautés viriles sont ceux qui rendent viriles ces communautés. Directement ou non, ils contribuent à améliorer l'homme social, à le rendre plus intelligent, plus apte à la coopération. Mais parmi tous les choix sociaux possibles dans la législation et la constitution, lequel amènera ces résultats ? Quels sont les choix, comme tels, que préfère la sélection naturelle ?

La réponse du sociologue n'est pas douteuse et la loi est certaine. Ces valeurs subjectives survivront qui sont les éléments d'un total de valeurs subjectives qui se complique de plus en plus par l'accession de nouveaux intérêts et qui devient de plus en plus harmonieux et cohérent.

Cette loi n'exprime pas un processus physique, comme celle des choix sociaux. Elle formule des conditions objectives, physiques, auxquelles le choix doit finalement se conformer. Lorsque les conditions ont été nettement perçues, la loi devient aisément intelligible.

La société, comme l'individu, doit s'adapter à un milieu physique et organique. Les plaisirs, ses lois et ses institutions doivent faire part du milieu. Le milieu, néanmoins, n'est un groupe de relations ni constant ni invariable. Il subit une évolution incessante. La différenciation le diversifie de plus en plus. La société peut accroître cette différenciation, mais ne peut pas l'empêcher. Elle ne peut simplifier les conditions auxquelles la vie doit s'adapter. Au contraire, la vie doit se compliquer en s'adaptant à des conditions plus complexes, ou cesser d'être. C'est pourquoi les goûts varient de plus en plus. C'est pourquoi les plaisirs doivent être nombreux, contribuer l'un à l'autre, jusqu'à ce qu'ils s'harmonisent. C'est pourquoi nos joies familières ne doivent pas être individuellement assez intenses pour exclure ces plaisirs plus faibles, plus rares qui constituent un maximum de satisfaction. Une communauté qui a des goûts variés obtiendra une nourriture meilleure que celle qui a des goûts peu nombreux. Une communauté ou une classe qui se délecte dans de nombreux plaisirs a, en somme, plus de chances de durées que celle qui satisfait un petit nombre de plaisirs intenses. Enfin, les habitudes, les coutumes et les institutions adaptées au plan de variation de la nature seront seules à durer.

Bref, tandis que la sélection artificielle, ou choix social, est gouvernée par la valeur subjective, la survivance est gouvernée par l'utilité organique et subjective. Cette vérité capitale est un motif de distinguer l'utilité subjective et la valeur subjective.

Devons-nous conclure qu'en dernière analyse la causation sociale est un processus objectif ou physique, en dépit de la part importante assignée à la volition ? Si la question équivaut à se demander métaphysiquement si l'esprit n'est qu'une manifestation de la matière, le sociologue ne peut y répondre. Si, au contraire, on demande si le processus volitif dans la société dépend du physique, est ou n'est pas indépendant, le sociologue répond affirmativement.

Le rôle joué par la volition dans l'évolution sociale est si considérale que l'homme d'études, en abordant le problème d'un seul côté, peut facilement la croire une cause indépendante, et de cette habitude non scientifique beaucoup d'erreurs sont nées. Le sociologue trouve à chaque pas des phénomènes volitifs. En fait, comme nous l'avons vu, ce sont des points centraux, autour desquels se groupent toutes les autres phases du changement social. Plus encore : le sociologue a affaire non seulement à des causes qui ne sont pas purement physiques mais à beaucoup qui ne sont pas simplement psychiques. Elles sont plus complexes que celles qui ne sont que psychiques, et les psychiques plus complexes que les causes simplement physiques. Elles sont sociologiques, produites par l'évolution sociale elle-même, et le vrai sociologue ne perd pas son temps à expliquer tout ce qui est humain par le milieu, isolé de l'histoire.

La vraie question n'est donc pas dans l'existence ou l'importance de causes volitives et de causes nettement sociologiques. Elle est de savoir si elles dérivent ou non de phénomènes plus simples qu'elles-mêmes, si elles ne sont pas déterminées par le mécanisme du monde organique. La réponse de la sociologie est résolument négative. La sociologie est un produit de ces nouvelles conceptions de la nature — les causes et les lois naturelles — nées dans les esprits scientifiques avec les doctrines de l'évolution et de la persistance de la force. Ces conceptions diffèrent absolument des vieilles notions empiriques qui font de la loi naturelle une entité, douée de l'omnipotence et placée au milieu des hommes pour les gouverner. Les lois naturelles sont simplement des rapports permanents entre les forces, qu'elles soient physiques, psychiques ou sociales. Une cause naturelle est celle qui est, en même temps, un effet. Dans l'univers, comme le concevait la science, il n'y a pas de causes indépendantes, sans cause. Le savant entend donc, par causation, un processus dans lequel toute cause est un effet de causes antécédentes, dans lequel toute action est, en même temps, une réaction. La nature n'est que le total des choses liées, dans lequel tout changement vient d'un changement antécédent et amène un changement subséquent et où, à travers tous les changements, il y a des relations de coexistence et de conséquence qui restent invariables.

Dans ce système, l'homme est en vérité une variable, mais non une variable indépendante. Il est fonction d'innombrables variantes. Dans un monde de perpétuel changement, il agit sur ce monde, mais uniquement parce qu'il en fait partie. La volition est une vraie cause, uniquement parce qu'elle est un vrai effet.

C'est dans cette vérité que le sociologue voit la signification de la doctrine des droits naturels. Ceux-ci, comme on les comprenait jadis, entraient dans le domaine des croyances révélées. Non pas ces règles naturelles de droit positif que la sociologie commence à distinguer. Les droits légaux sont ceux que sanctionne le pouvoir législatif ; les droits moraux sont les règles que sanctionne la conscience de la communauté ; les droits naturels sont des règles de droit socialement nécessaires, appuyées par la sélection naturelle et il ne peut y avoir de droit, légal ou moral, qui ne soit basé sur les droits naturels ainsi définis.

Je n'essaye pas ici de réhabiliter une vieille idée par une phraséologie nouvelle. Je repousse la vieille idée et, avec elle, cet usage du mot « naturel » imposé par Rousseau qui a confondu « naturel » et « primitif ». Cet usage est désormais banni de la biologie et de la psychologie et c'est sans excuse que des économistes et des juristes le conservent dans les sciences politiques, comme si « naturel » ne signifiait que « natal ». En nomenclature scientifique, « naturel » équivaut mieux à « normal ». Dans son sens absolu, le naturel est ce qui existe en vertu de son rôle dans un système cosmique d'activités agissant les unes sur les autres ; dans un sens plus étroit, c'est ce qui est en harmonie avec les conditions de son existence. Le non naturel tend à sa dissolution ou à son extinction.

Ainsi, la définition de la sociologie, comme explication des phénomènes sociaux par la causation naturelle, devient plus claire. Spécifiquement, la sociologie est l'explication des phénomènes sociaux par l'activité physique, l'arrangement organique, la sélection naturelle et la conservation de l'énergie. Comme telle, elle peut ne pas être une science démonstrative, si on la compare aux sciences expérimentales; mais nous ne saurions admettre qu'elle ne soit qu'une science descriptive comme le veulent les sociologues français qui s'en tiennent à la philosophie de Comte. C'est strictement une science explicative, aidant l'induction par la déduction et rapportant les effets à leurs causes véritables.

CHAPITRE IV

La nature et le but de la Société

Reste la question finale. Quelle est la nature de ce groupe concret de phénomènes que nous avons étudié ? A quelle classe d'objets naturels appartient-il ? Est-ce un organisme, comme l'ont dit M. Spencer et d'autres ?

Certainement, ce n'est pas un organisme physique. Ses parties, s'il a des parties, sont des rapports psychiques. Elles ne sont pas reliées par des liens matériels, mais par la compréhension, la sympathie et l'intérêt. Si la société est un organisme, on doit le considérer comme physio-psychique, comme essentiellement psychique, mais avec une base physique. Le lecteur qui nous a suivi jusqu'ici conviendra, je pense, qu'une société est plus qu'un organisme, qu'elle est plus haute, plus complexe qu'un organisme, comme un organisme est plus haut et plus complexe que la matière inorganique. Une société est une organisation, en partie produite par l'évolution inconsciente, en partie résultat d'un plan conscient. Une organisation est une somme de rapports psychiques. Comme un organisme, pourtant, elle peut traverser toutes les phases de l'évolution.

Comme un organisme, une organisation peut avoir une fonction. Celle de la société est de développer la vie consciente et de créer la personnalité humaine. Elle existe actuellement dans ce but. C'est l'association consciente avec ses semblables qui développe la nature morale d'un homme. C'est à l'échange des idées et des sentiments que sont dues toute littérature, toute philosophie, toute conscience religieuse et c'est la réaction de la littérature, de la philosophie, du culte et de la politique qui développe dans chaque génération son type de personnalité. Par suite, nous pouvons dire que la fonction de l'organisation sociale, que doit toujours envisager le sociologue, est l'évolution de la personnalité jusqu'à ce qu'elle atteigne ce que nous appelons l'humanité.

Donc, à chaque pas, la tâche du sociologue est double, savoir comment ont évolué les rapports sociaux et comment ils réagissent sur le développement de la personnalité. En d'autres termes, un des buts de la sociologie est d'apprendre tout ce qui peut être appris sur la création de l'homme social. L'influence de cette étude sur celles de l'économie et de la politique est évidente pour qui est au courant des récents progrès de la philosophie politique. « L'homme économique, de Ricardo, vit encore et a sa tâche utile ; malgré nos Iagos scientifiques, qui disent avoir regardé le monde quatre fois sept ans et n'y avoir jamais trouvé d'homme qui sût comment s'aimer lui-même. » Il n'en est pas de même de l'homme naturel de Hobbes dont l'état singulier, décrit dans le « Leviathan », était la guerre contre tous et qui néanmoins contractait avec chacun. Toute cette classe d'idées, toutes les théories basées sur elles, dans lesquelles l'homme était abstrait de ses relations sociales, ont fait place à un savoir plus solide. Au lieu de ces notions, le point de départ des théories politiques à venir sera la conception de l'homme comme essentiellement et naturellement social, créé par ses rapports sociaux et n'existant que par eux, en tant qu'homme.

Être social, l'homme normal rend avec usure à la société les biens qu'il en a reçus, et cette vérité sera la base de l'enseignement éthique des années futures. La personnalité ne peut vivre en elle-même pour périr avec, la vie individuelle. Peu à peu, siècle par siècle, la société qui a créé l'homme est transformée par lui. Dans cette œuvre, d'immense importance est l'influence des quelques esprits transcendants dont le génie perce l'inconnu ; de ces pionniers de la pensée qui osent s'aventurer seuls sur des routes vierges ; de ces serviteurs dévoués de l'espèce qui, à travers les difficultés révèlent les possibilités d'une vie spirituelle. C'est par eux que la masse de l'humanité est transportée au-dessus, du moins, des nécessités physiques, dans l'air ensoleillé par la liberté.

FIN

TABLE DES MATIÈRES

	Pages
PRÉFACE	I

LIVRE PREMIER

LES ÉLÉMENTS DE LA THÉORIE SOCIALE

CHAPITRE I. — L'idée sociologique	1
— II. — Le domaine de la sociologie	20
— III. — Les méthodes de la sociologie	50
— IV. — Les problèmes de la sociologie	67

LIVRE SECOND

LES ÉLÉMENTS ET LA STRUCTURE DE LA SOCIÉTÉ

CHAPITRE I. — La population sociale	75
— II. — L'esprit social	125
— III. — La composition sociale	145
— IV. — La constitution sociale	161

LIVRE TROISIÈME

L'ÉVOLUTION HISTORIQUE DE LA SOCIÉTÉ

CHAPITRE I. — Association zoogénique	181
— II. — Association anthropogénique	190
— III. — Association ethnogénique	231
— IV. — Association démogénique	273

Pages

LIVRE QUATRIÈME

LOIS ET CAUSES DU PROCESSUS SOCIAL

CHAPITRE I. — Le processus social : physique 331
— II. — Le processus social : psychique 344
— III. — Lois et causes sociales. 352
— IV. — Nature et but de la société. 358

Paris. — Imp. V. GIARD et E. BRIÈRE, 16, rue Soufflot.

www.ingramcontent.com/pod-product-compliance
Ingram Content Group UK Ltd.
Pitfield, Milton Keynes, MK11 3LW, UK
UKHW021844190726
13855UKWH00001B/147

9 782013 342247